HOUGHTON MIFFLIN

Matemáticas

paso por paso

HOUGHTON MIFFLIN BOSTON

Grateful acknowledgment is given for the contributions of

Student Book

Rosemary Theresa Barry
Karen R. Boyle
Barbara Brozman
Gary S. Bush
John E. Cassidy
Dorothy Kirk
Sharon Ann Kovalcik
Bernice Kubek
Donna Marie Kvasnok
Ann Cherney Markunas
Joanne Marie Mascha
Kathleen Mary Ogrin
Judith Ostrowski
Jeanette Mishic Polomsky
Patricia Stenger
Annabelle L. Higgins Svete

Teacher Book Contributing Writers

Dr. Judy Curran Buck
Assistant Professor of Mathematics
Plymouth State College
Plymouth, New Hampshire

Dr. Ann M. Raymond
Assistant Professor of Mathematics
Keene State College
Keene, New Hampshire

Michelle Lynn Rock
Elementary Teacher
Oxford School District
Oxford, Mississippi

Dr. Richard Evans
Professor of Mathematics
Plymouth State College
Plymouth, New Hampshire

Stuart P. Robertson, Jr.
Education Consultant
Pelham, New Hampshire

Dr. Jean M. Shaw
Professor of Elementary Education
University of Mississippi
Oxford, Mississippi

Dr. Mary K. Porter
Professor of Mathematics
St. Mary's College
Notre Dame, Indiana

Dr. David Rock
Associate Professor,
Mathematics Education
University of Mississippi
Oxford, Mississippi

Printed in U.S.A.

ISBN: 0-618-40952-1
4 5 6 7 8 9 –DBH– 12 11 10 09 08 07 06 05

Contenido

Unidad 1 Color, forma y tamaño 1

Unidad 2 Clasificación, posición y patrones 39

Unidad 3 Números 0 hasta 5 71

Unidad 4 Números 6 hasta 10 111

Unidad 5 Escribir números y datos 145

Unidad 6 Prepararse para sumar y restar 175

Unidad 7 Tiempo, dinero, medición y fracciones 207

Unidad 8 Números más grandes 245

Glosario ilustrado 273

UNIDAD 1 • CONTENIDO

Color, forma y tamaño

Lección		Página
1	Cubos	3
2	Esferas	5
3	Conos	7
4	Relacionar los cuerpos con las figuras planas	9
5	Círculos	11
6	Cuadrados	13
7	Triángulos	15
8	Rectángulos	17
9	Aplicación de la resolución de problemas: Usa un dibujo	19
10	Más grande, más pequeño	21
11	El más grande, el más pequeño	23
12	Más alto, más bajo	25
13	El más alto, el más bajo	27
14	Más largo, más corto	29
15	El más largo, el más corto	31
16	Estrategia para la resolución de problemas: Llévalo a la práctica	33
•	Repaso de la unidad 1	35
•	Repaso acumulativo ★ Preparación para pruebas	37

Emplearemos el siguiente vocabulario para comparar objetos:

más grande y **más pequeño** para comparar el tamaño de dos objetos

el más grande y **el más pequeño** para comparar el tamaño de tres o más objetos

más alto y **más bajo** para comparar la altura de dos objetos

el más alto y **el más bajo** para comparar la altura de tres o más objetos

más largo y **más corto** para comparar la longitud de dos objetos

el más largo y **el más corto** para comparar la longitud de tres o más objetos

Estimada familia:

Durante las semanas siguientes, en la clase de matemáticas, estudiaremos geometría: cuerpos y figuras planas.

En casa verán tareas que sirven para practicar la identificación de esferas, cubos, conos, triángulos, círculos, cuadrados y rectángulos. Tengan en cuenta a manera de guía el siguiente ejemplo.

Cuerpos

esfera

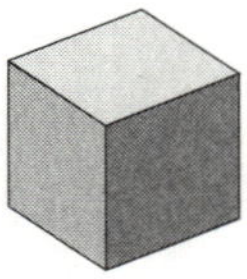
cubo

cono

Figuras planas

cuadrado

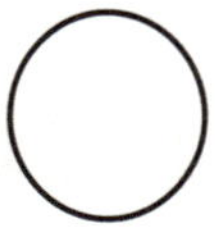
círculo

rectángulo

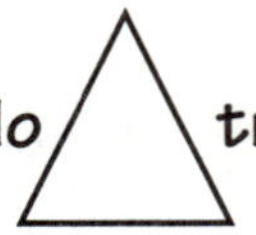
triángulo

Si los niños saben reconocer y describir figuras, aprenderán a resolver problemas espaciales.

Atentamente,

Nombre ____

Colorea el cubo.

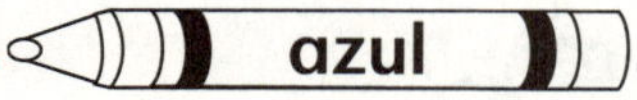

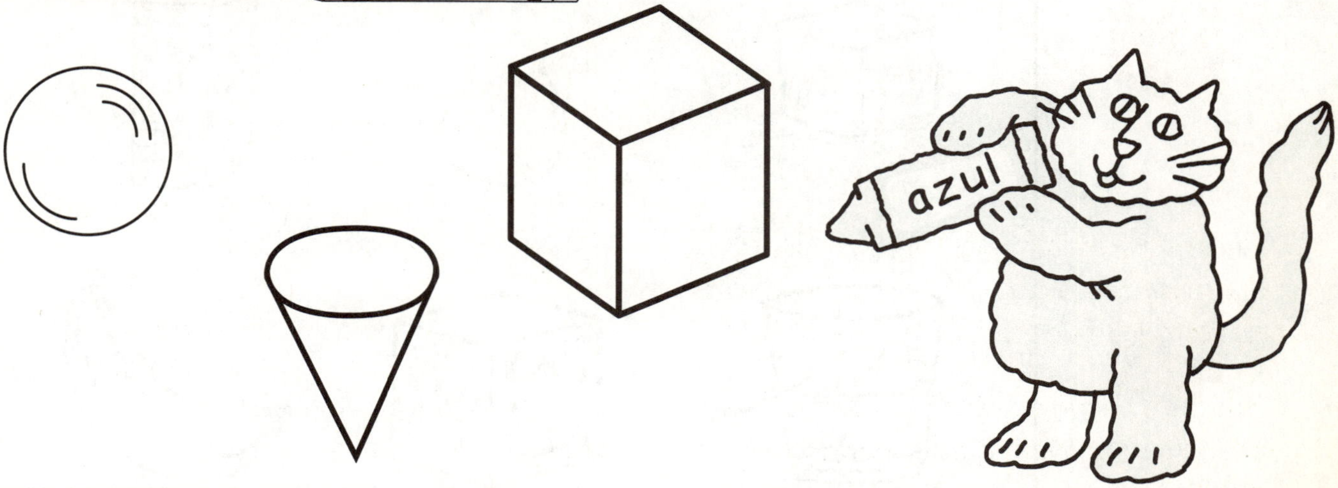

1

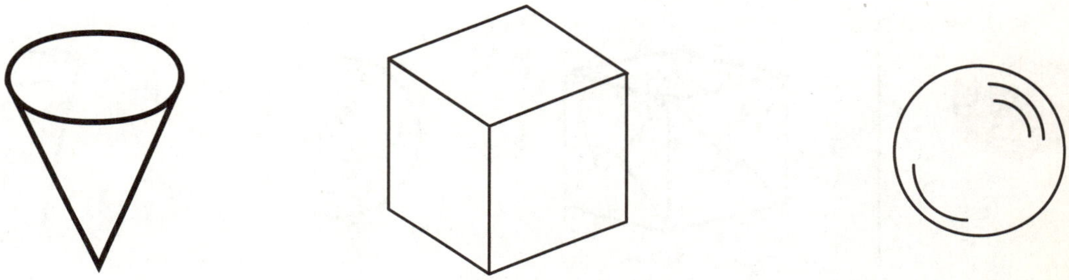

2

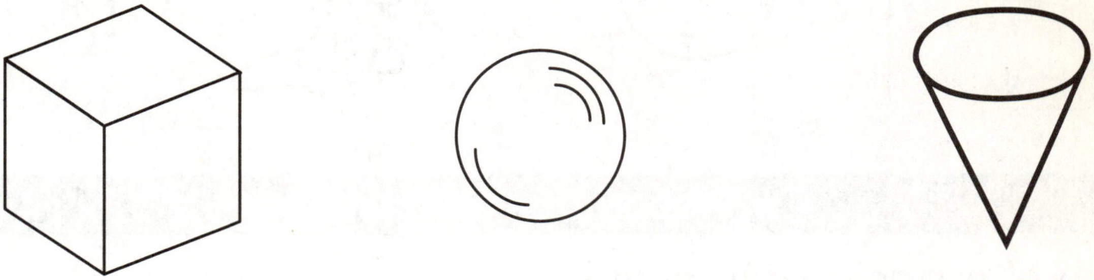

3

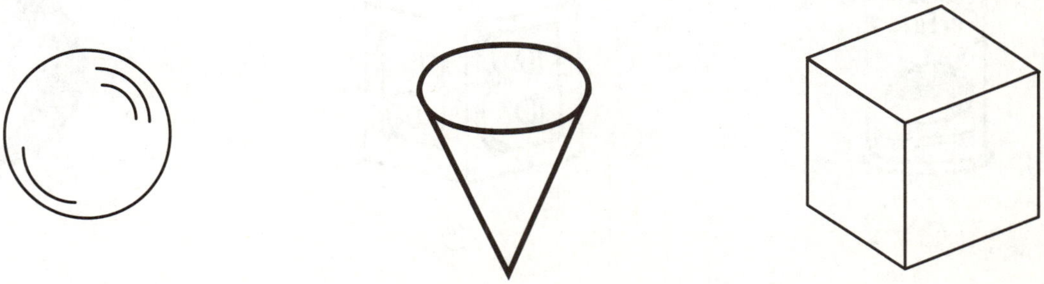

Colorea el cubo. anaranjado

1

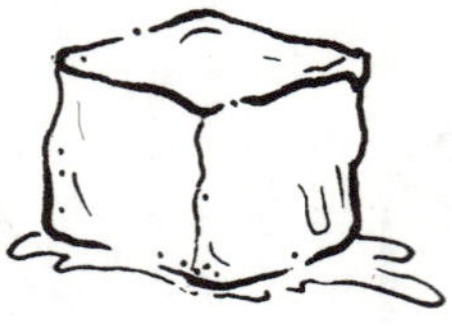

2

3

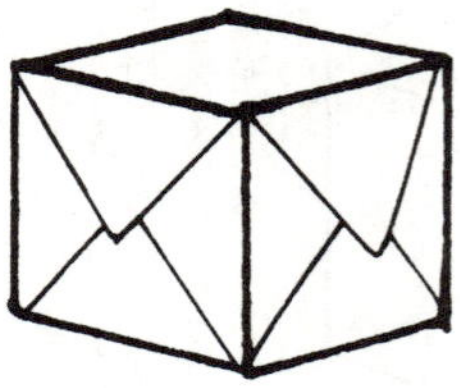

4

★ Preparación para pruebas

Marca el espacio bajo el cubo.

5

○ ○ ○

Nombre ____________________

Esferas

Colorea la esfera. 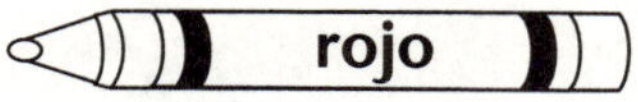

1 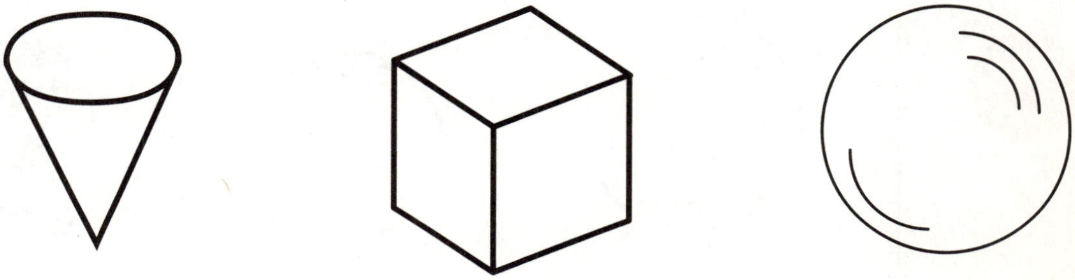

2 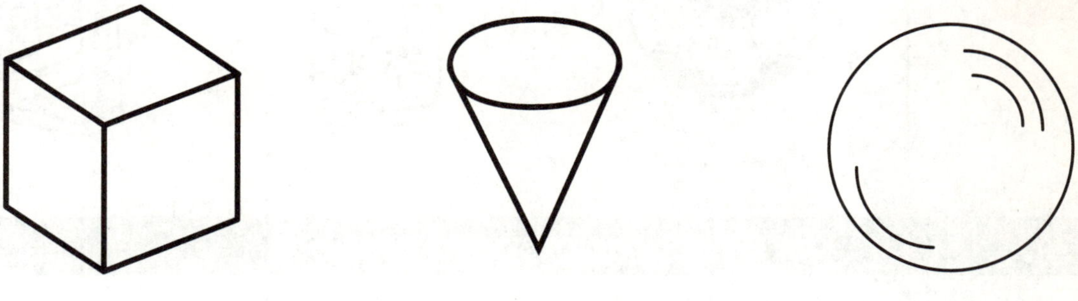

3 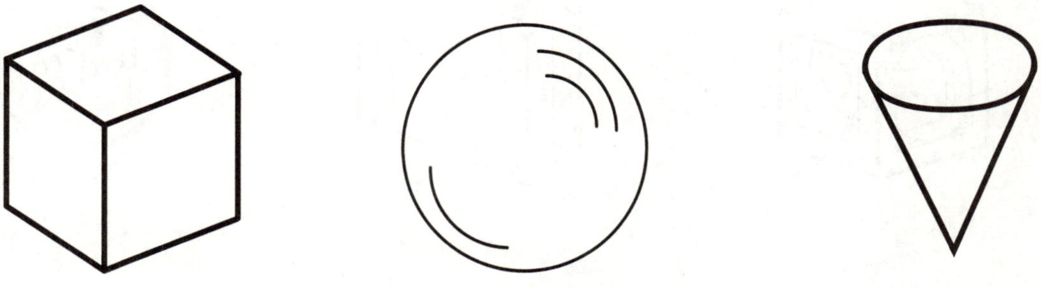

Colorea la esfera. 

1  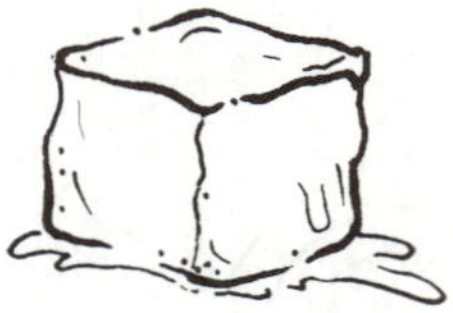  

2  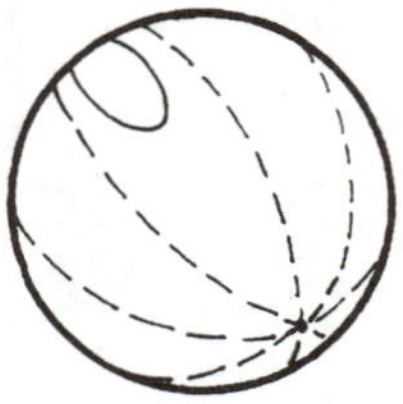  

3  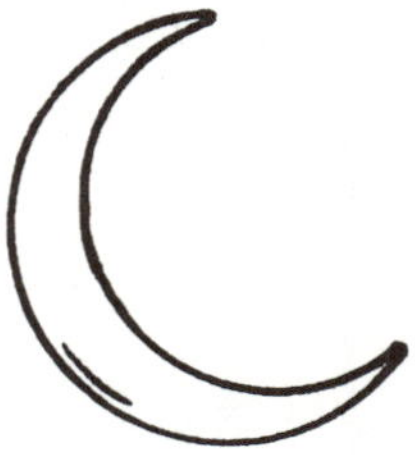  

4   

★ Preparación para pruebas

Marca el espacio bajo la esfera.

5 

○ ○ ○

Nombre ______________________________ **Conos**

Colorea el cono.

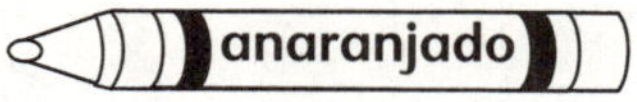

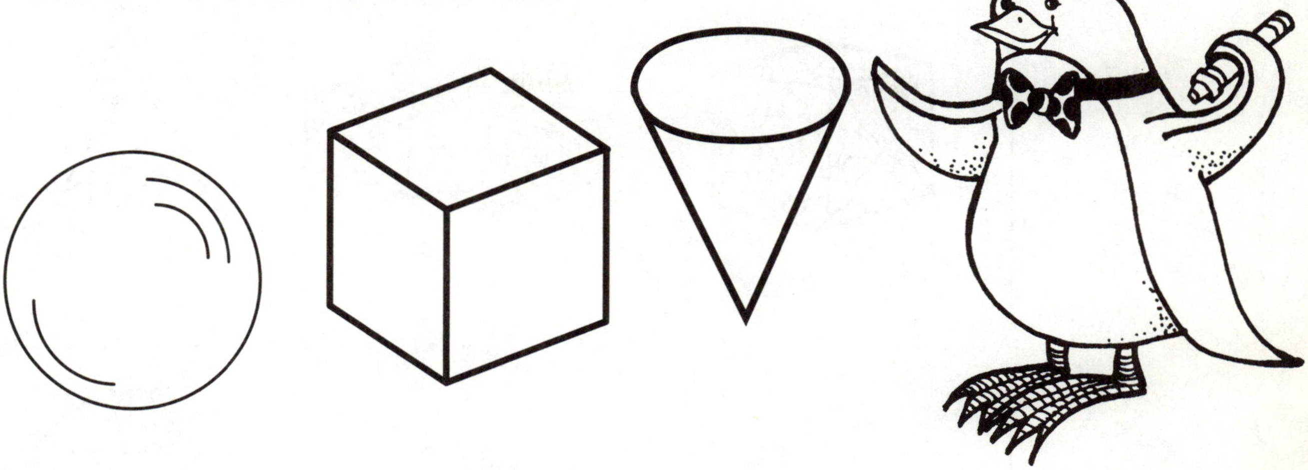

1

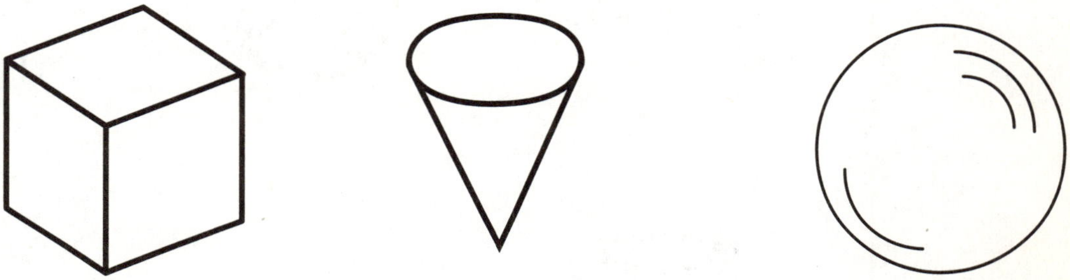

2

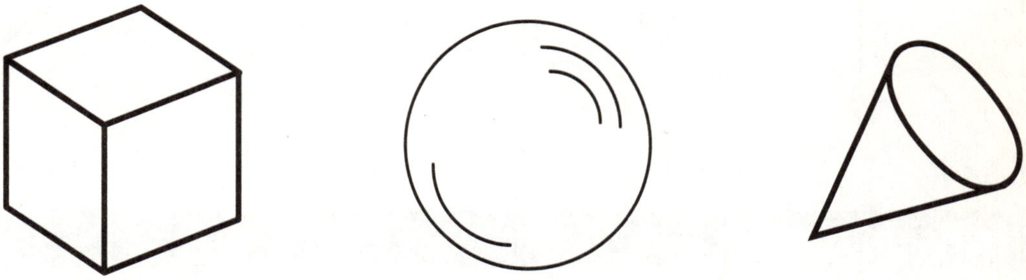

3

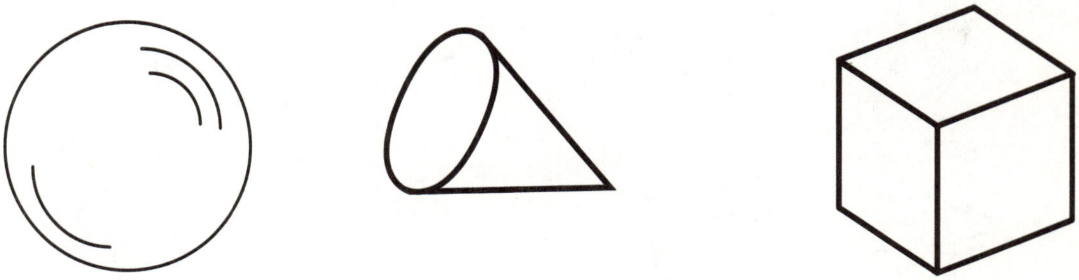

Colorea el cono. 

1

2

3

Verificación rápida

Rodea el cubo.

4

Rodea la esfera.

5

Nombre_______________________________________

Colorea la cara que es igual.

1

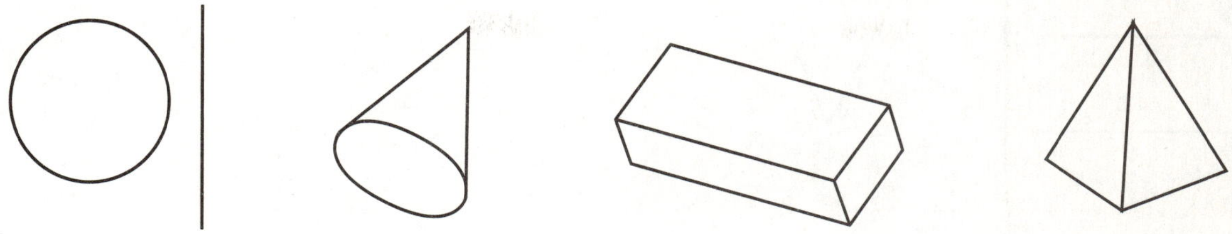

2

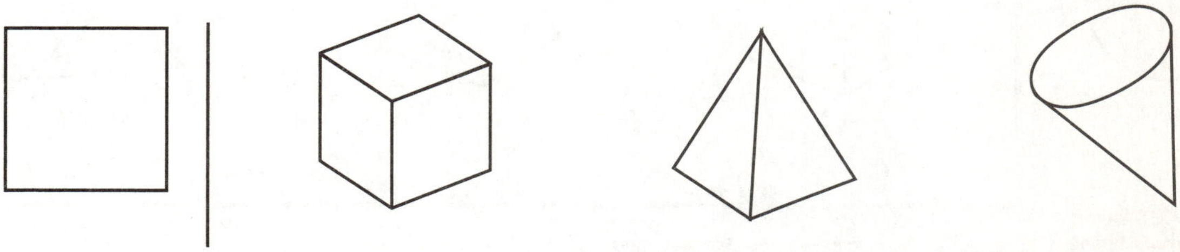

3

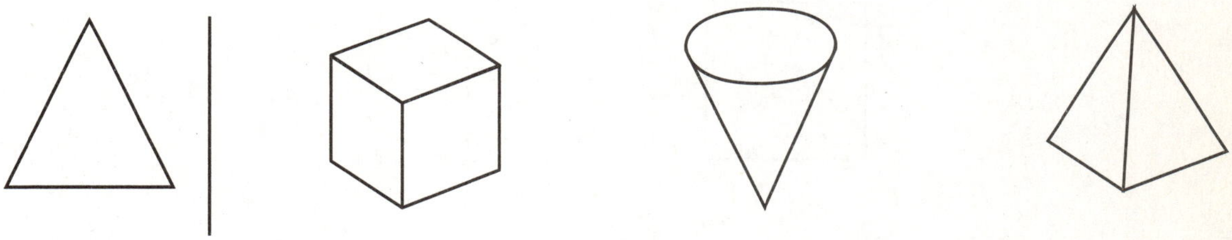

4

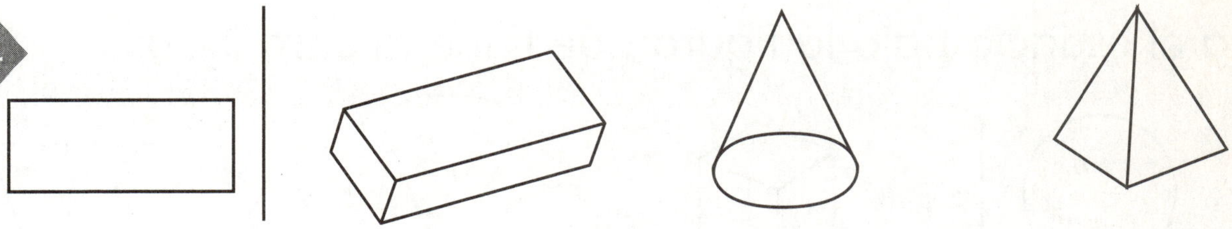

5

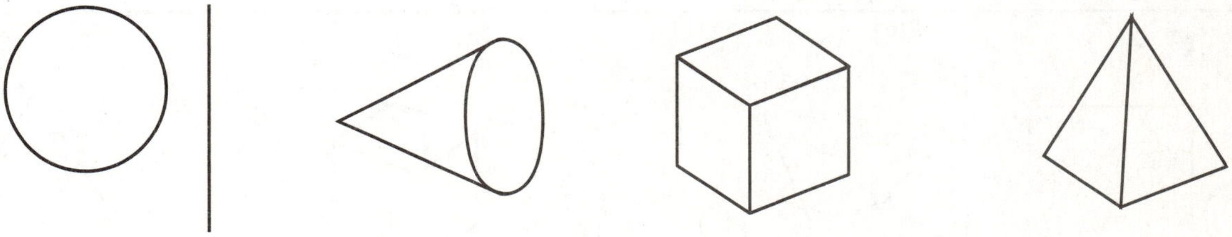

Colorea la cara que es igual.

1

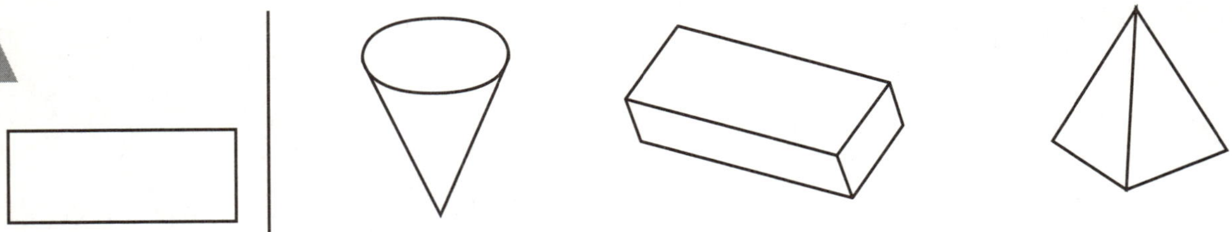

2

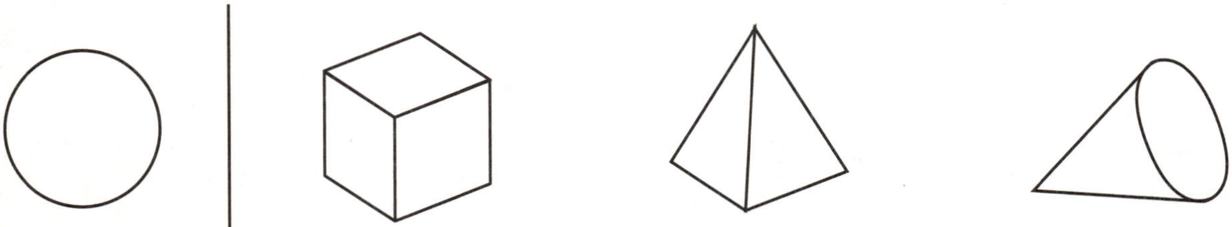

Resolver problemas
Razonamiento

Di en qué se parecen estas dos figuras.

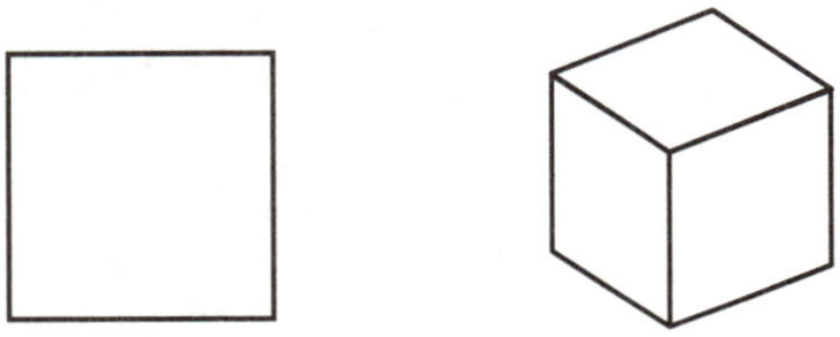

★ Preparación para pruebas

Marca el espacio bajo la figura que tiene la cara igual.

3

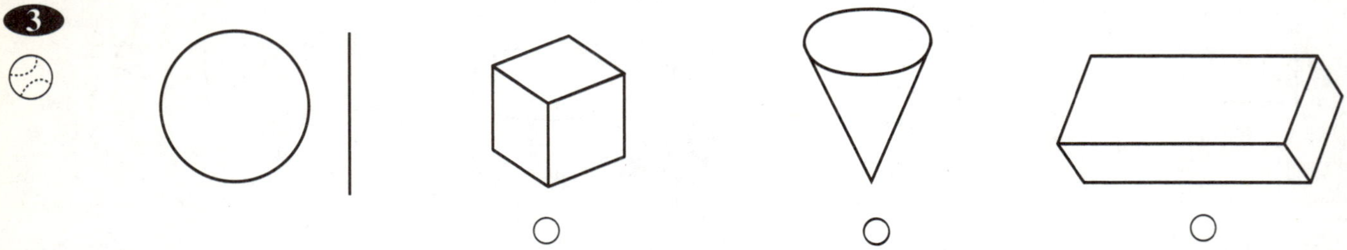

4

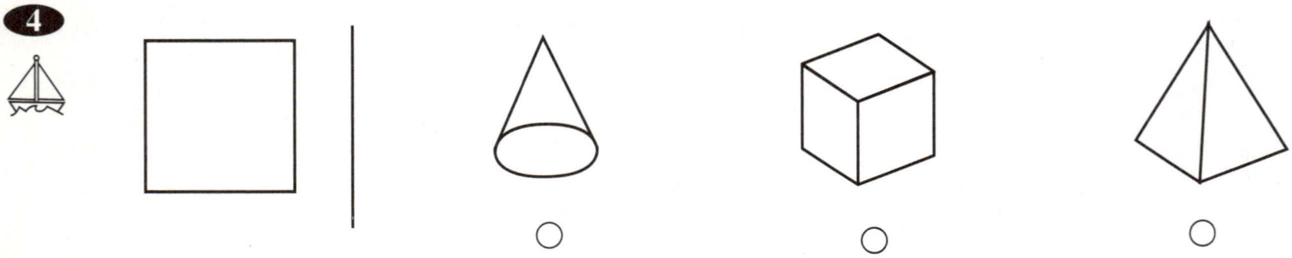

Nombre ______________________________

Colorea el círculo de rojo.

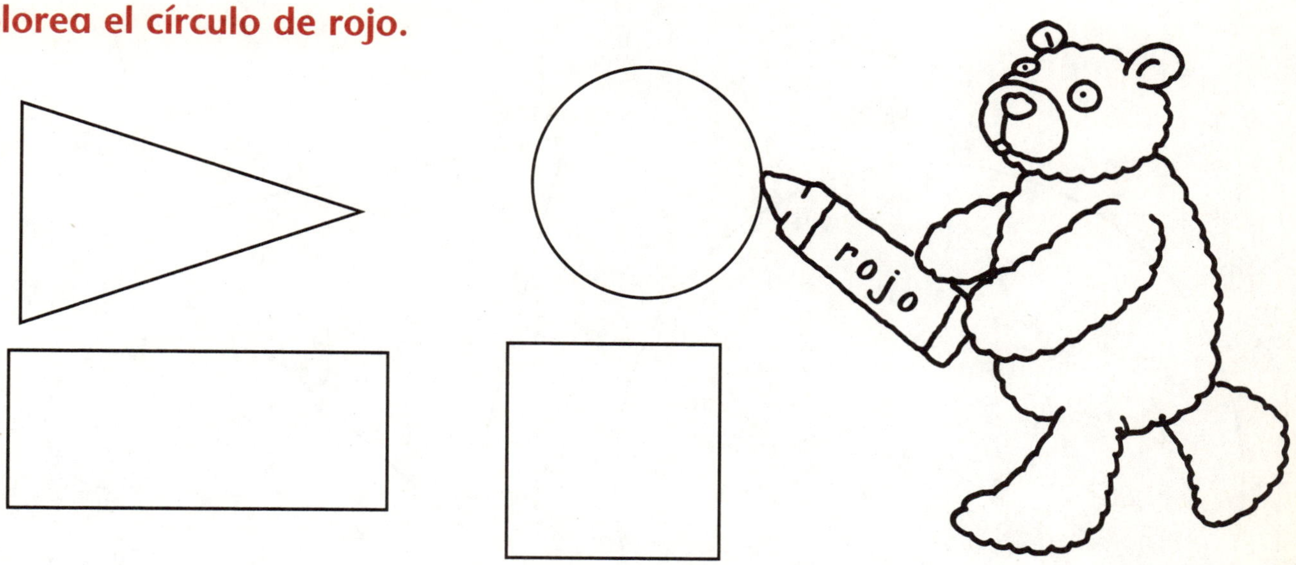

1
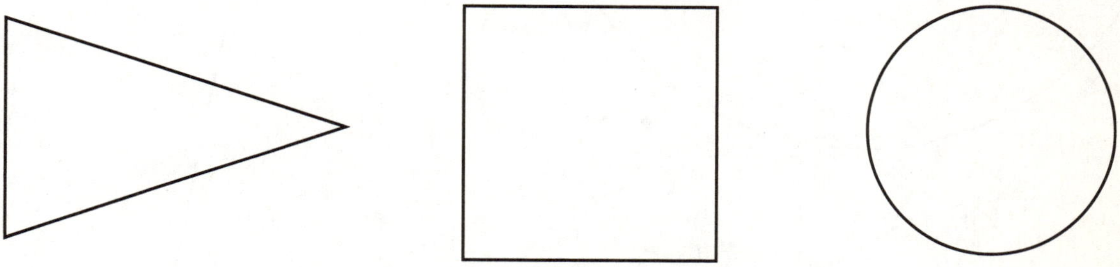

2
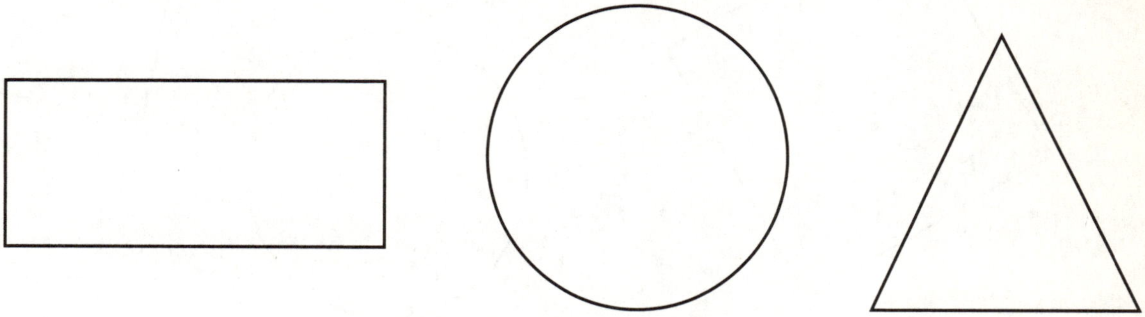

3
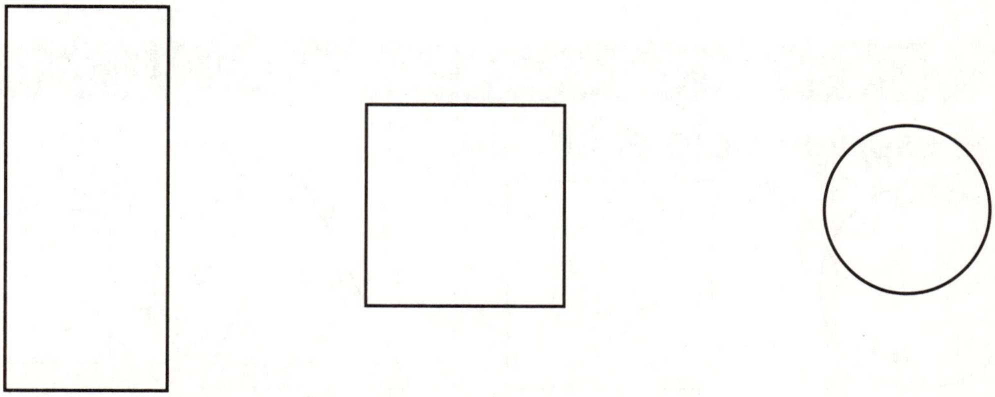

Colorea los círculos de azul.

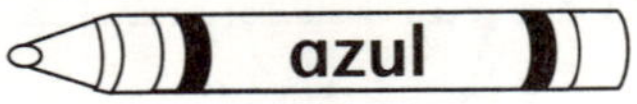

★ Preparación para pruebas

Marca el espacio bajo el círculo.

1

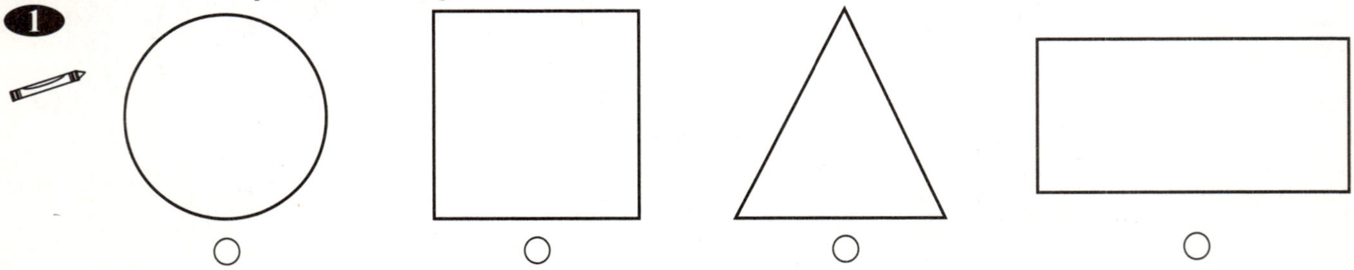

Nombre ____________________

Colorea el cuadrado de verde.

1

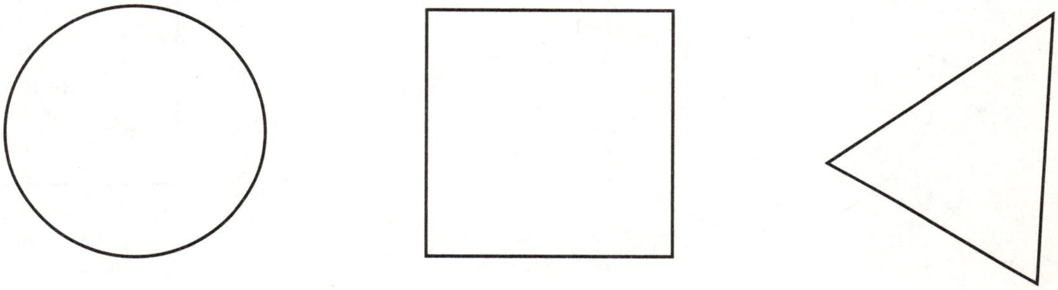

2

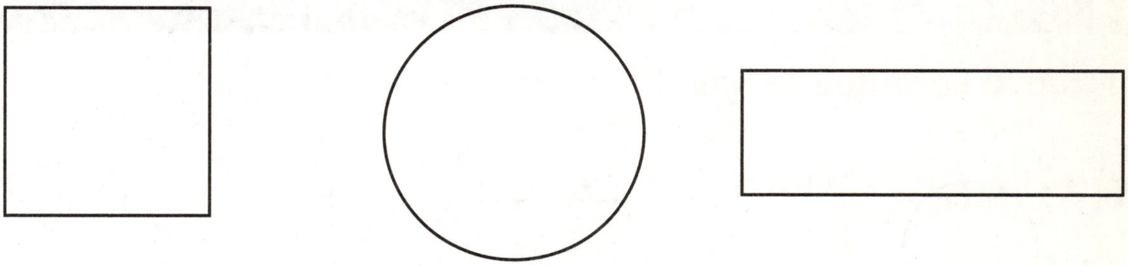

3

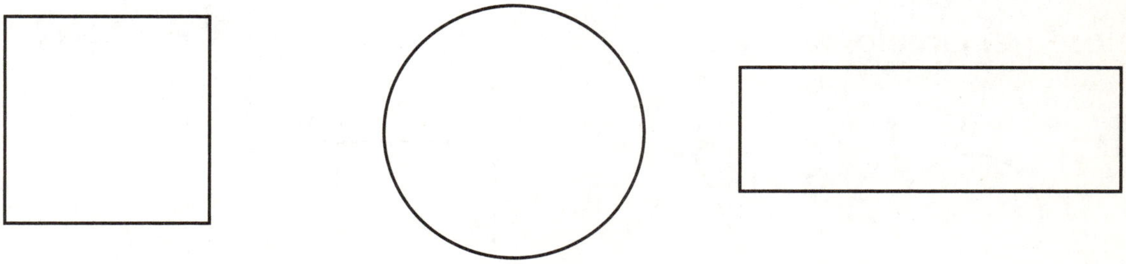

Colorea los cuadrados de amarillo.

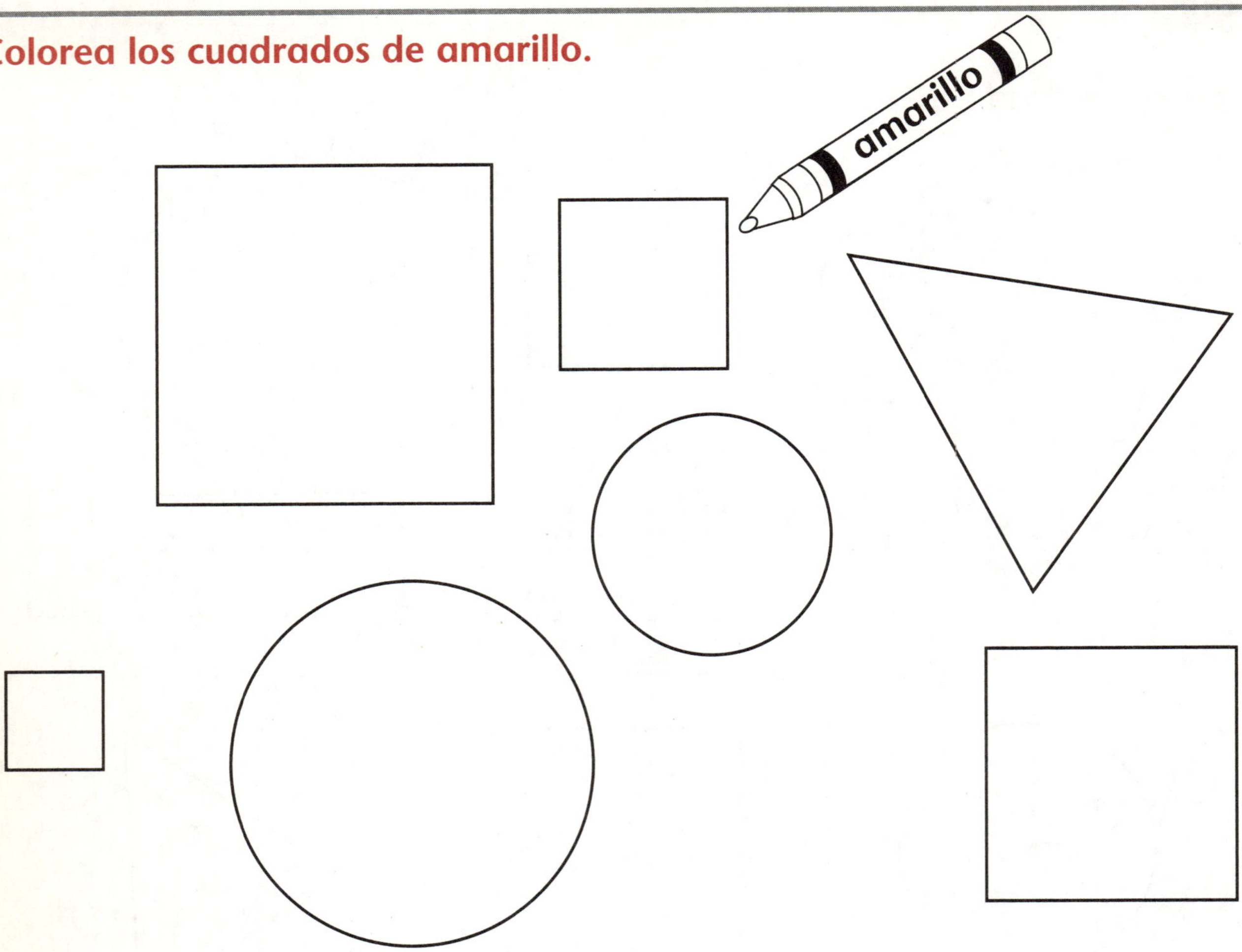

Verificación rápida

Colorea la cara que es igual.

1

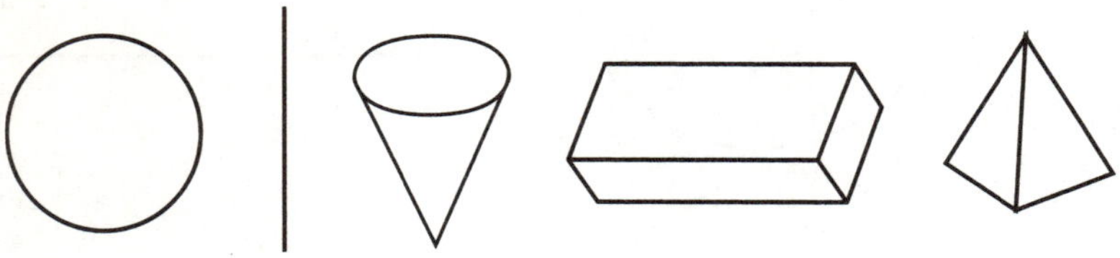

Colorea el círculo de rojo.

2

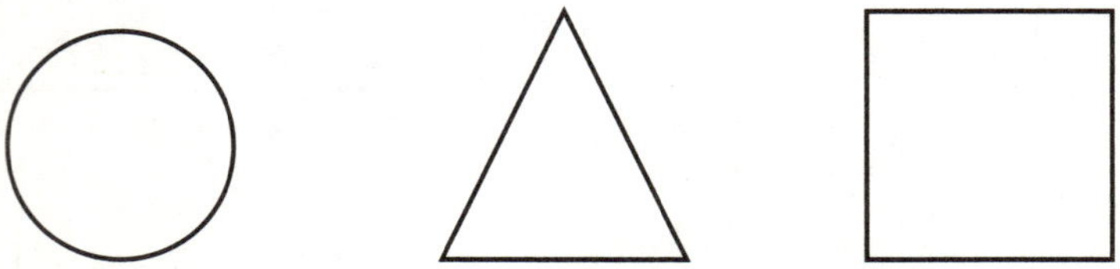

Colorea el triángulo de azul.

1

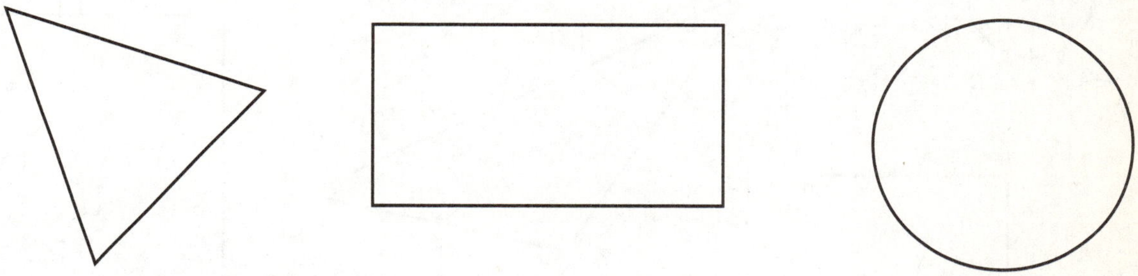

2

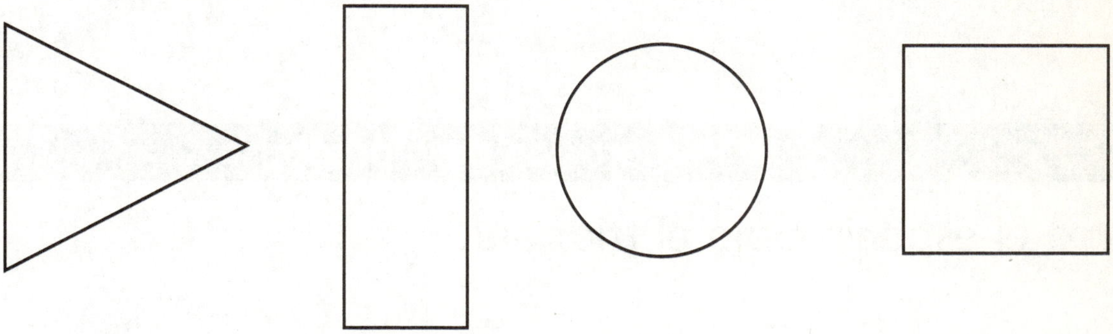

3

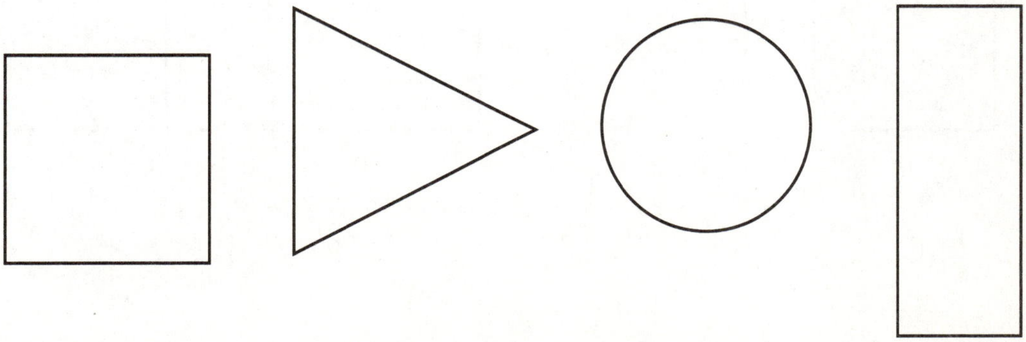

Colorea los triángulos de verde.

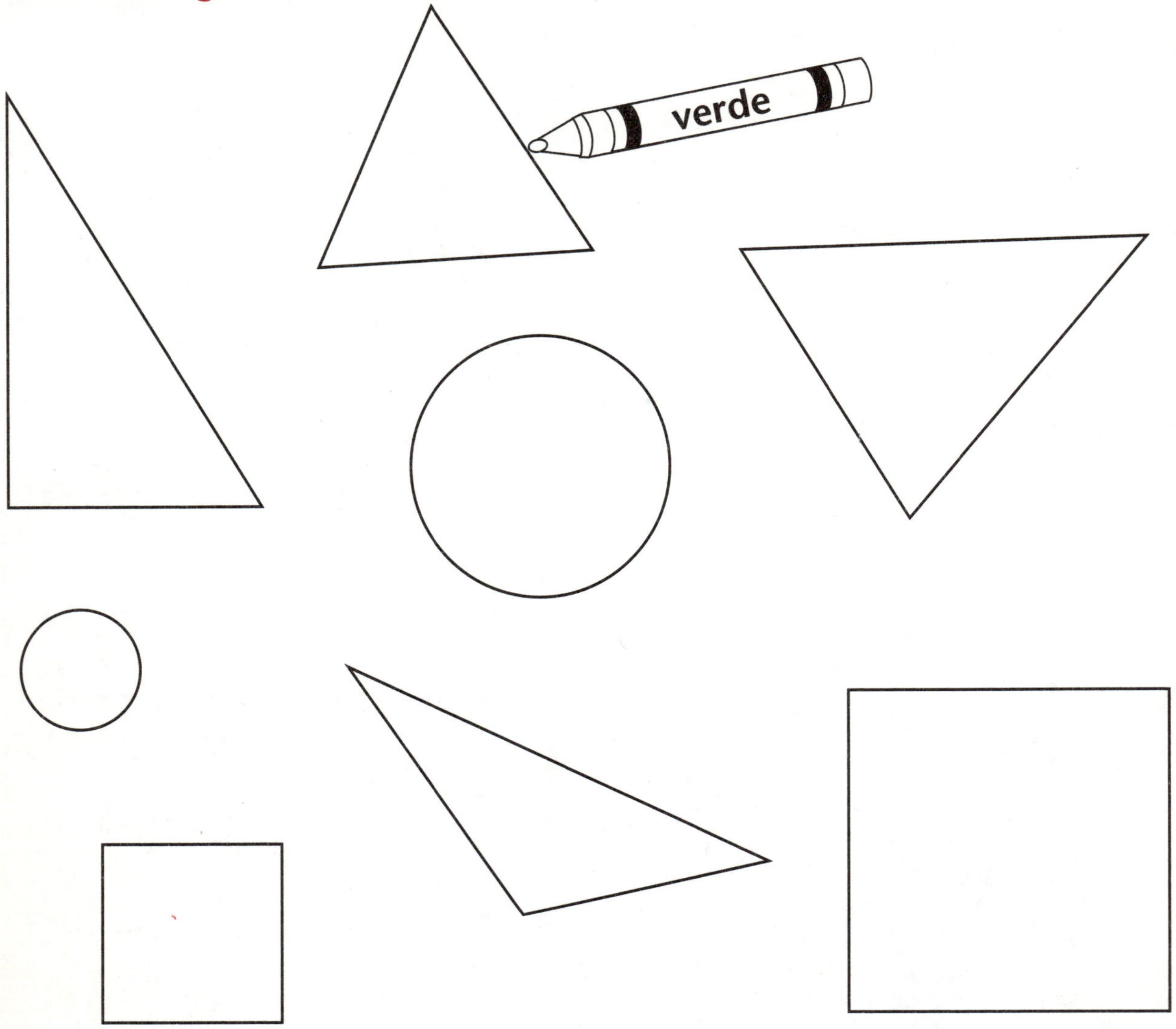

★ Preparación para pruebas

Marca el espacio bajo el triángulo.

1

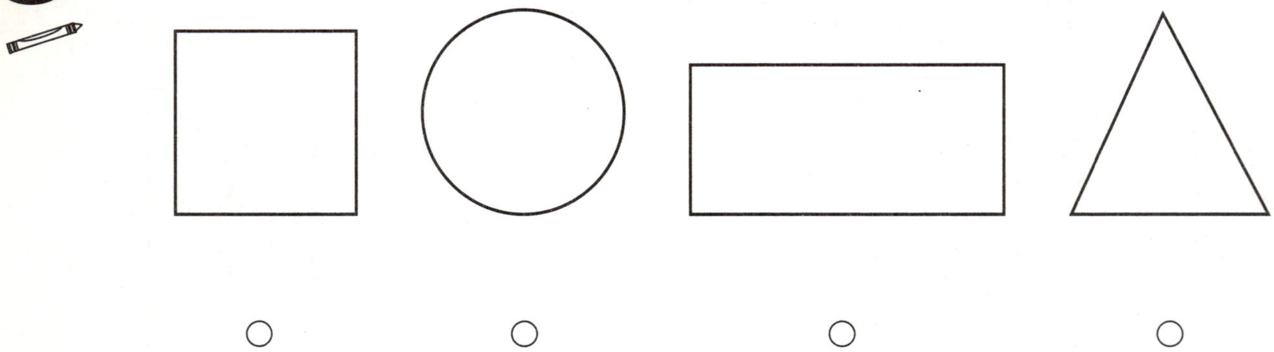

Nombre ____

Colorea el rectángulo de rojo.

1

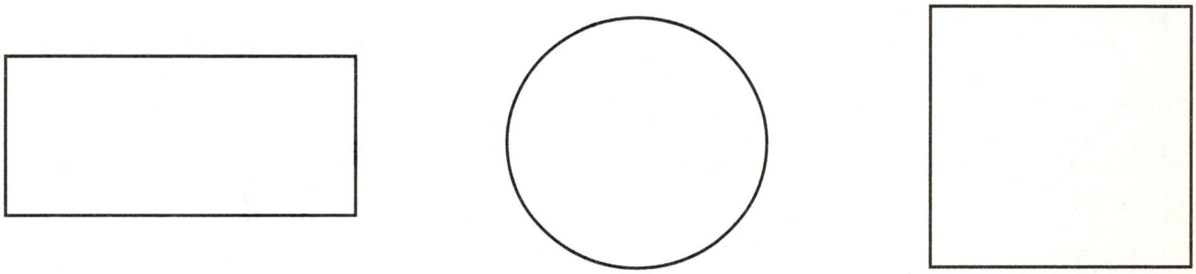

2

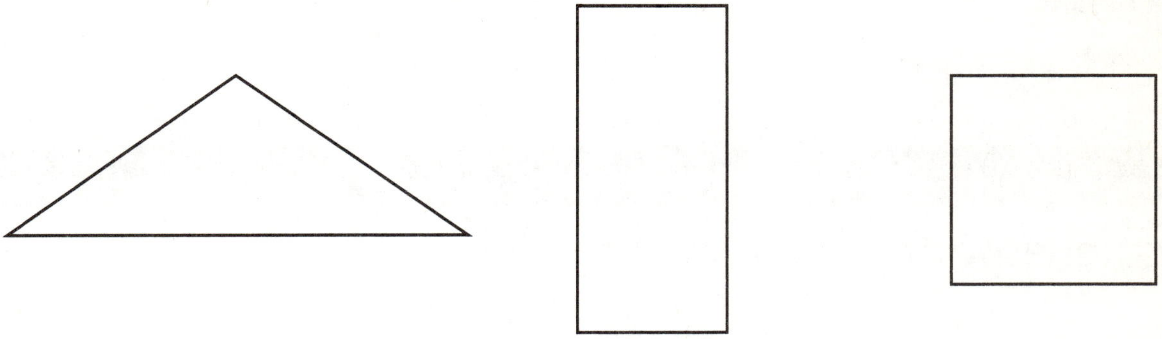

3

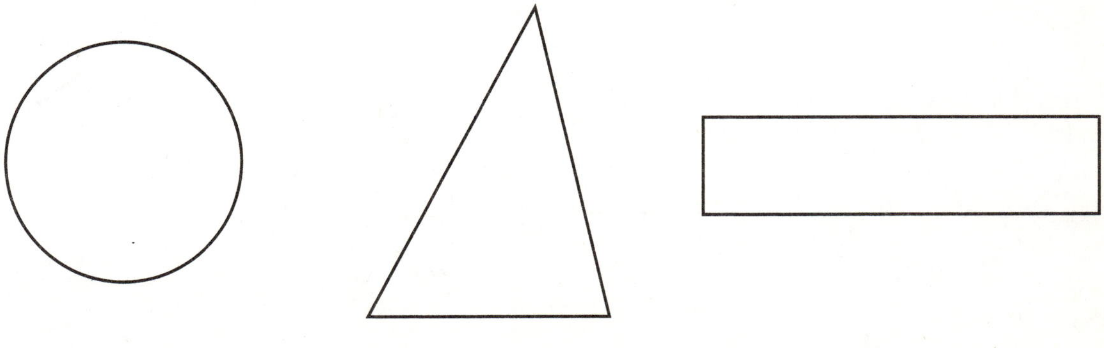

Colorea los rectángulos de amarillo.

Resolver problemas
Razonamiento

Di en qué son diferentes un cuadrado y un triángulo.

★ Preparación para pruebas

Marca el espacio bajo el rectángulo.

1

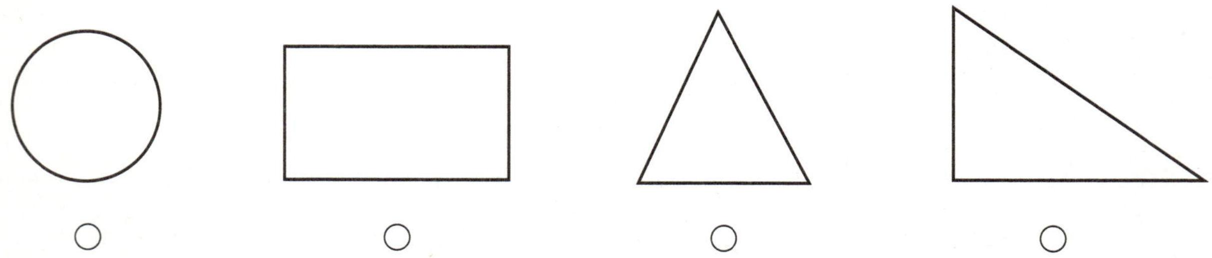

Nombre_______________________________

Aplicación de la resolución de problemas: Usa un dibujo

Fíjate en el dibujo.
Colorea las figuras.

Plan para resolver problemas			
1. Compréndelo	2. Planéalo	3. Resuélvelo	4. Verifícalo

Piénsalo ¿Qué color debería usar para cada figura?

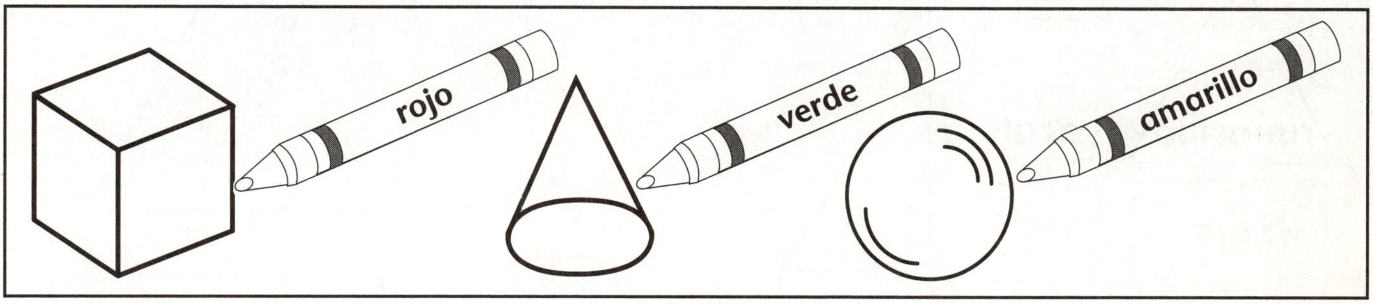

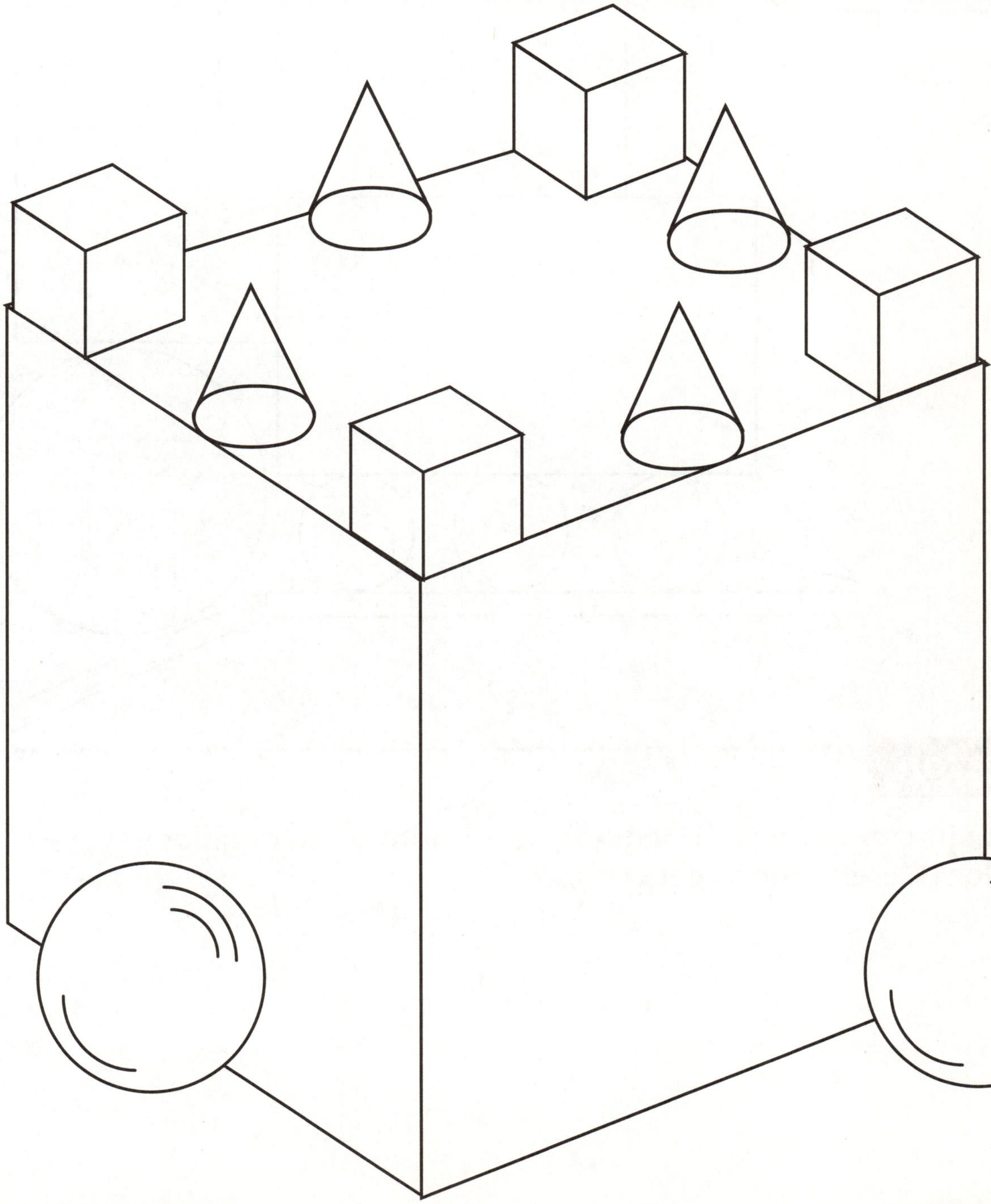

Fíjate en el dibujo. Colorea las figuras.

Piénsalo ¿Qué color debería usar para cada figura?

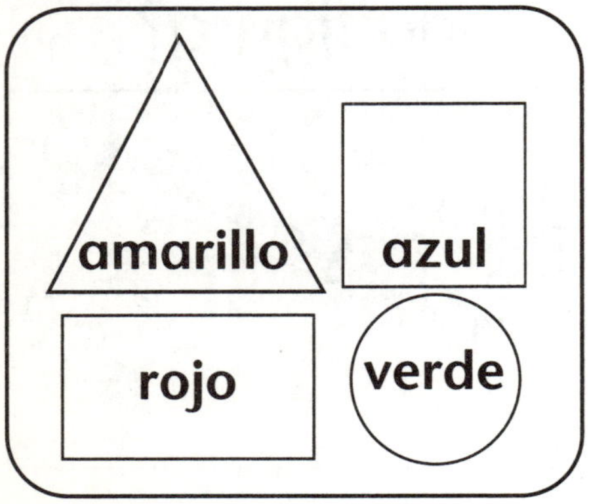

Ampliación

Haz un dibujo con círculos, triángulos, cuadrados y rectángulos.
Usa un color diferente para cada figura.

Nombre ____

Rodea el más grande.

1

2

3

4

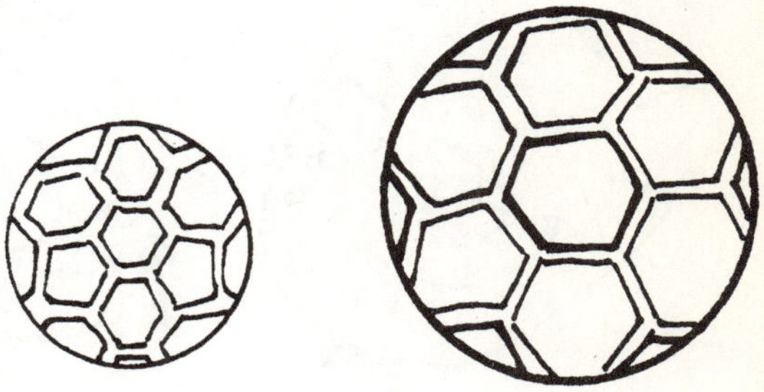

5

6

Rodea el más pequeño.

1

2

3

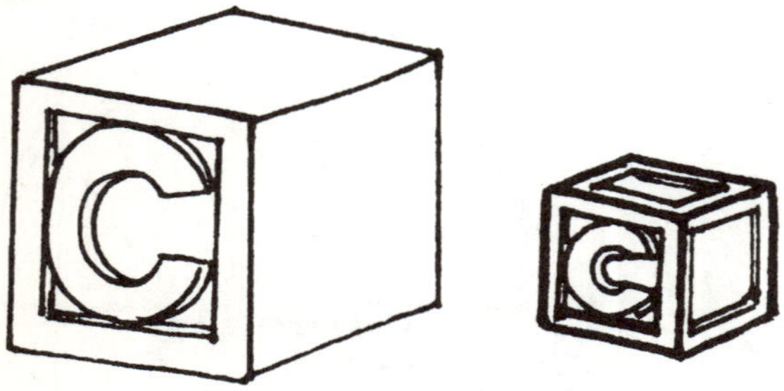

4

5

6

Verificación rápida

Rodea el triángulo.

7

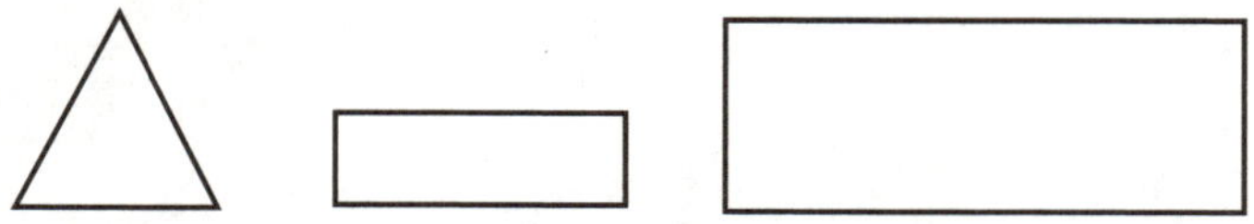

Rodea el rectángulo más grande.

8

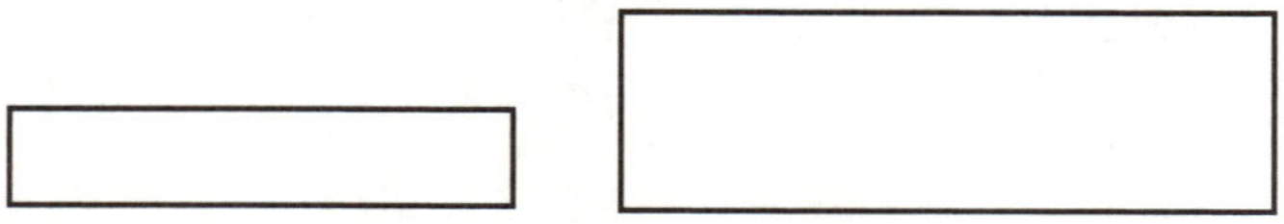

Nombre ______________________________

Rodea el más grande de todos.

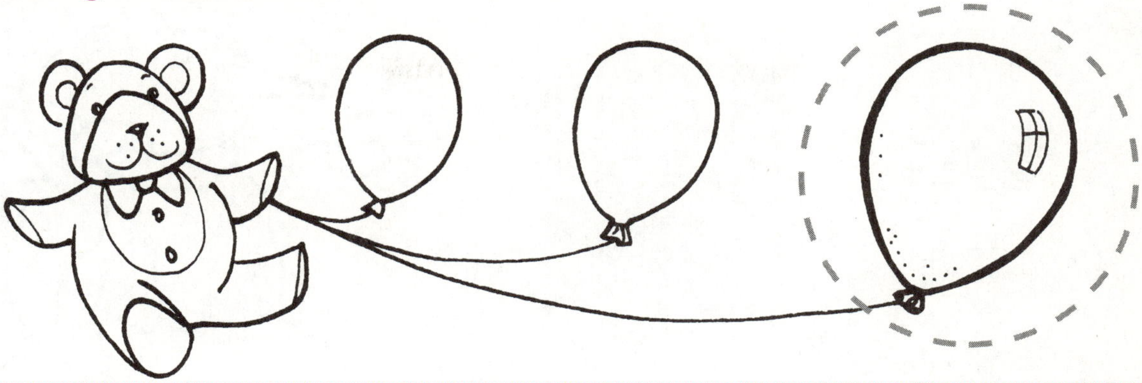

1

2

3

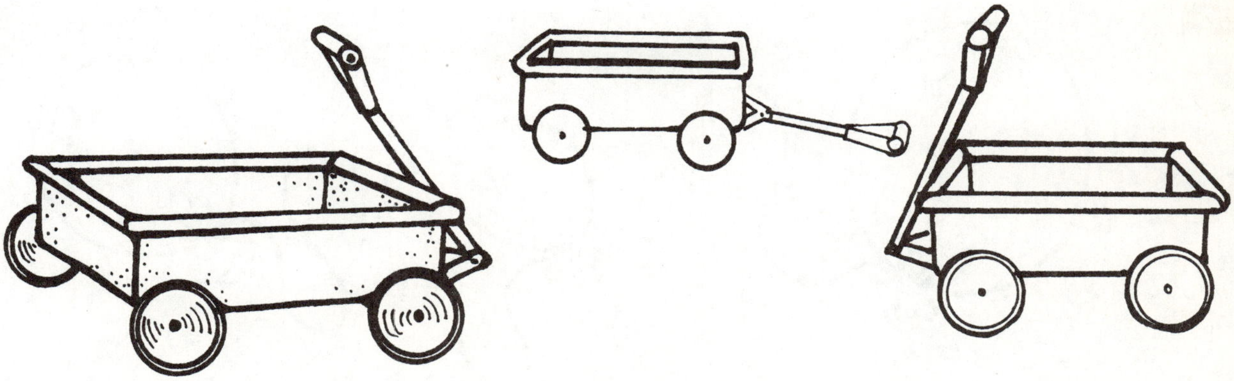

Rodea el más pequeño de todos.

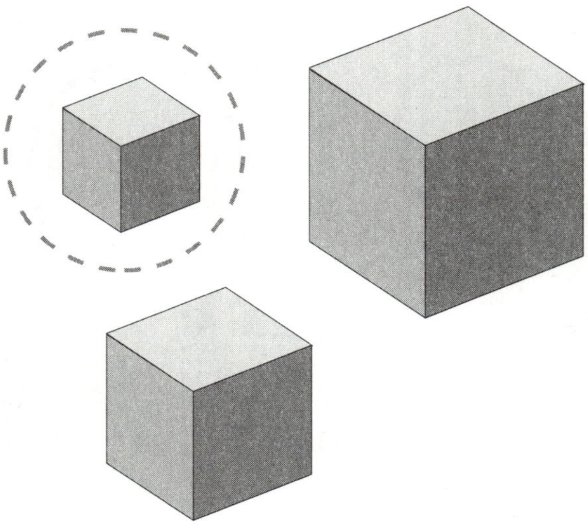

★ Preparación para pruebas

Marca el espacio bajo el más pequeño de todos.

Nombre ______________________________

Rodea el más alto.

1

2

3

4

5

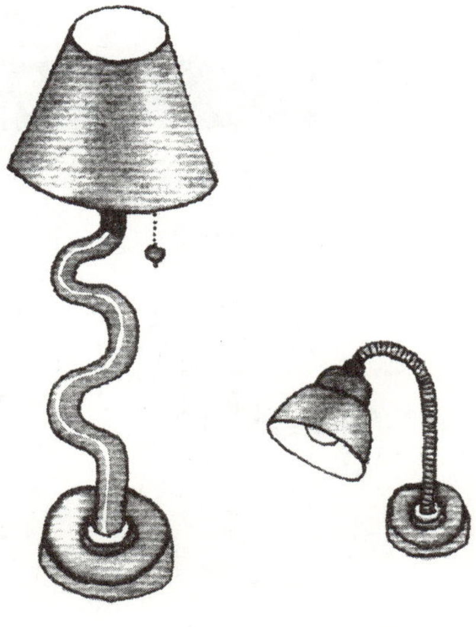

6

Rodea el más bajo.

1

2

3

4

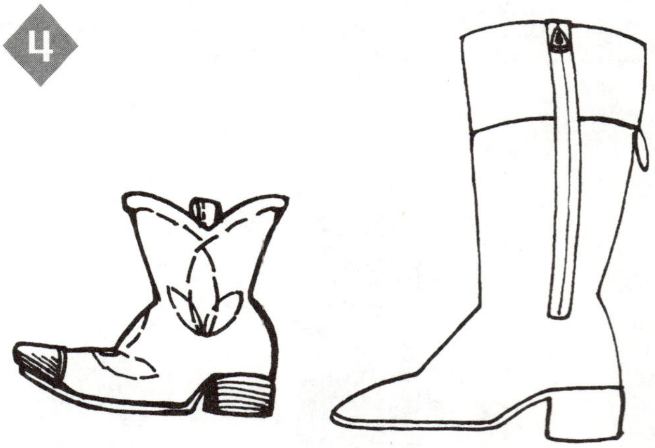

Resolver problemas
Razonamiento

Di en qué son diferentes los dibujos en 2.

★ Preparación para pruebas

Marca el espacio bajo la más baja.

5

○ ○

Nombre ______________________________

Rodea el más alto de todos.

1

2

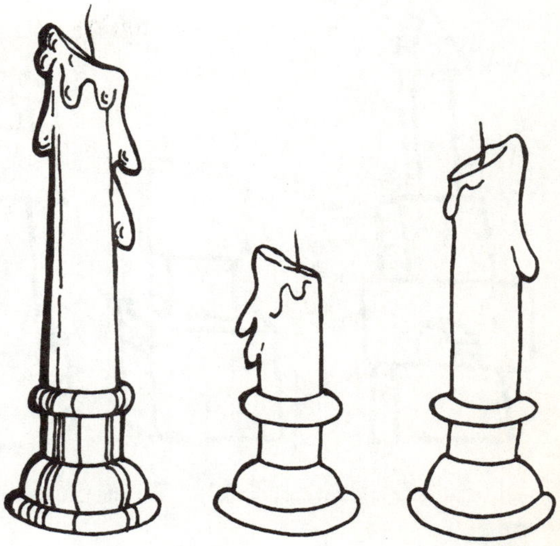

3

4

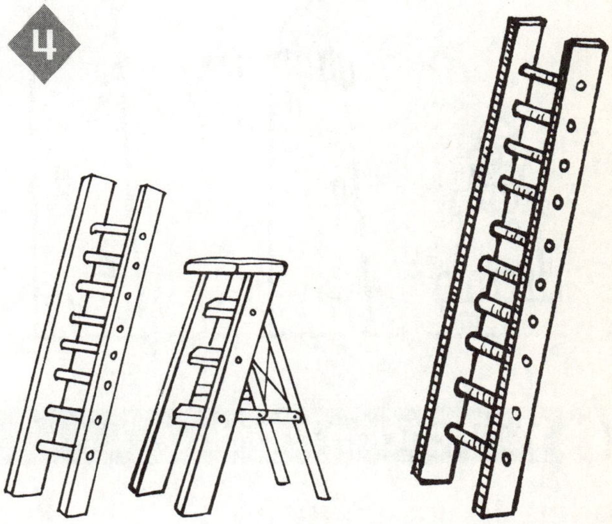

5

Rodea el más bajo de todos.

1

2

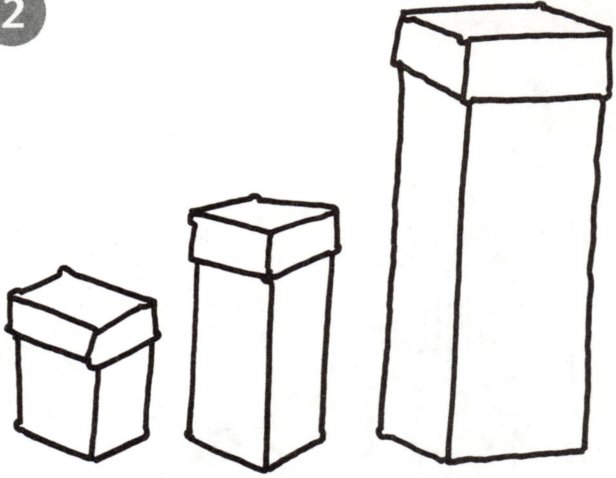

3

4

Verificación rápida

Rodea el más pequeño de todos.

5

Rodea el más alto.

6

Rodea la más baja de todas.

7

Nombre ____

Rodea el más largo o grande.

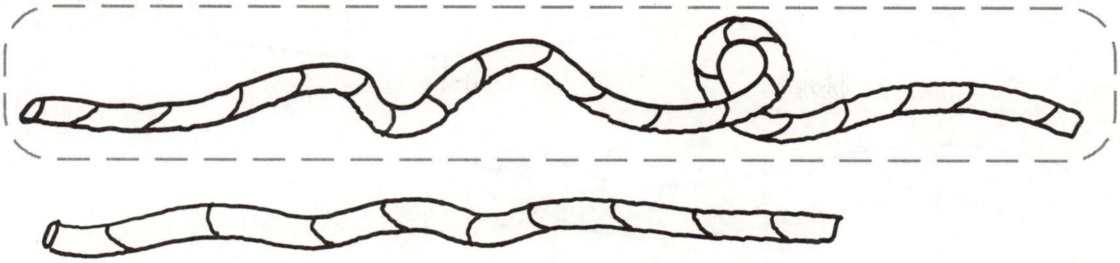

1

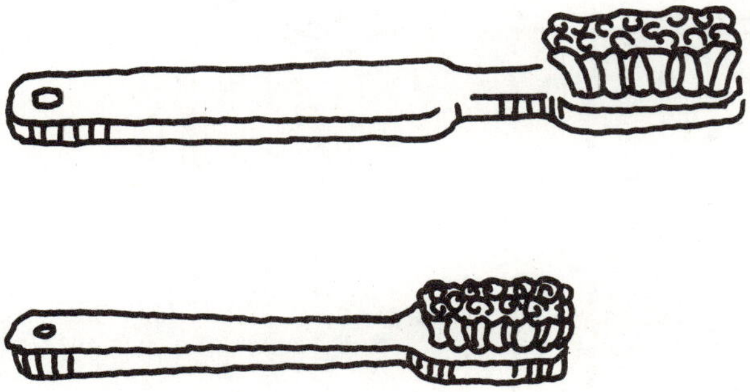

2

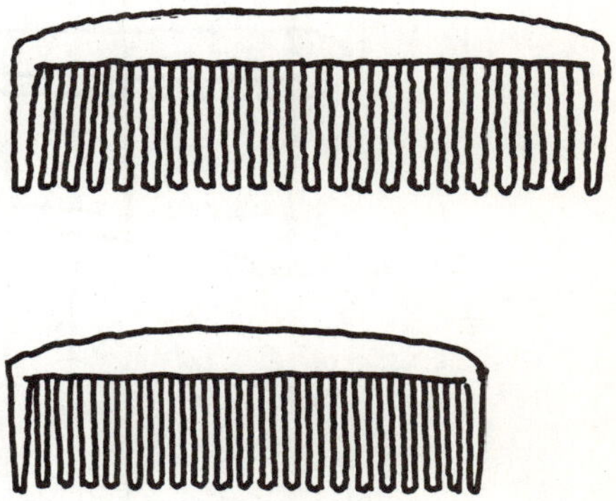

3

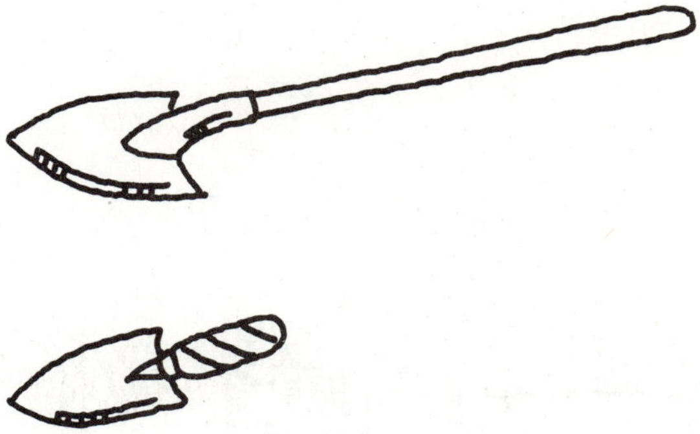

4

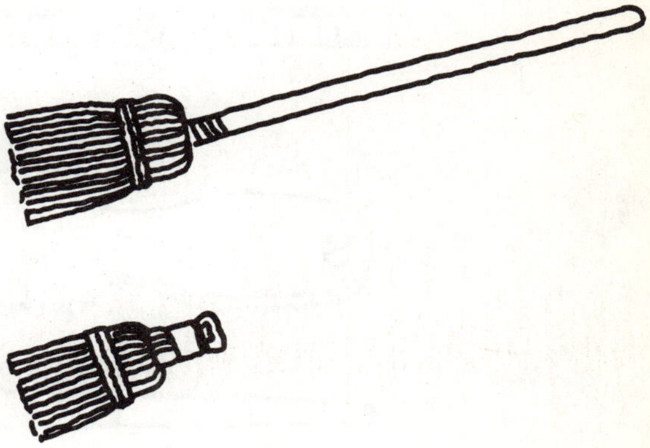

5

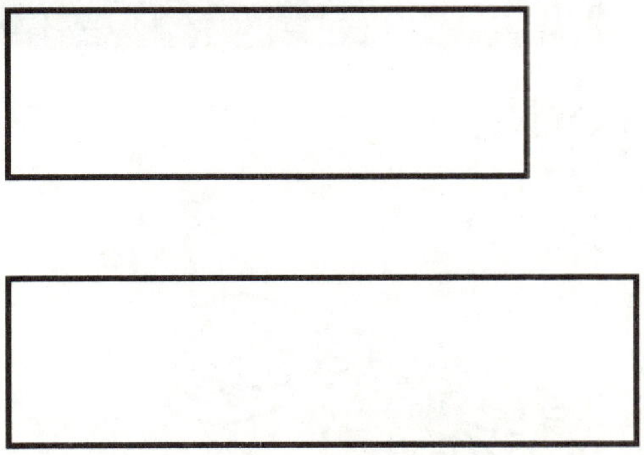

6

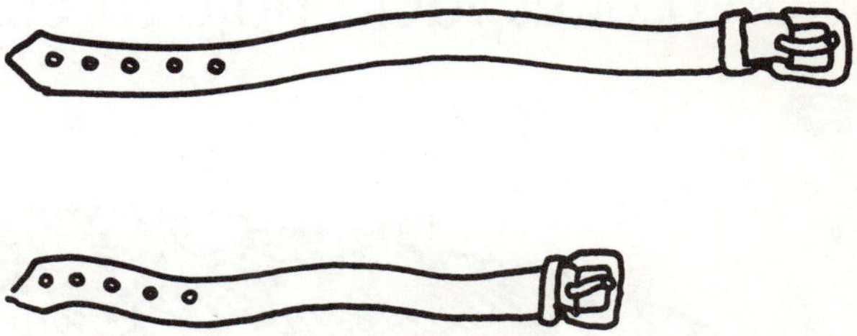

Rodea el más corto o pequeño.

1

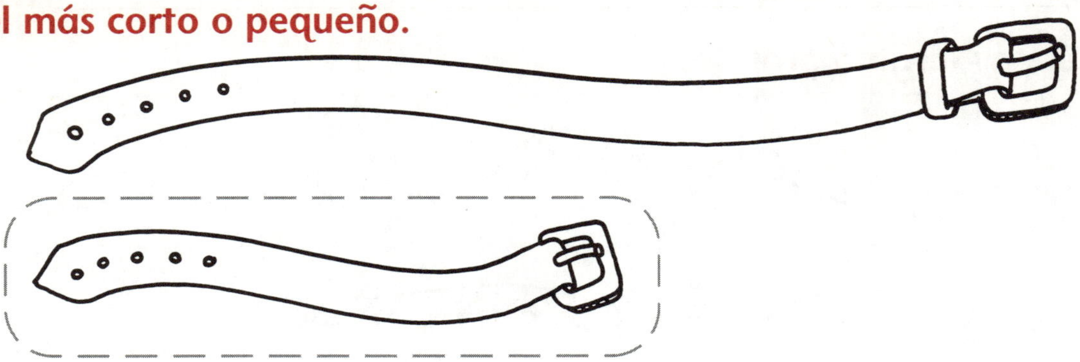

2

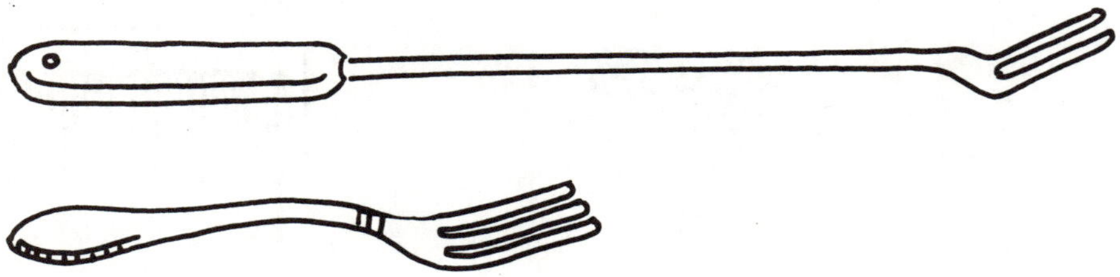

3

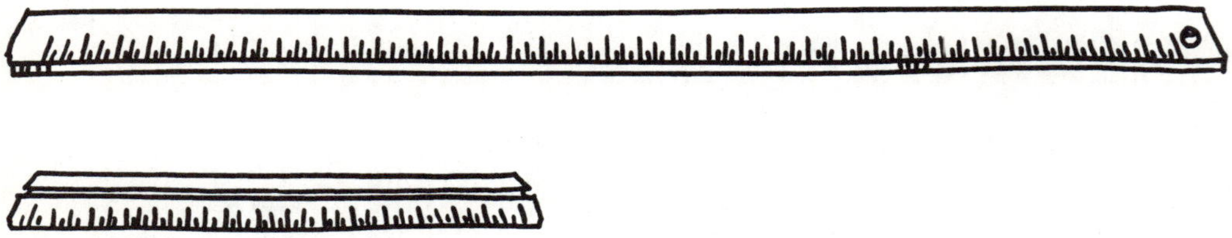

4

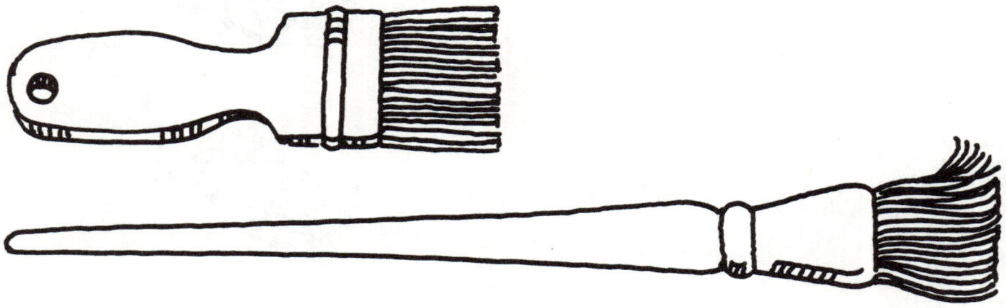

★ Preparación para pruebas

Marca el espacio bajo la cola más corta.

5

Nombre ____________________

Rodea el más largo o grande de todos.

1

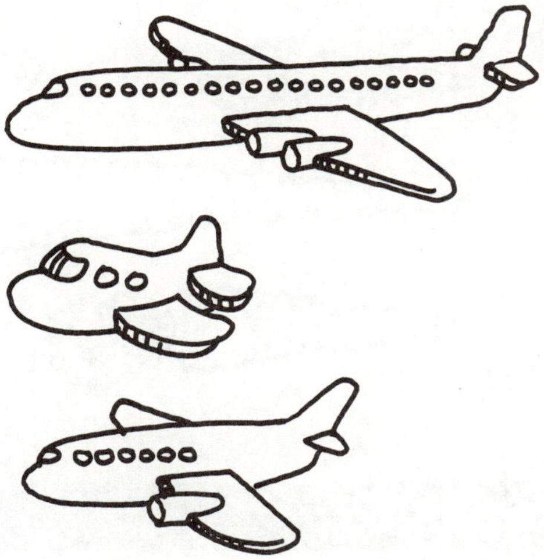

2

3

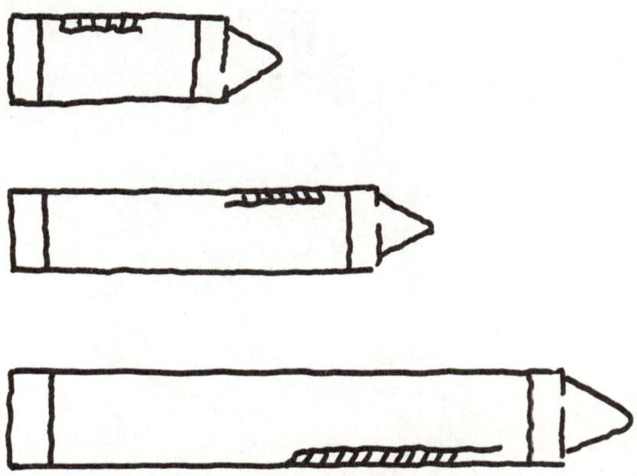

4

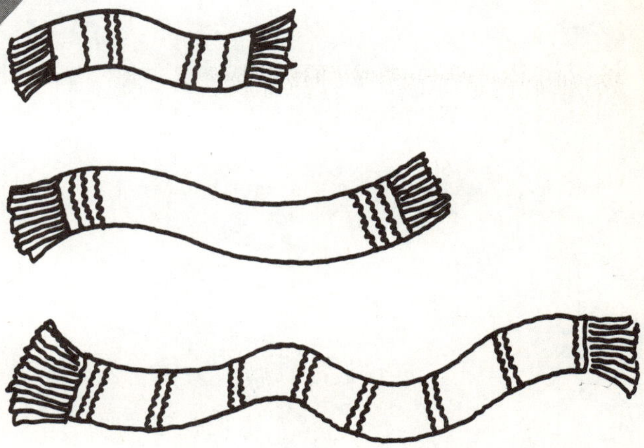

Rodea el más corto o pequeño de todos.

1

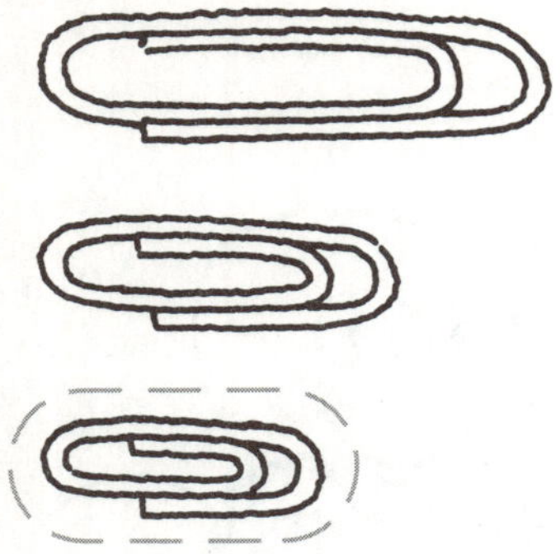

2

3

4

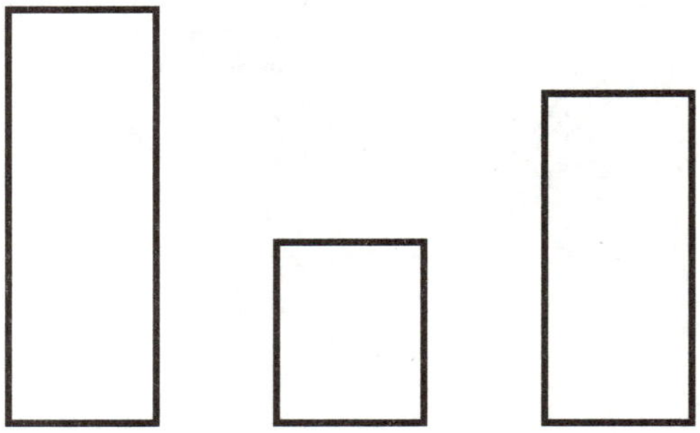

5

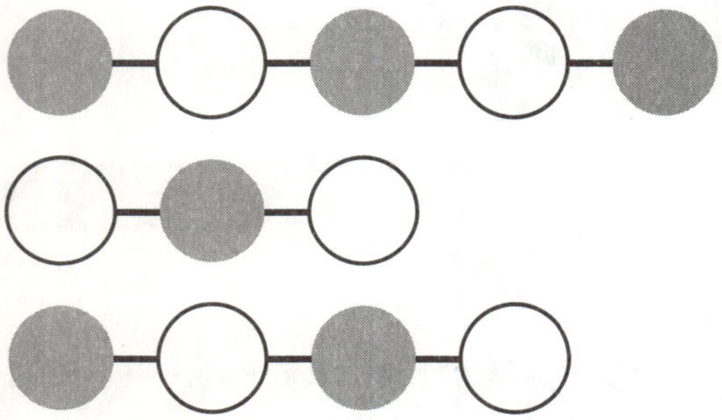

6

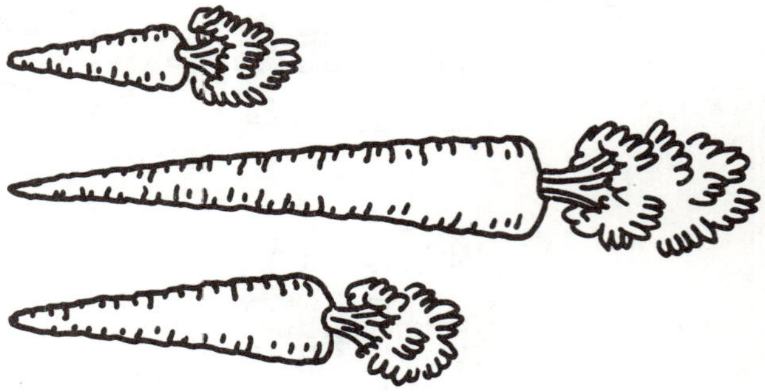

★ Preparación para pruebas

Marca el espacio bajo el más pequeño de todos.

7

Nombre ____________________________

Problema

Busca un creyón más largo.
Busca un creyón más corto.

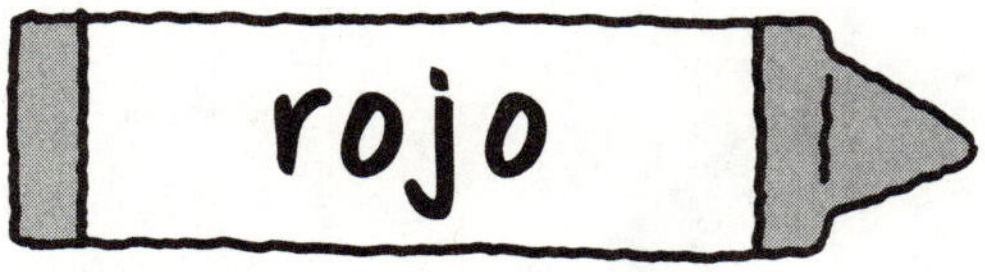

1 Compréndelo

2 Planéalo

3 Resuélvelo

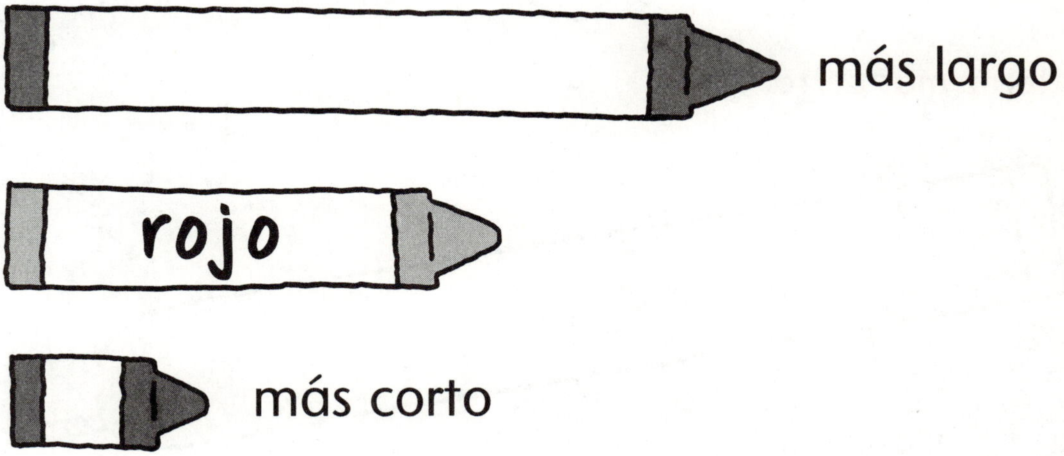

4 Verifícalo

Lleva el problema a la práctica para resolverlo.

Busca un lápiz más largo.

1

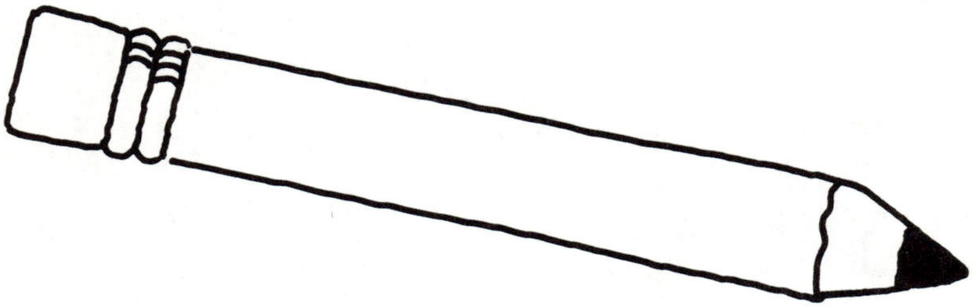

Busca un lápiz más corto.

2

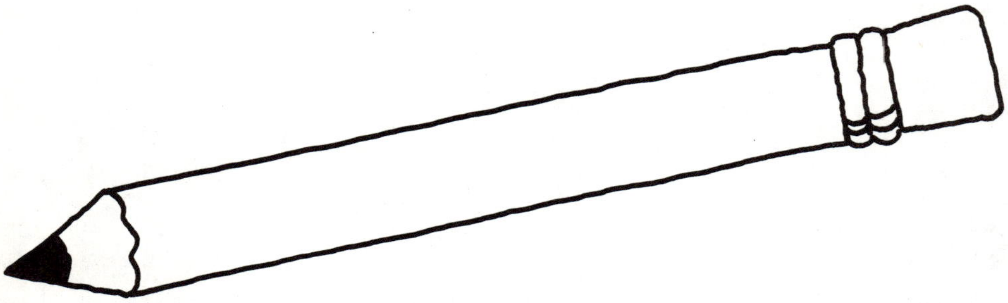

Busca un lápiz más corto.

3

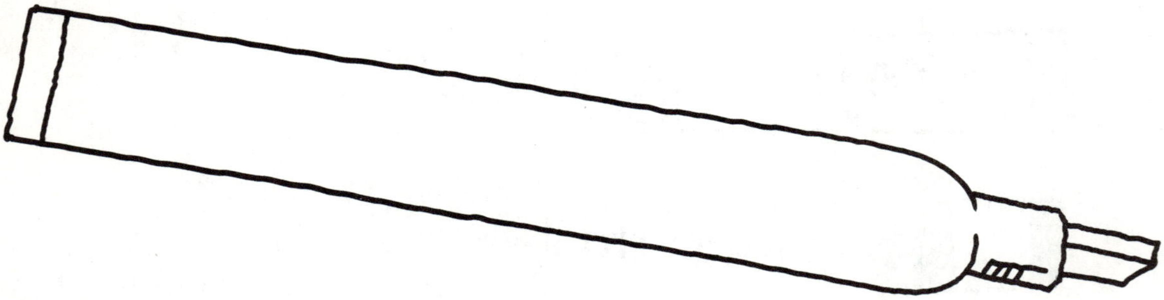

Di por qué llevar a la práctica los problemas te ayudó a resolverlos.

Nombre ______________________________

Fíjate en el dibujo.
Colorea cada figura.

1

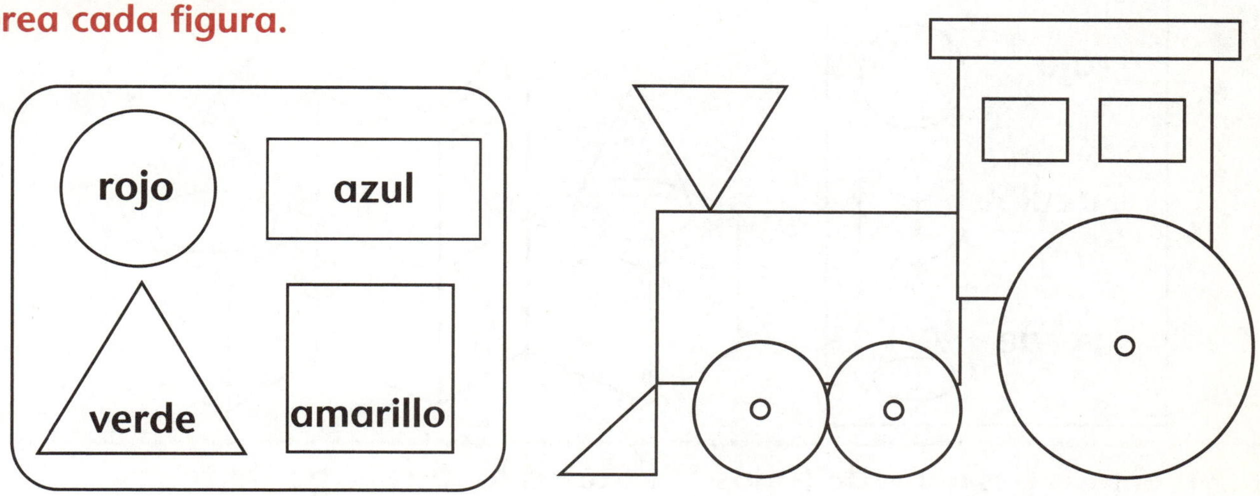

Rodea el más grande.

2

Rodea el más alto de todos.

3

Rodea la más corta de todas.

4

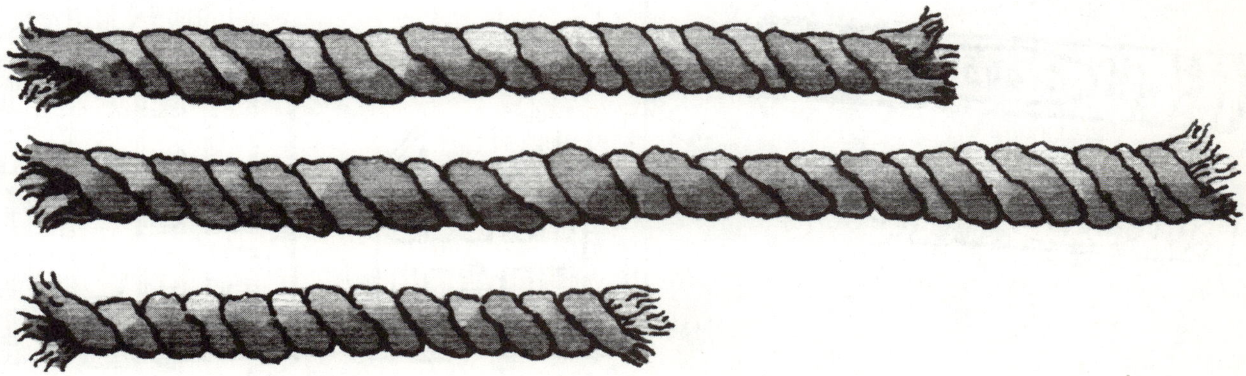

Resolver problemas
Razonamiento

Colorea las figuras.

5

rojo

azul

verde

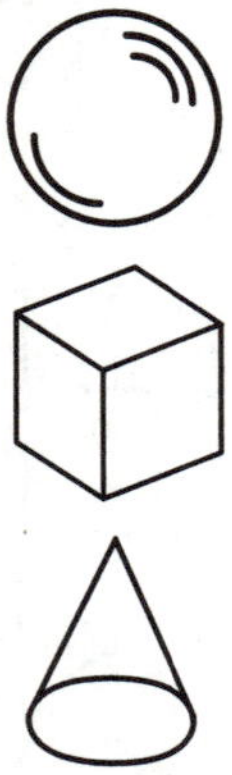

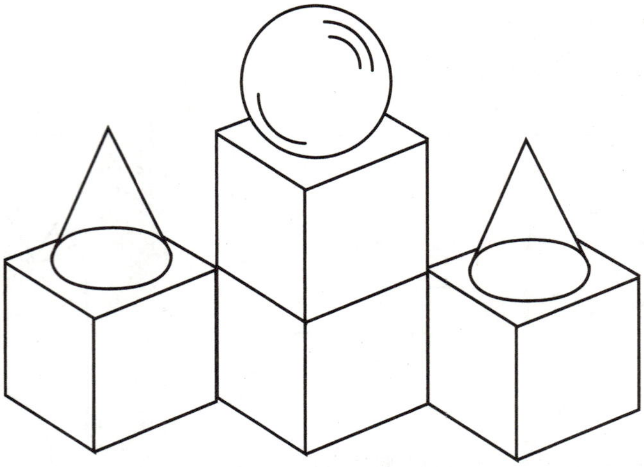

Rodea el más pequeño de todos.

6

Rodea la más larga de todas.

7

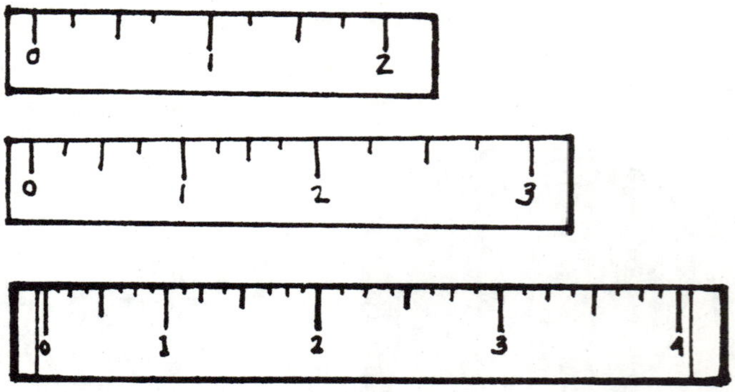

Rodea el más largo.

8

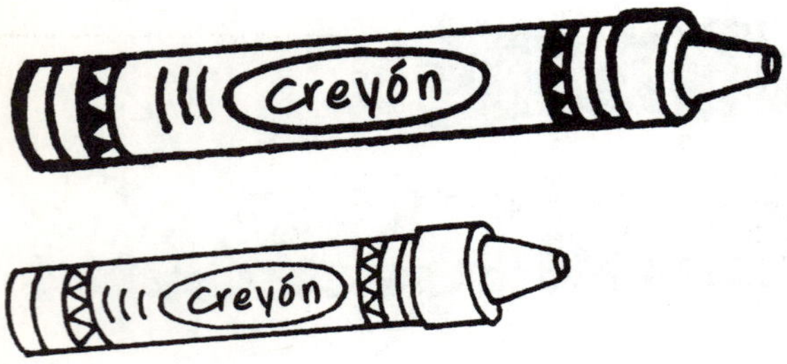

Rodea el más alto.

9

Nombre ____________________

1
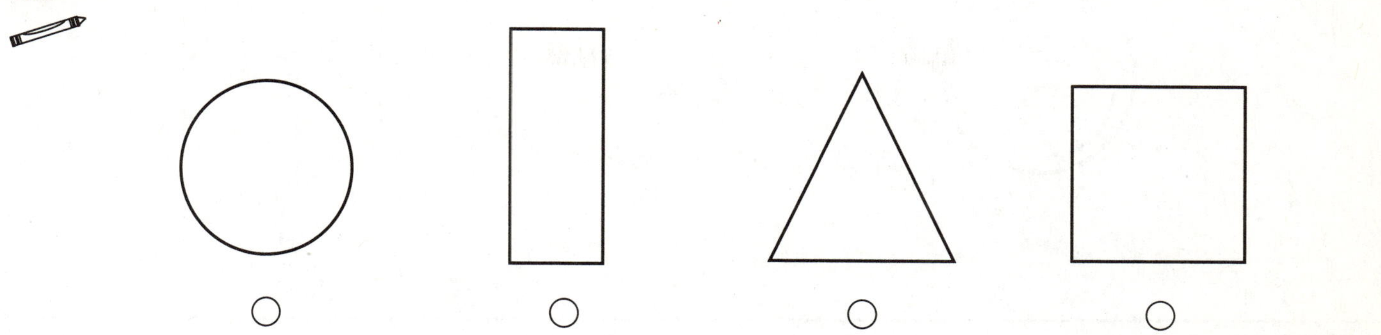

2
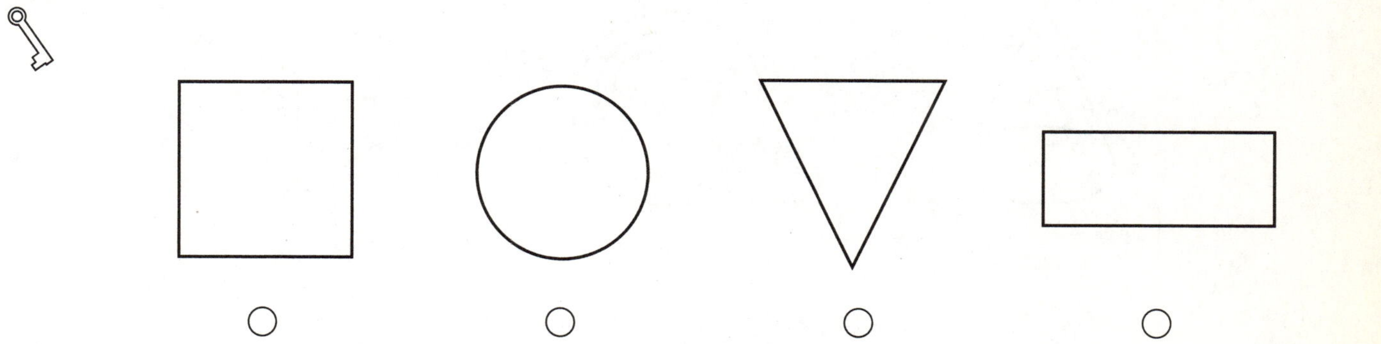

3
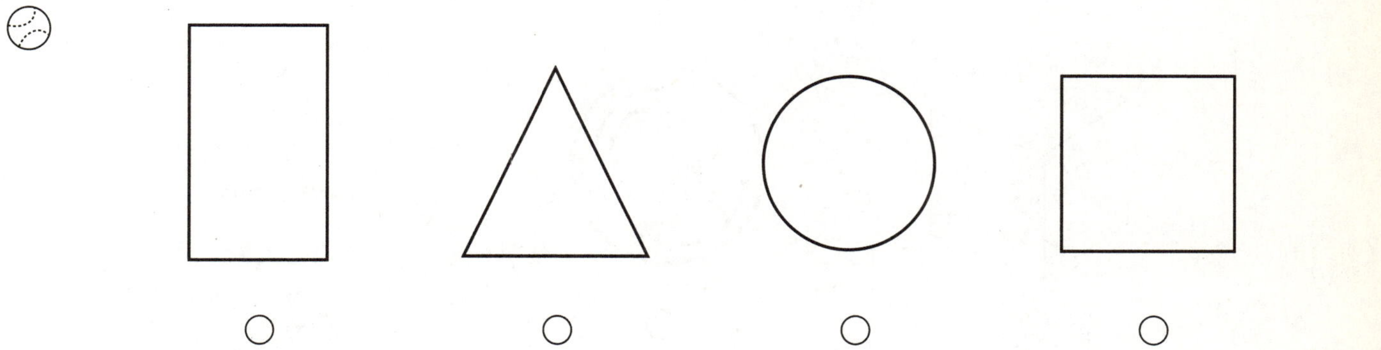

4
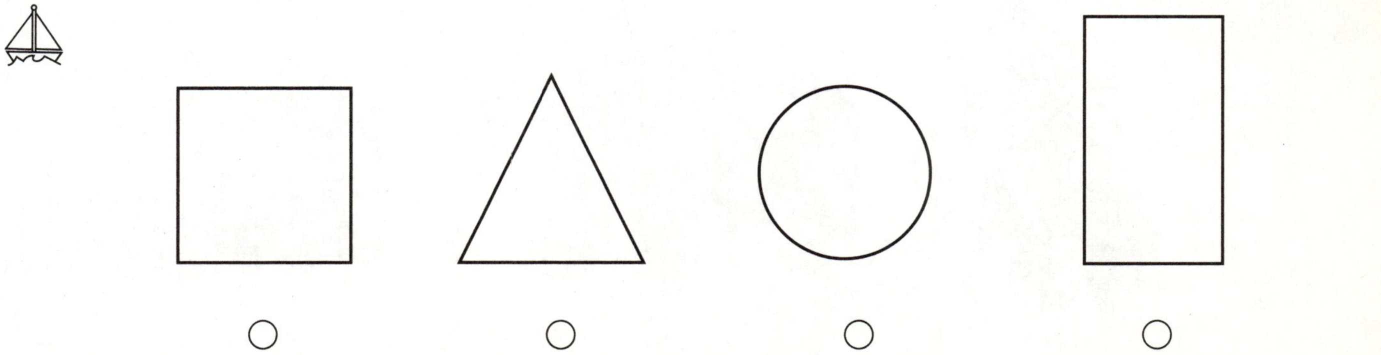

5

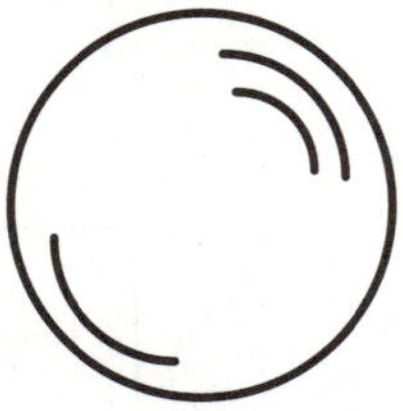 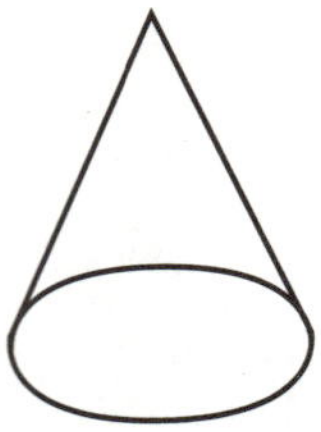 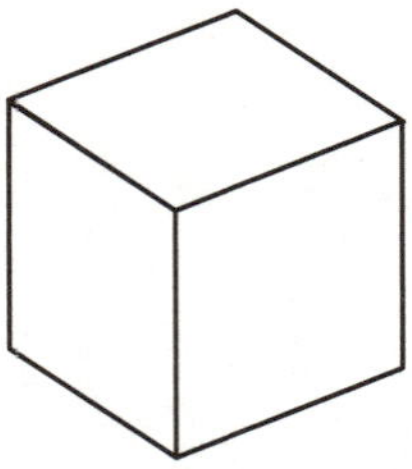

○ ○ ○

6

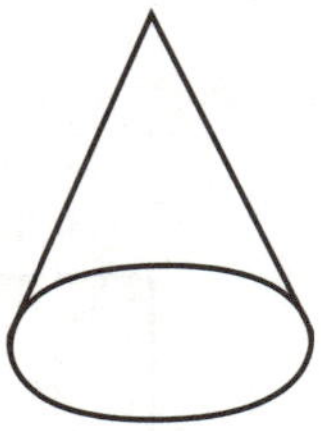 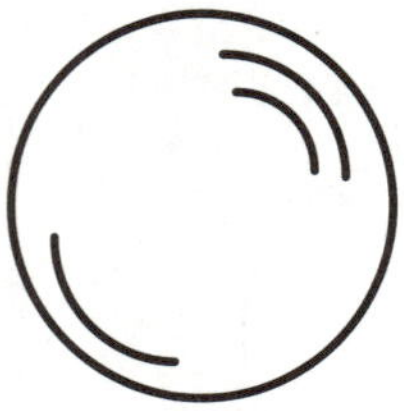 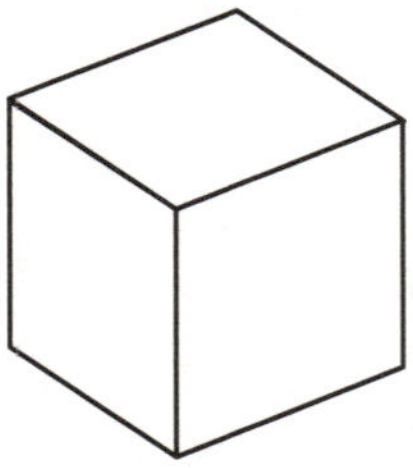

○ ○ ○

7

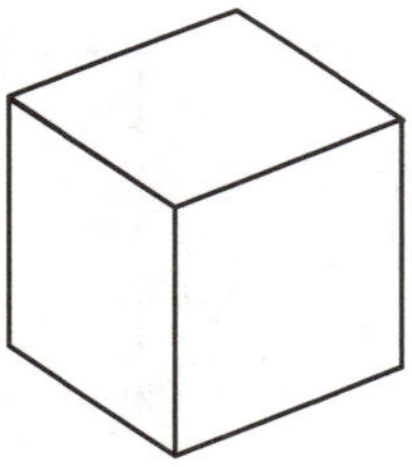 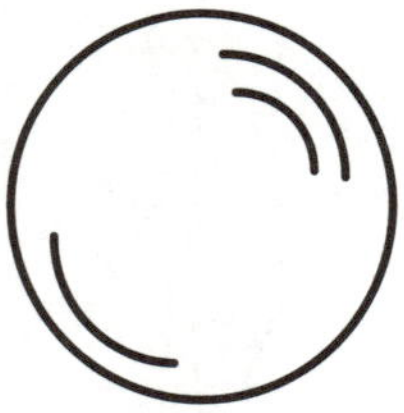 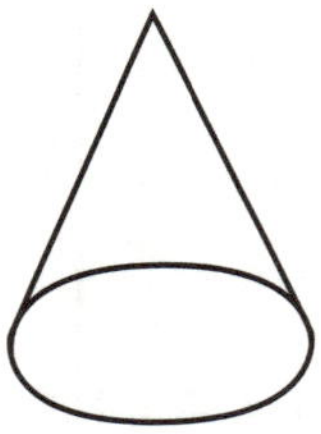

○ ○ ○

8

○ ○ ○

UNIDAD 2 • CONTENIDO

Clasificación, posición y patrones

Lección		Página
1	Álgebra • Igual y diferente	41
2	Álgebra • El mismo tamaño, la misma forma	43
3	Álgebra • ¿Qué cosa no pertenece al grupo?	45
4	Álgebra • Estrategia para la resolución de problemas: Llévalo a la práctica	47
5	Encima, debajo	49
6	Arriba, abajo	50
7	Primero, último	51
8	Comparar posiciones: Primero, último y en medio	53
9	Antes, después	55
10	Comparar posiciones: Antes, después y entre	57
11	Aplicación de la resolución de problemas: Usa un dibujo	59
12	Patrones	61
13	Patrones geométricos	63
14	Patrones de color	65
•	Repaso de la Unidad 2	67
•	Repaso acumulativo ★ Preparación para pruebas	69

Emplearemos el siguiente vocabulario para identificar posiciones:

encima y debajo
arriba y abajo
primero, en medio y último
antes y después

Estimada familia:

Durante las semanas siguientes, en la clase de matemáticas, aprenderemos a identificar la posición de los objetos. Estudiaremos también los patrones que se repiten.

En casa verán tareas que sirven para practicar la identificación de posiciones y la ampliación de patrones. Tengan en cuenta a manera de guía el siguiente ejemplo.

Identificar posición

primero   en medio   último

Ampliar patrones

¿Qué sigue?

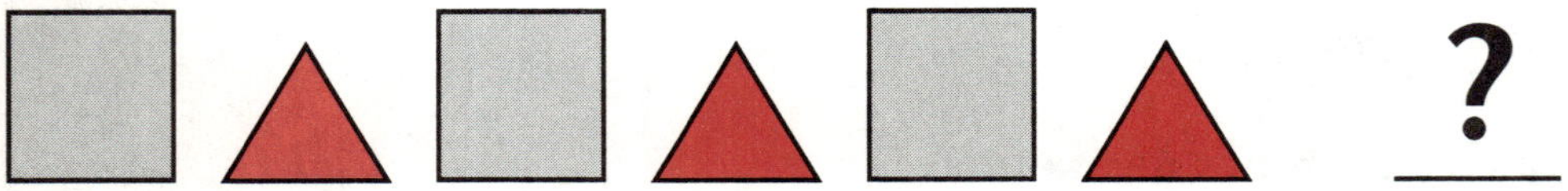

El niño puede identificar el elemento siguiente de este patrón usando el color, el tamaño y la forma.

Atentamente,

Colorea los que son iguales.

1

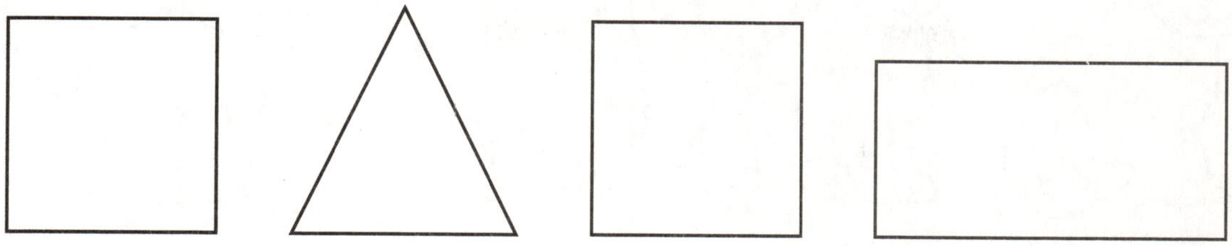

2

3

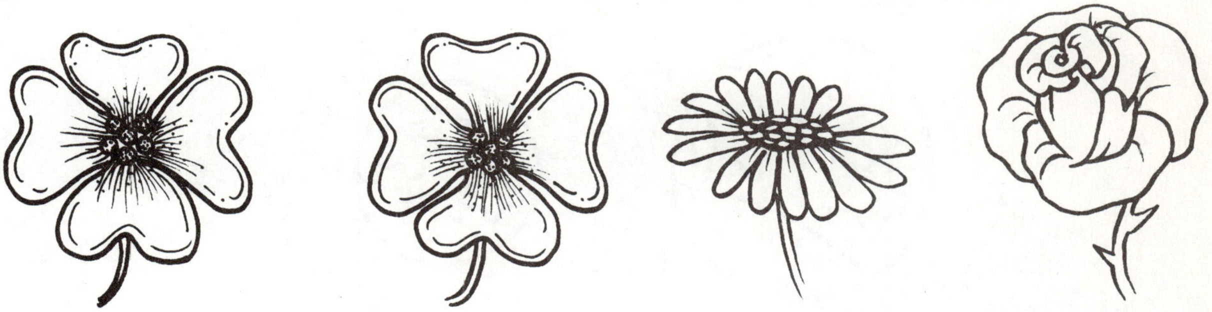

4

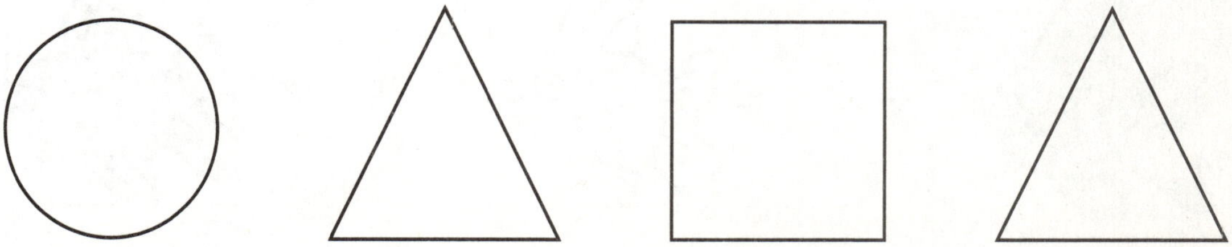

Rodea el dibujo que es diferente.

1

2

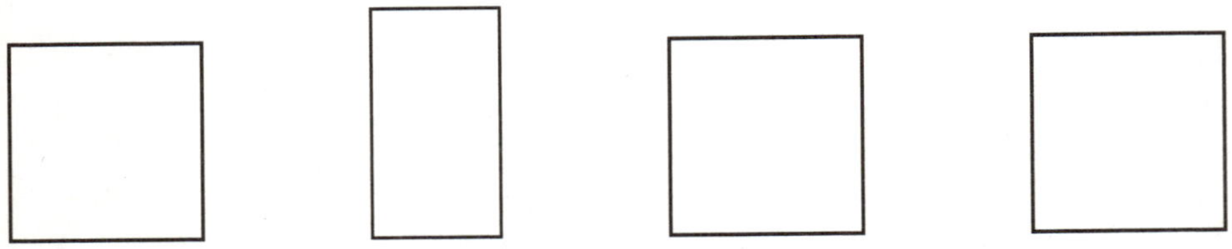

3

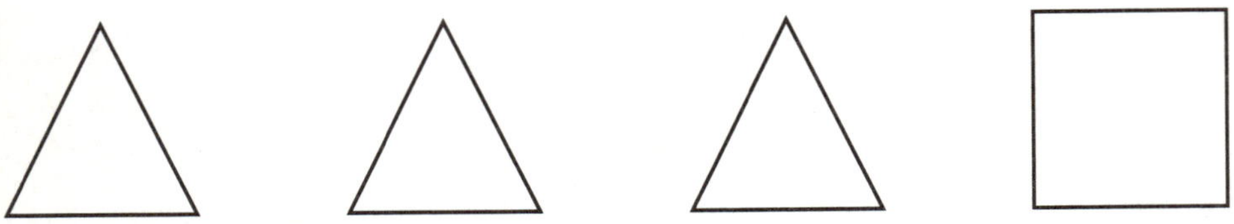

Resolver problemas
Razonamiento

Di en qué son iguales las dos cosas.
Di en qué son diferentes.

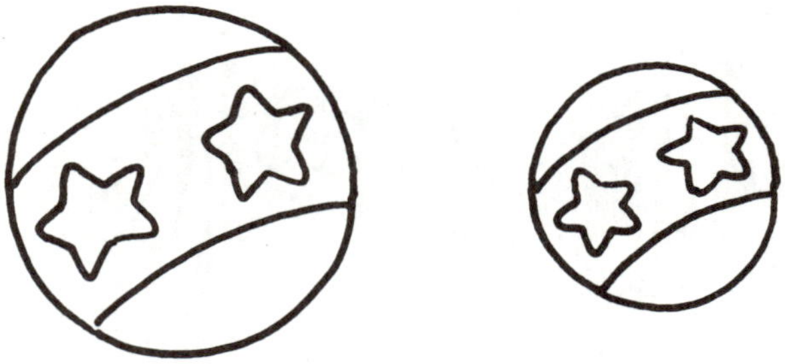

★ Preparación para pruebas

Marca el espacio bajo el pez que es diferente.

4

Nombre ______________________________

El mismo tamaño, la misma forma

¿Qué pieza va? Empareja.

1

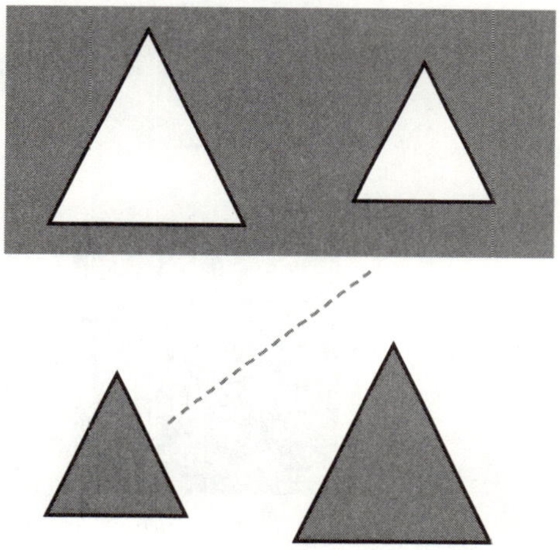

2

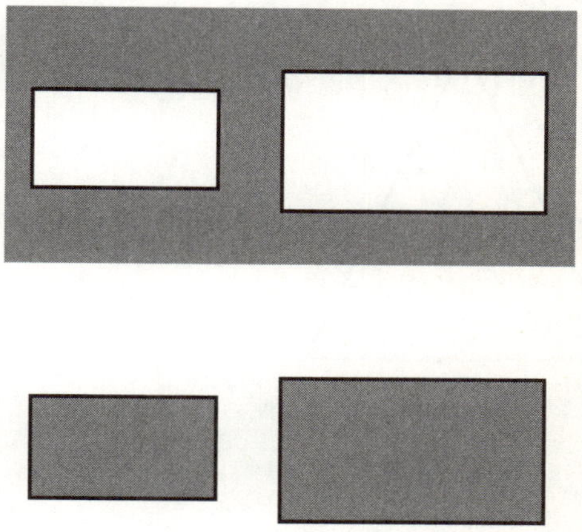

3

4

¿Qué pieza va? Empareja.

1

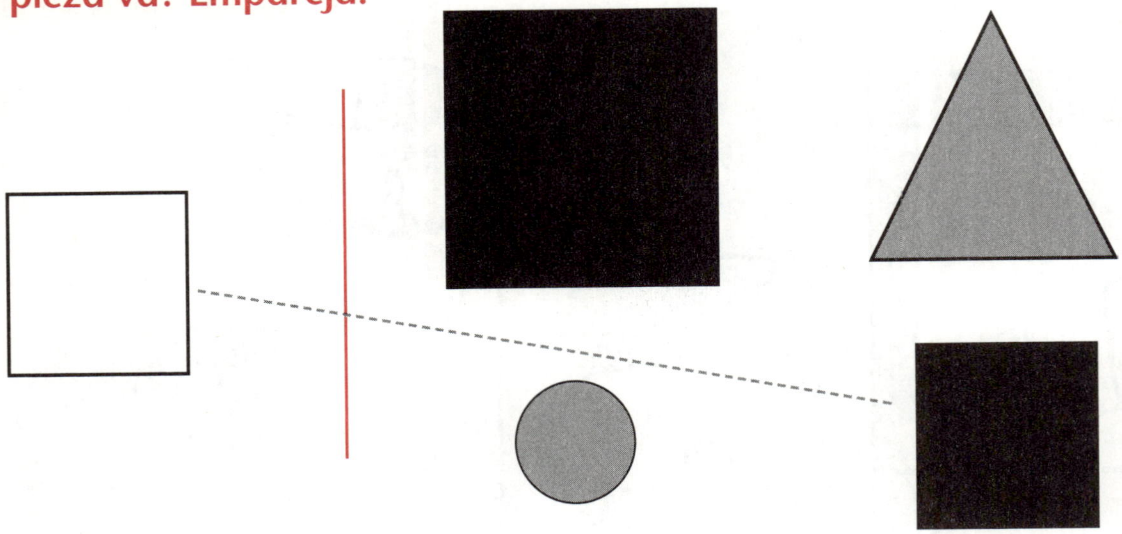

2

★ Preparación para pruebas

Marca bajo la pieza que va.

3

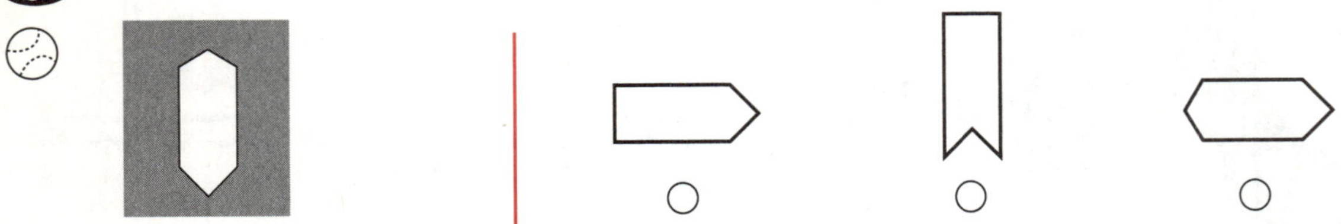

4

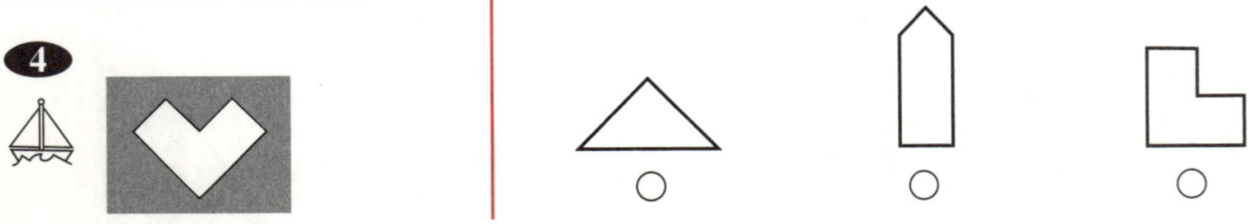

Nombre____

Marca con una X la cosa que no pertenece al grupo.

1

2

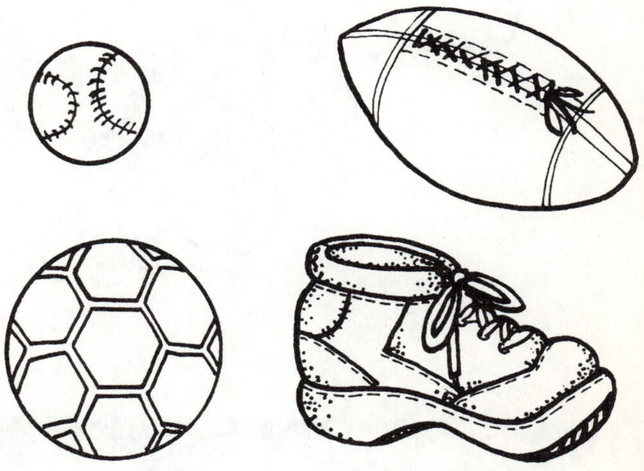

3

4

Resolver problemas
Razonamiento

Dibuja una cosa que pertenece al grupo. Di por qué.

1

✔ Verificación rápida

Colorea el dibujo que es diferente.

2

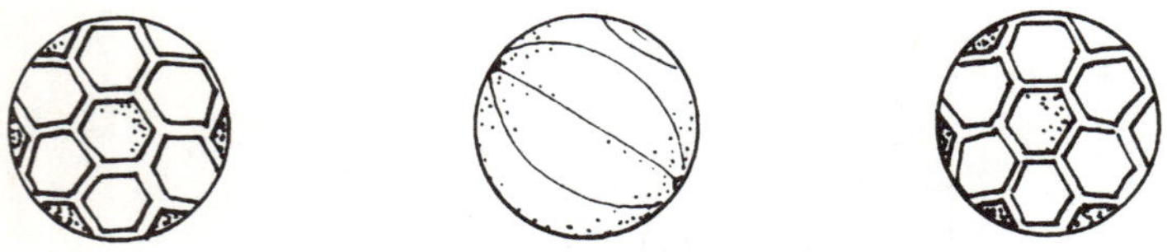

Colorea la pieza que va.

3

Marca con una X la cosa que no pertenece al grupo.

4

Nombre ______________________________

Recorta los juguetes.
¿Cómo clasificas los juguetes en la tabla?
Llévalo a la práctica.

1 **Compréndelo**

2 **Planéalo**

3 **Resuélvelo**

4 **Verifícalo**

Usa las tablas para clasificar de otra forma los juguetes de la página 47.

1

 rojo		
 negro		

2

grande		
pequeño		

Habla de las 3 formas en que clasificaste los juguetes.

Colorea de azul las cosas que están encima de la mesa.
Colorea de rojo las cosas que están debajo de la mesa.

★ Preparación para pruebas

Marca el espacio que muestra la pelota encima de la flor.

1

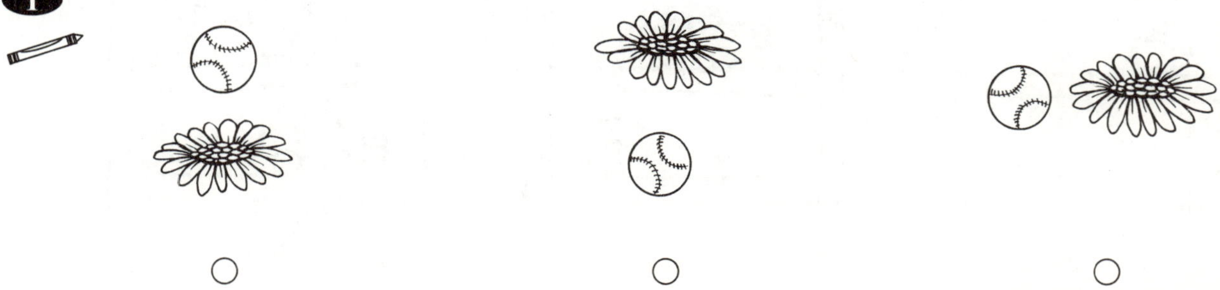

Colorea de anaranjado la cosa que está en el estante de arriba.
Colorea de verde la cosa que está en el estante de abajo.

1

2

Dibuja una pelota en el estante de arriba.

3

Dibuja un libro en el estante de abajo.

4

★ Preparación para pruebas

Marca el espacio que muestra la pelota en el estante de abajo.

5

○

○

○

Nombre ____________________

Primero, último

Rodea el primero.

1

2

Rodea el último.

3

4

Marca con una X el primero.
Rodea el último.

1

Verificación rápida

Colorea la cosa que está encima de la pelota.
Rodea la cosa que está debajo de la pelota.

2

Dibuja un libro en el estante de abajo.
Dibuja una pelota en el estante de arriba.

3

Rodea la primera.
Marca con una X la última.

4

Nombre____________________________________

Comparar posiciones: Primero, último y en medio

Rodea el dibujo que está en medio.

1

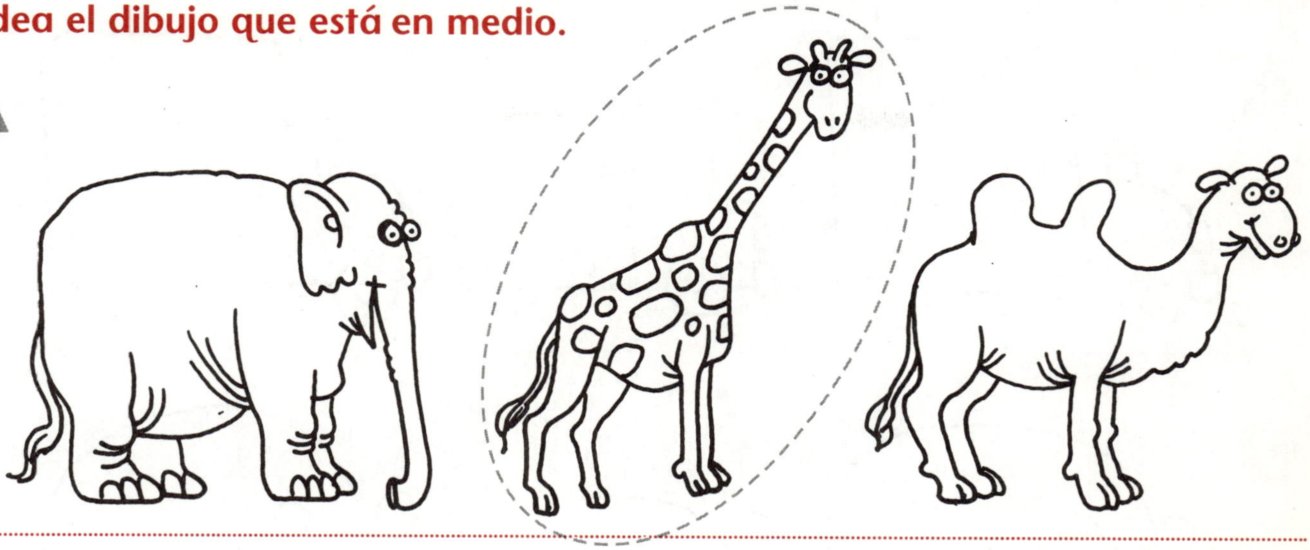

2

Marca con una X el primero.
Rodea el último.

3

Marca con una X el primero. Rodea el último.
Colorea el que está en medio.

1

2

★ Preparación para pruebas

Marca bajo el dibujo que está en medio.

3

4

Nombre____ **Antes, después**

Rodea el que está antes del rojo.

1

2

Rodea el que está después del rojo.

3

4

Marca con una X el que está antes del rojo.
Rodea el que está después del rojo.

1

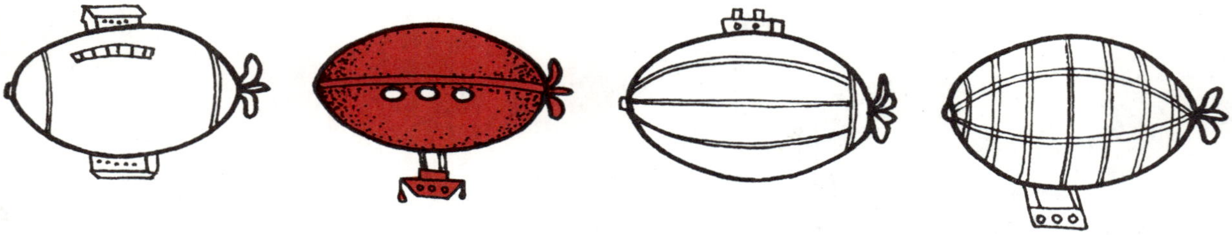

Resolver problemas
Razonamiento

¿Puedes rodear el que está antes del rojo? Di por qué.

★ Preparación para pruebas

Marca bajo el dibujo que está antes del rojo.

3

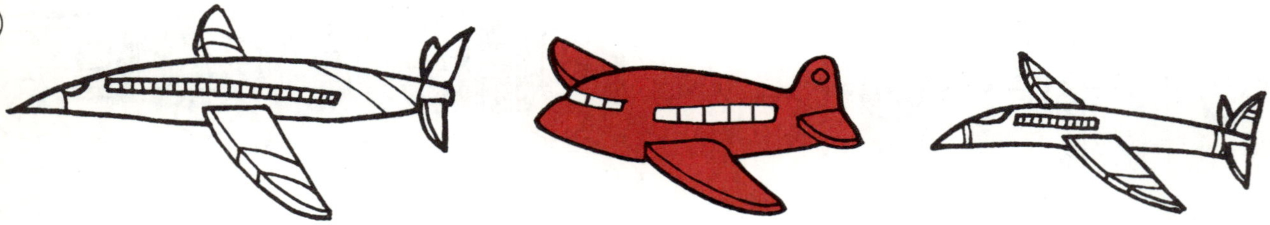

Marca bajo el dibujo que está después del rojo.

4

Nombre ______________________________________

Rodea el tigre que está entre los payasos.

1

2

Marca con una X el payaso que está antes del tigre.
Rodea el payaso que está después del tigre.

3

Rodea el payaso que está entre los tigres.

1

Marca con una X el tigre que está antes del payaso.
Rodea el tigre que está después del payaso.

2

Verificación rápida

Marca con una X el primero. Rodea el último.

3

Rodea el caballo que está entre los tigres.

4

Nombre____________________

Fíjate en el dibujo.

Plan para resolver problemas			
1. Compréndelo	2. Planéalo	3. Resuélvelo	4. Verifícalo

Piénsalo ¿Dónde está cada cosa?

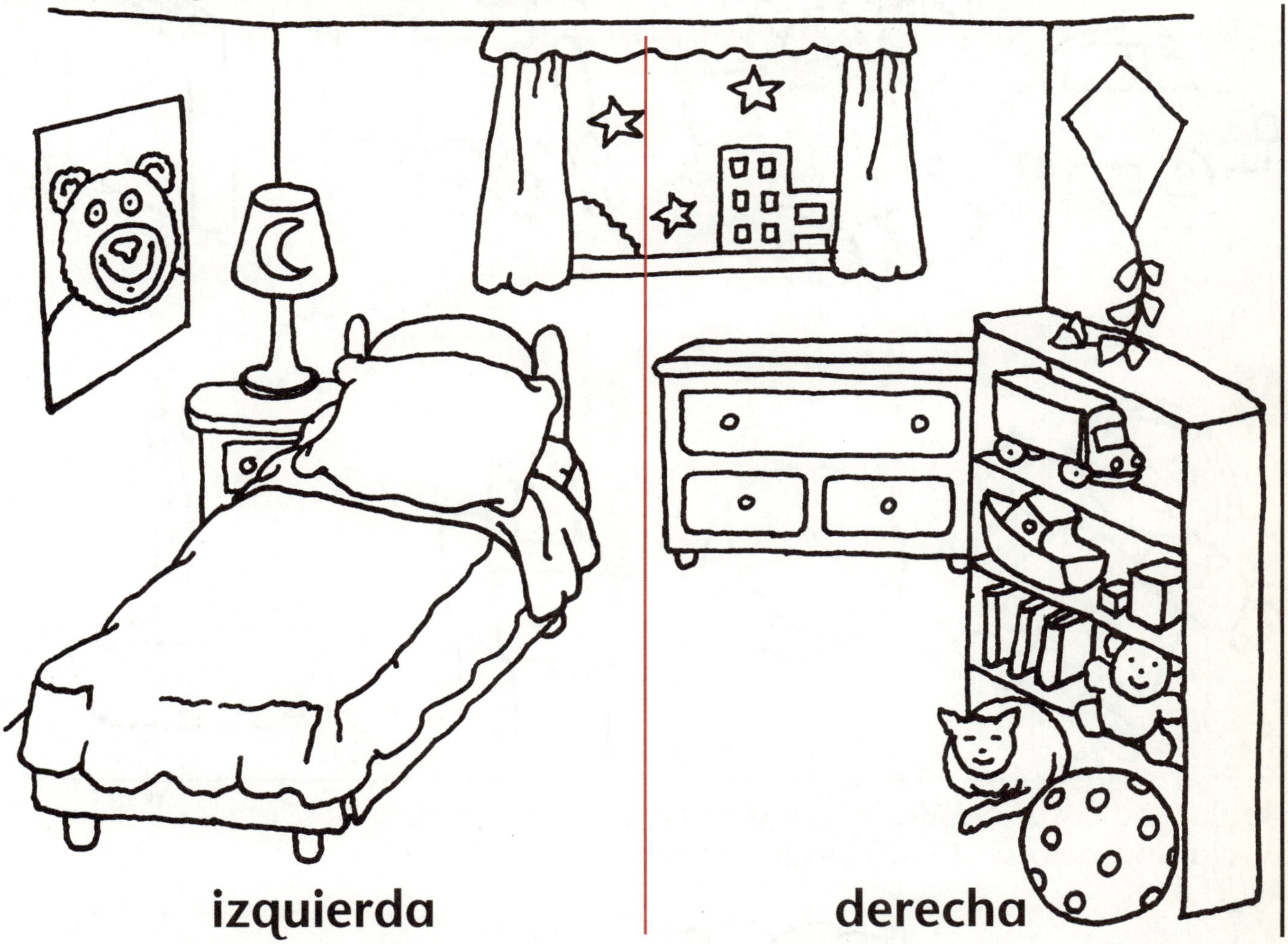

¿De qué lado del cuarto está la cosa? Rodea tu respuesta.

1  izquierda derecha

2 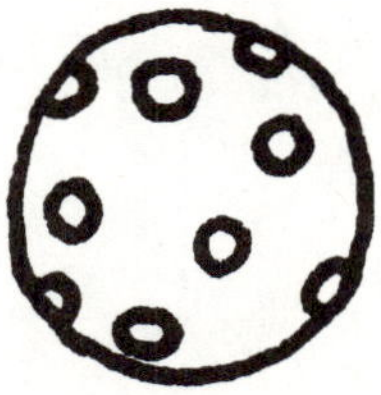 izquierda derecha

3  izquierda derecha

Colorea de azul la cosa a la izquierda.
Colorea de rojo la cosa a la derecha.

1

2

3

4

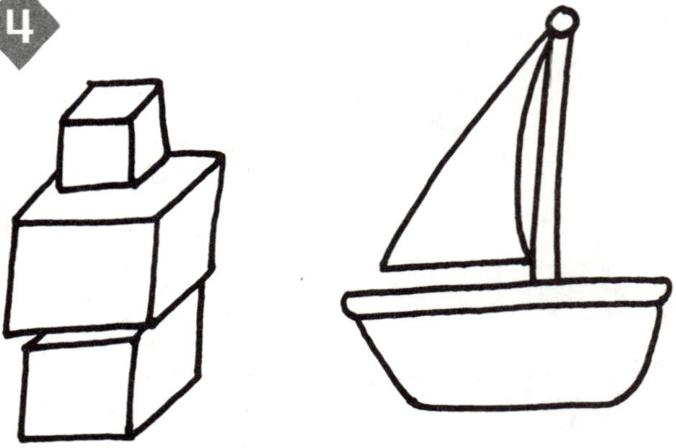

Dibuja una cesta de picnic al lado derecho del árbol.
Dibuja una pelota al lado izquierdo del árbol.

5

Rodea el dibujo que sigue.

1

2

3

4

Rodea el dibujo que sigue.

1

2

3

Resolver problemas
Razonamiento

Di en qué se parecen los patrones de los ejercicios 1 y 3.

★ Preparación para pruebas

Marca bajo el patrón que es igual al que aparece en la casilla.

4

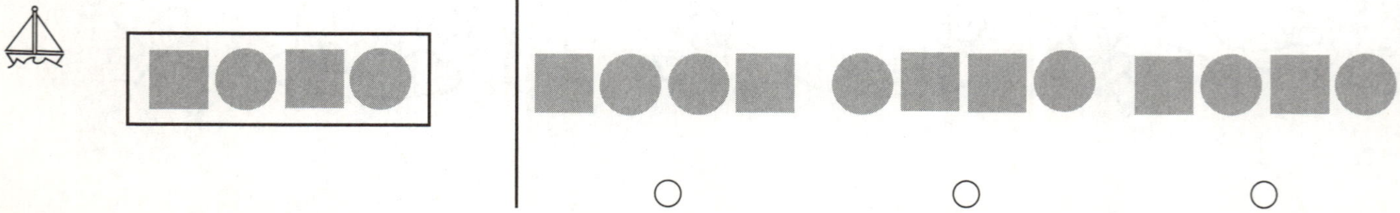

Rodea el que sigue.

1

2

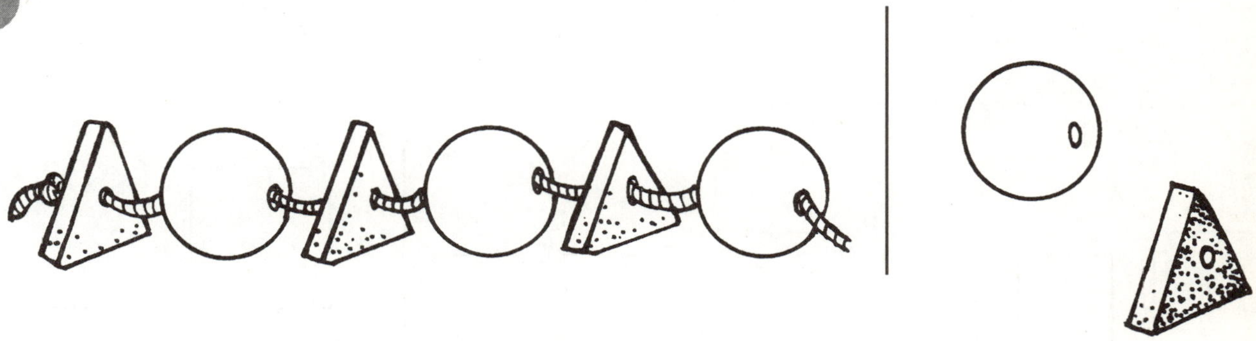

3

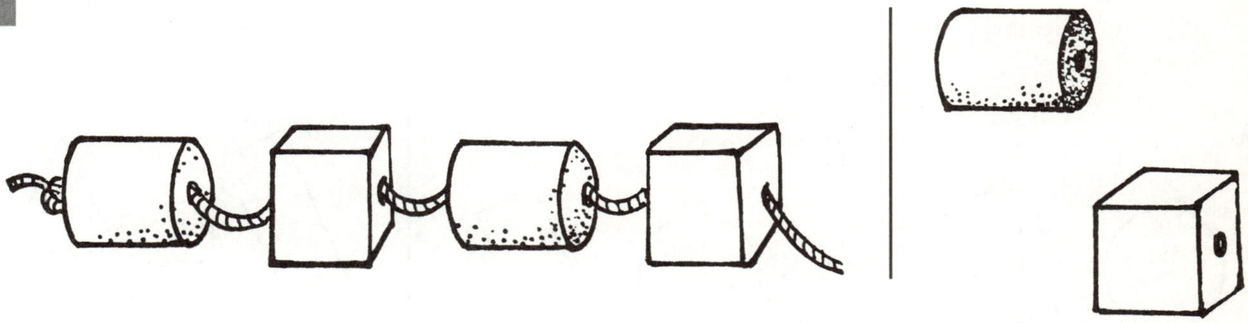

4

Rodea el que sigue.

1

2

3

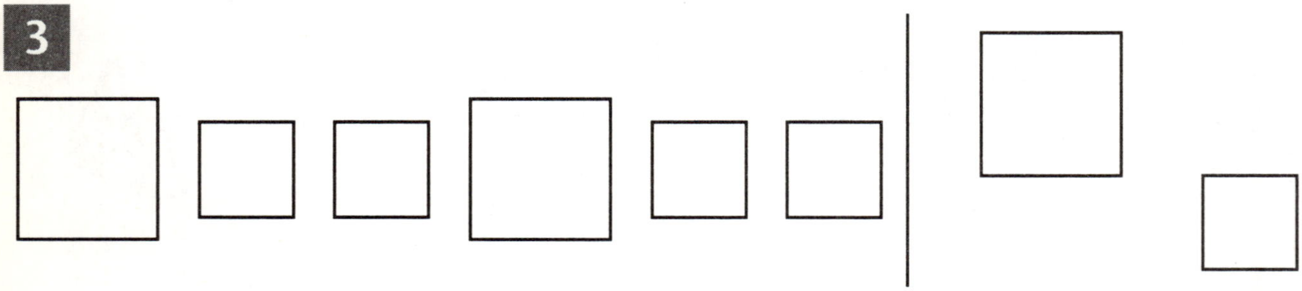

4

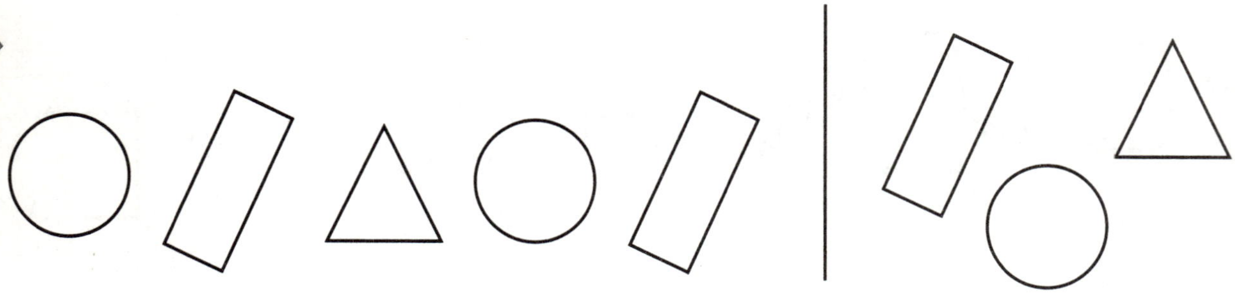

★ Preparación para pruebas

Marca bajo el patrón que es igual al que aparece en la casilla.

5

Rodea el que sigue.

1

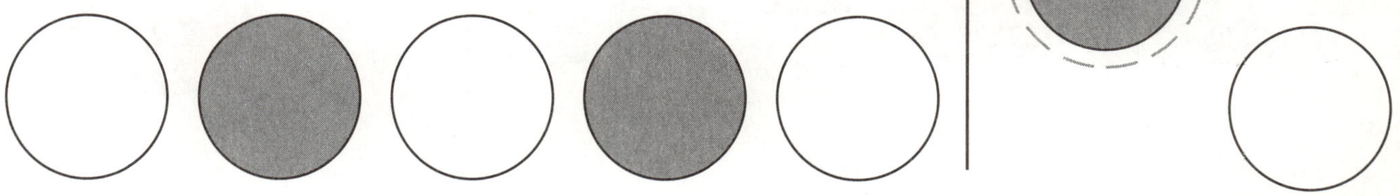

2

3

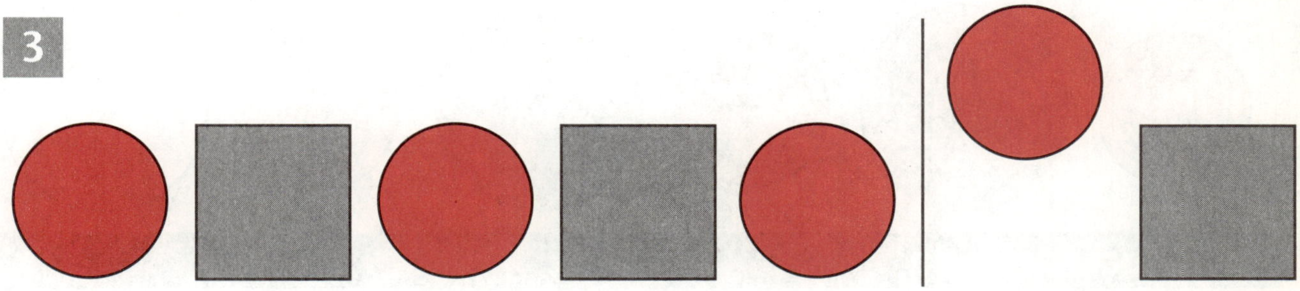

4

5

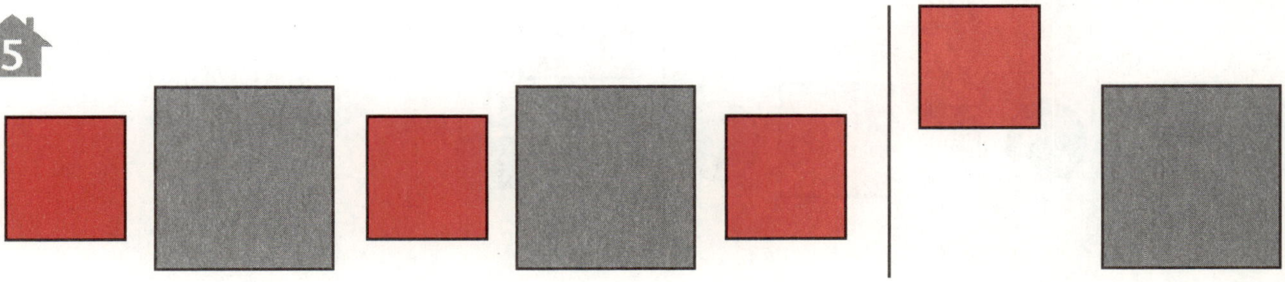

Rodea el que sigue.

1

2

Resolver problemas
Razonamiento

Colorea el que sigue.
Di cómo lo sabes.

3

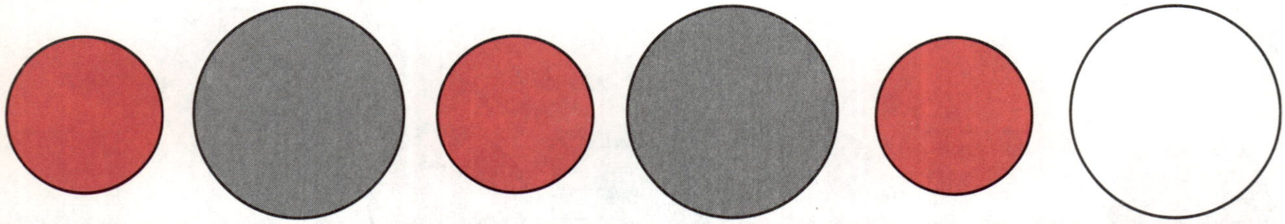

✔ Verificación rápida

Rodea el que sigue.

4

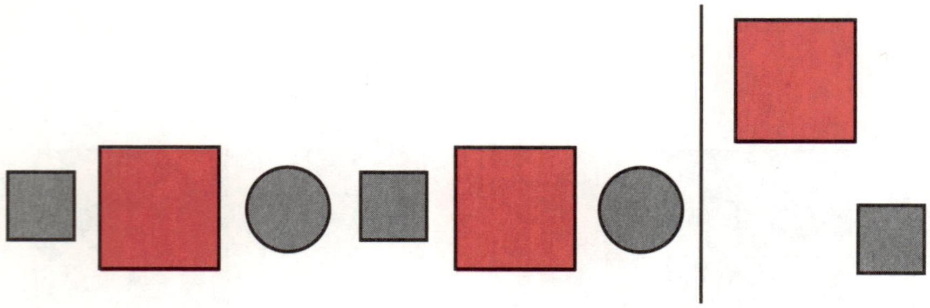

Nombre ____________________

Colorea los dibujos que tienen el mismo tamaño y la misma forma.

1

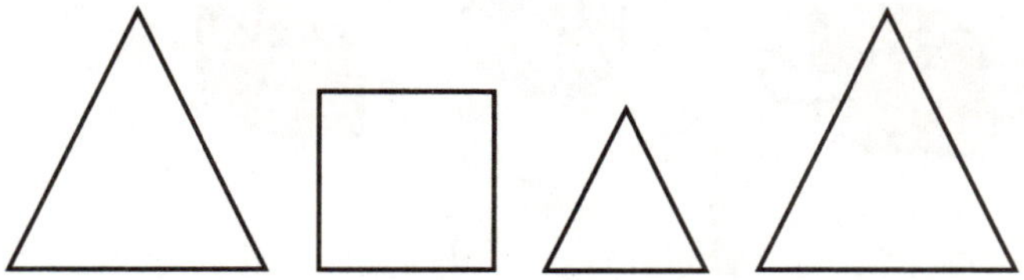

2

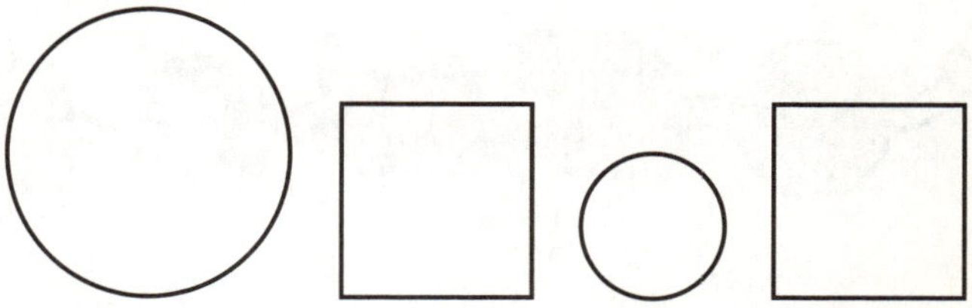

Marca con una X el dibujo que no pertenece al grupo.

3

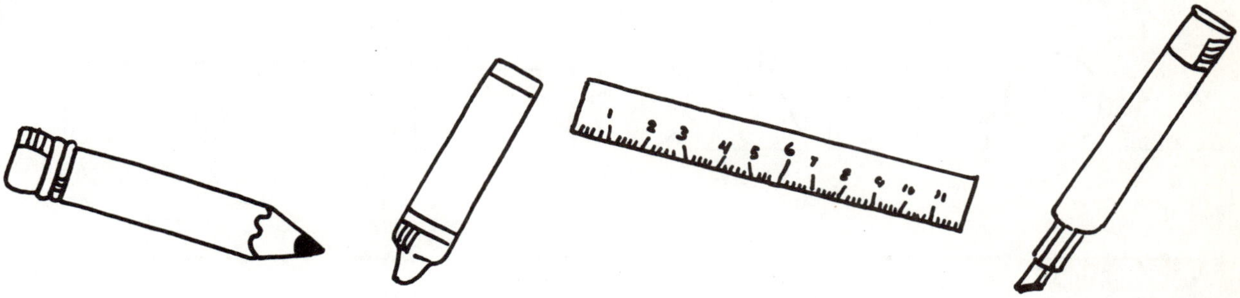

Colorea de azul los globos que están debajo de la mesa.

4

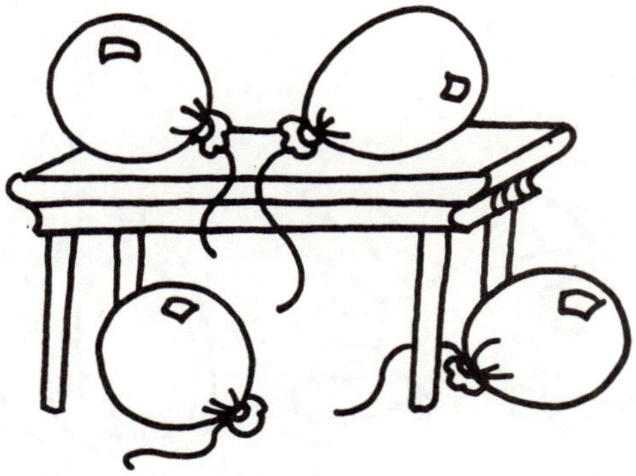

Colorea de café el mono que está abajo.

5

Rodea el primer pato.
Colorea de amarillo el pato que está en medio.

6

Rodea el que sigue.

7

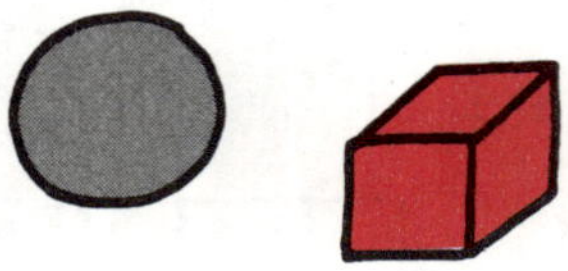

8

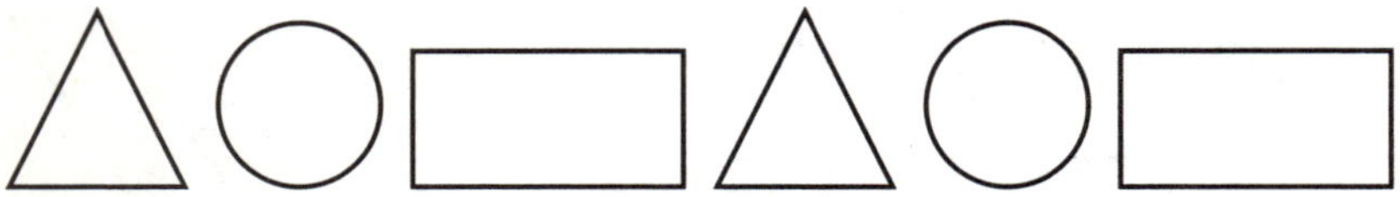

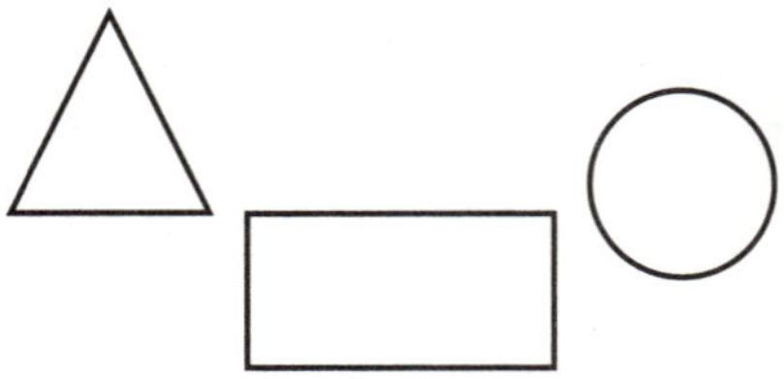

Resolver problemas
Razonamiento

Colorea de azul la cosa a la izquierda.

9

Colorea de rojo la cosa a la derecha.

10

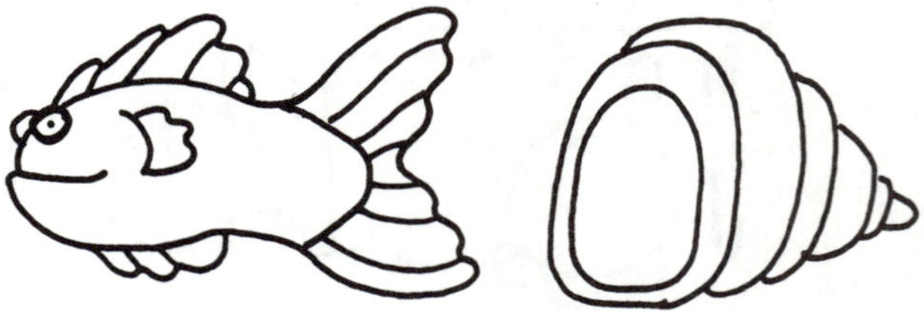

Nombre ____________________

Repaso acumulativo

★ Preparación para pruebas

1

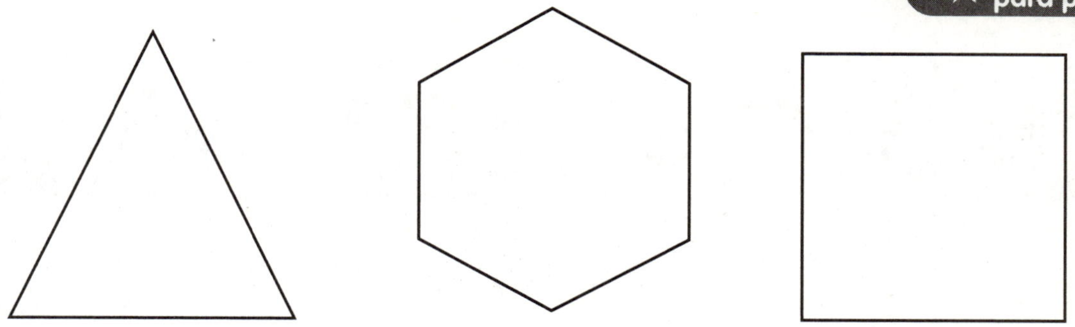

○ ○ ○

2

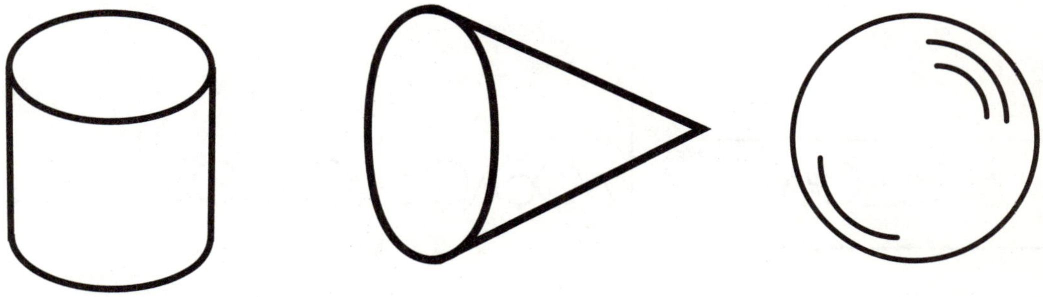

○ ○ ○

3

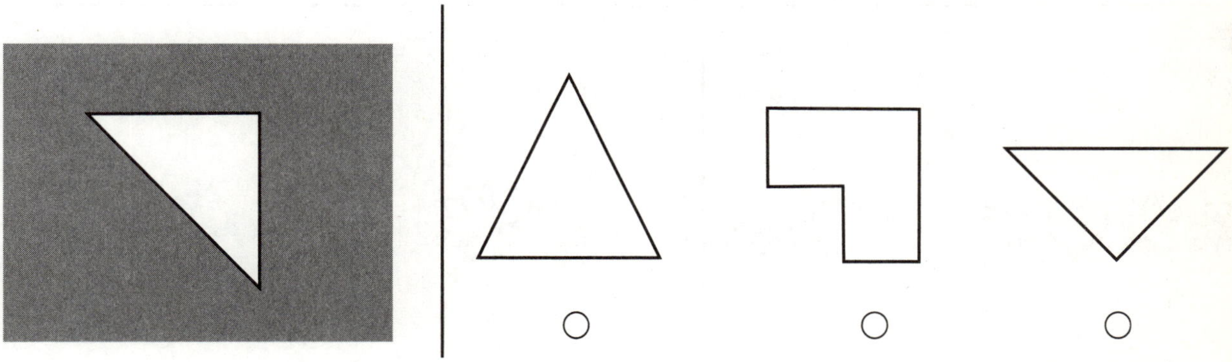

○ ○ ○

4

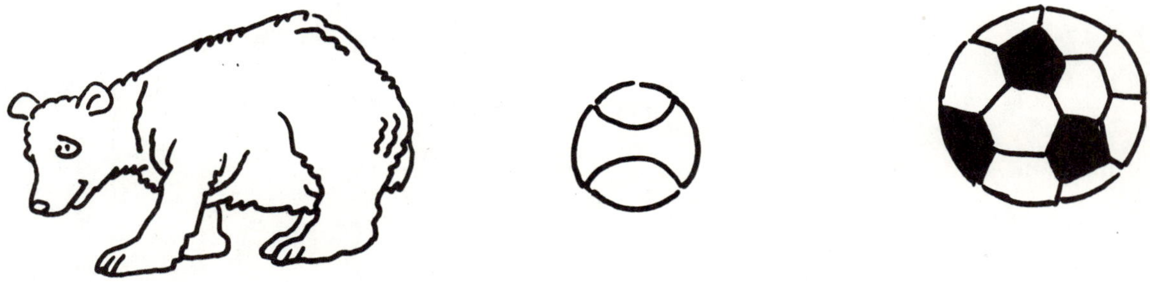

○ ○ ○

5

○ ○ ○

6

○ ○ ○

7

○ ○ ○

UNIDAD 3 • CONTENIDO

Números 0 hasta 5

Lección		Página
1	Emparejar	73
2	Más	75
3	Menos	77
4	El que tiene más, el que tiene menos	79
5	Álgebra • Algunos, todos, ninguno	81
6	Contar	83
7	Cero y uno	85
8	Dos y tres	87
9	Contar de 0 a 3	89
10	Comparar grupos hasta 3	91
11	Cuatro	93
12	Comparar grupos hasta 4	95
13	Cinco	97
14	Álgebra • Contar y ordenar los números hasta 5	99
15	Aplicación de la resolución de problemas: Usa un dibujo	101
16	Álgebra • Haz una gráfica	103
17	Estrategia para la resolución de problemas: Calcula y comprueba	105
•	Repaso de la Unidad 3	107
•	Repaso acumulativo ★ Preparación para pruebas	109

Emplearemos el siguiente vocabulario:

más y **menos** para comparar dos grupos
el que tiene más y **el que tiene menos** para comparar tres o más grupos

Estimada familia:

Durante las semanas siguientes, en la clase de matemáticas, aprenderemos los números de 0 hasta 5.

En casa verán tareas que sirven para practicar el conteo e identificación de grupos de 0 a 5 objetos.

A medida que estudiamos estos números, identificaremos y compararemos grupos. Tengan en cuenta a manera de guía el siguiente ejemplo.

Identificar

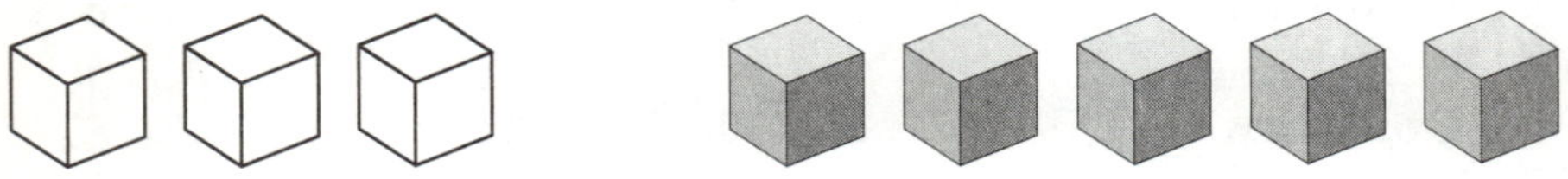

3 5

Comparar

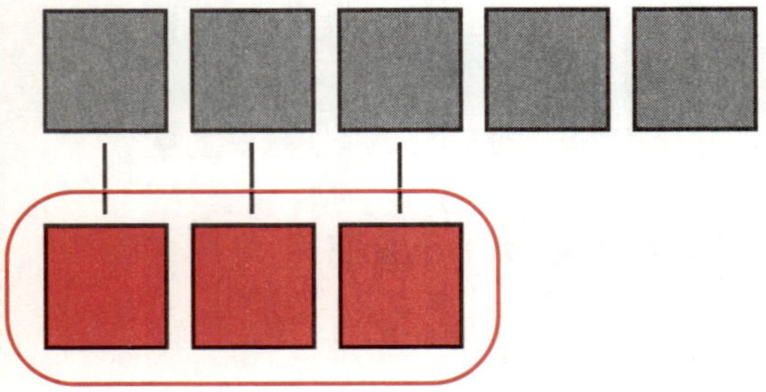

Hay menos cuadrados rojos.

Saber contar y comparar grupos de 0 a 5 objetos es una destreza importante para los niños.

Atentamente,

Nombre ____________________ Emparejar

Dibuja un hilo para cada globo.

1

2

3

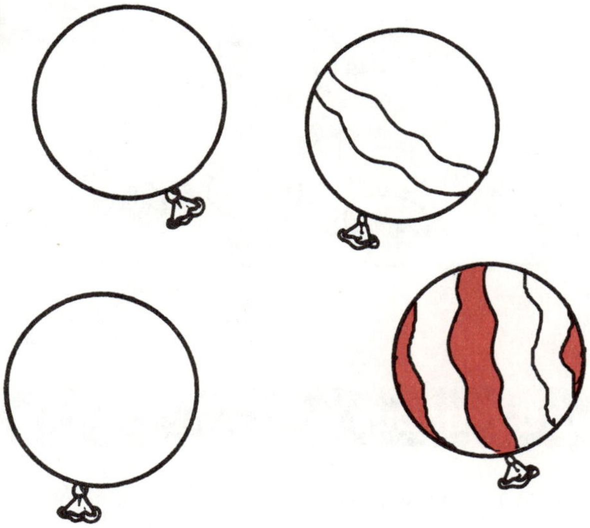

4

Dibuja líneas para emparejar.

1

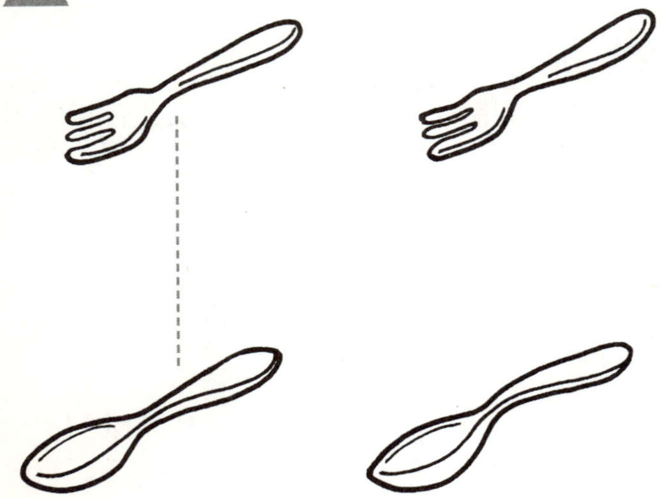

2

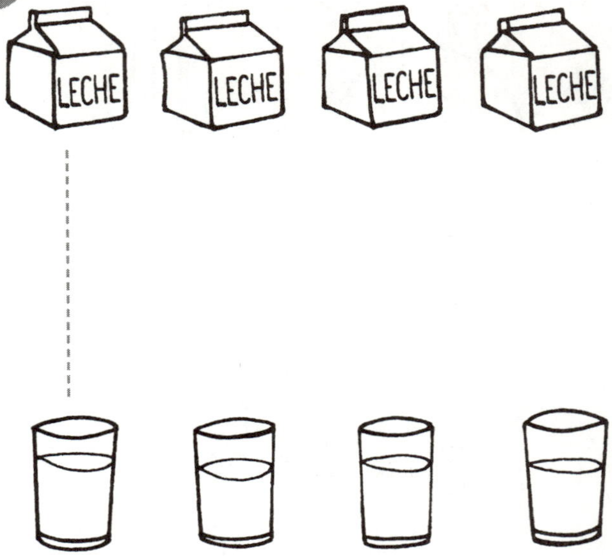

3

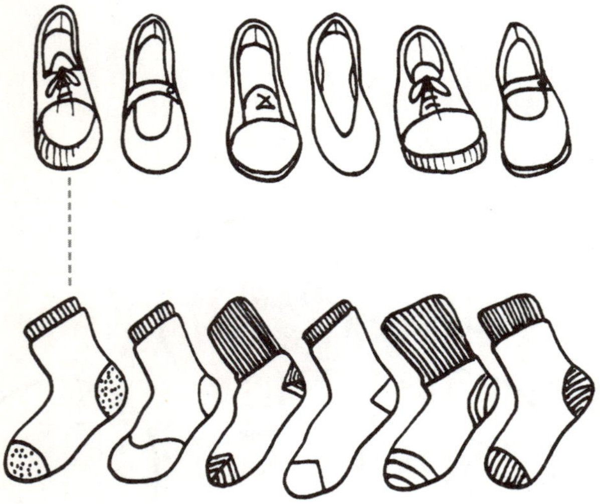

4

★ Preparación para pruebas

Marca bajo los dibujos que están emparejados.

5

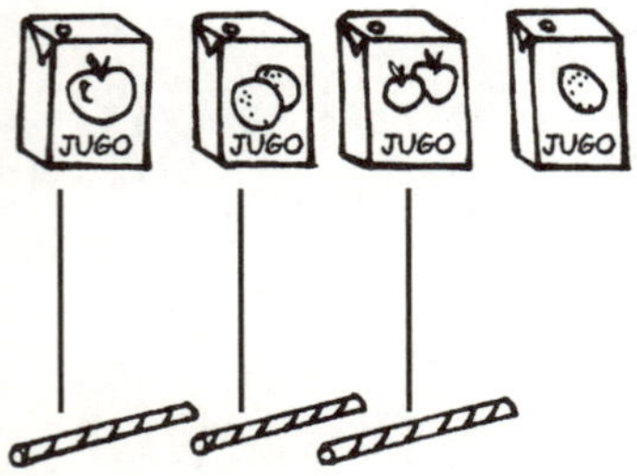

○

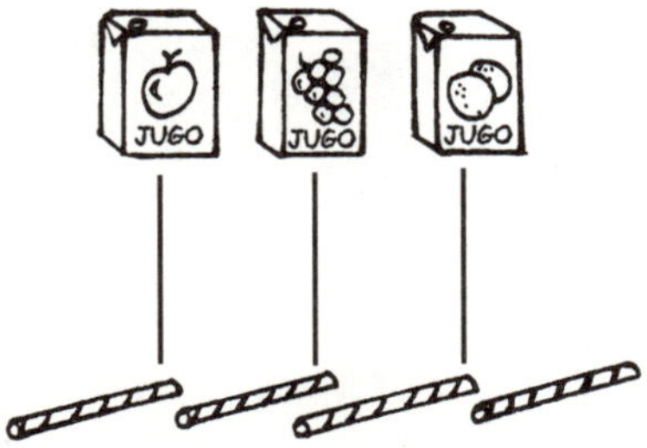

○

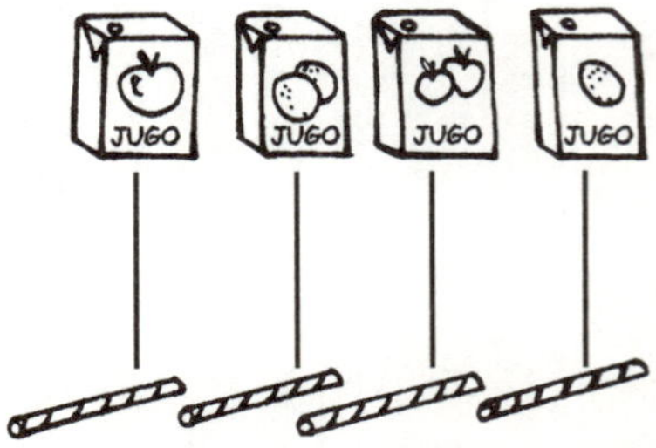

○

Nombre ______________________________ **Más**

Empareja.
Rodea el grupo que tiene más.

1

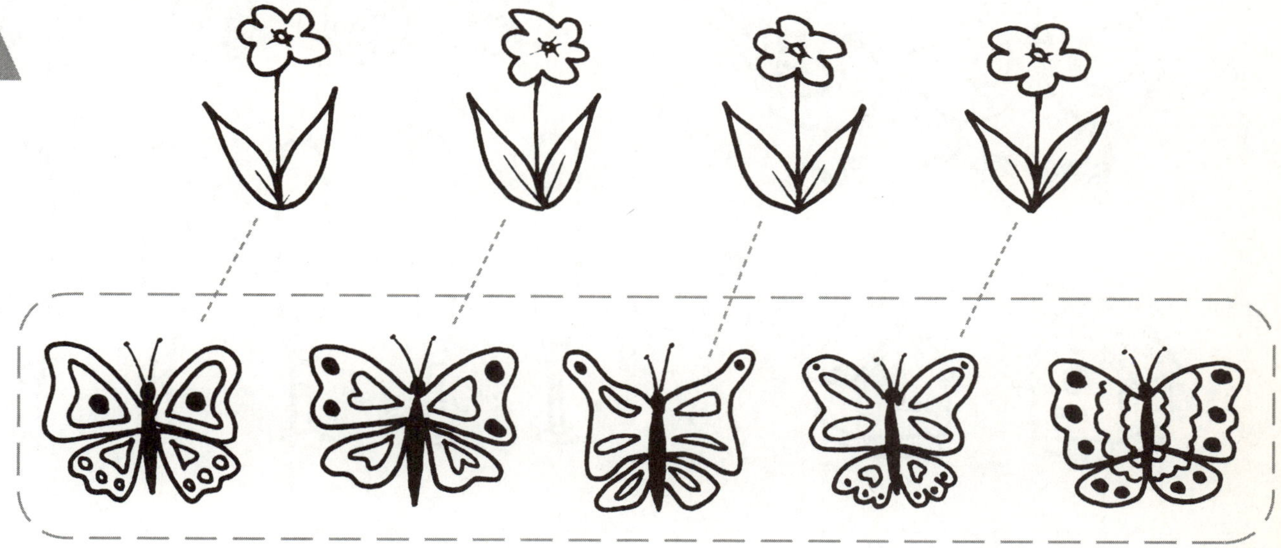

2

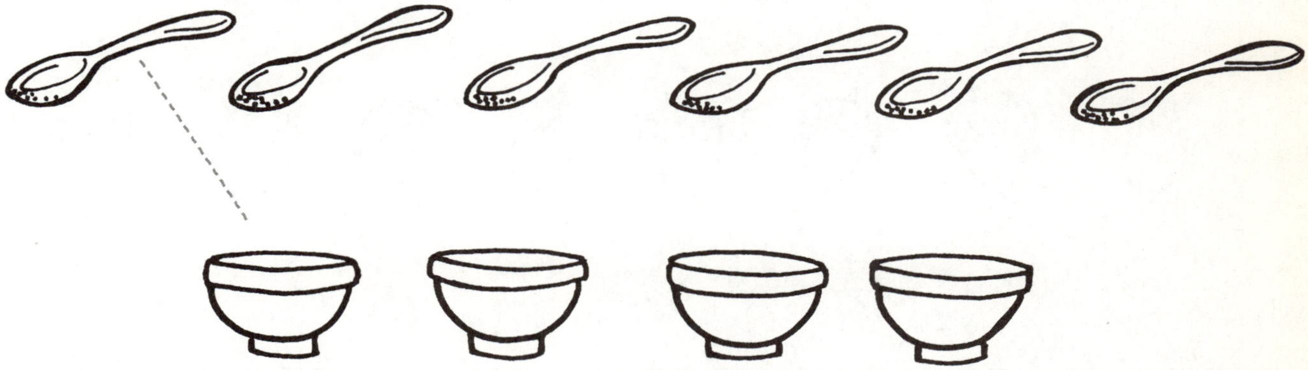

3

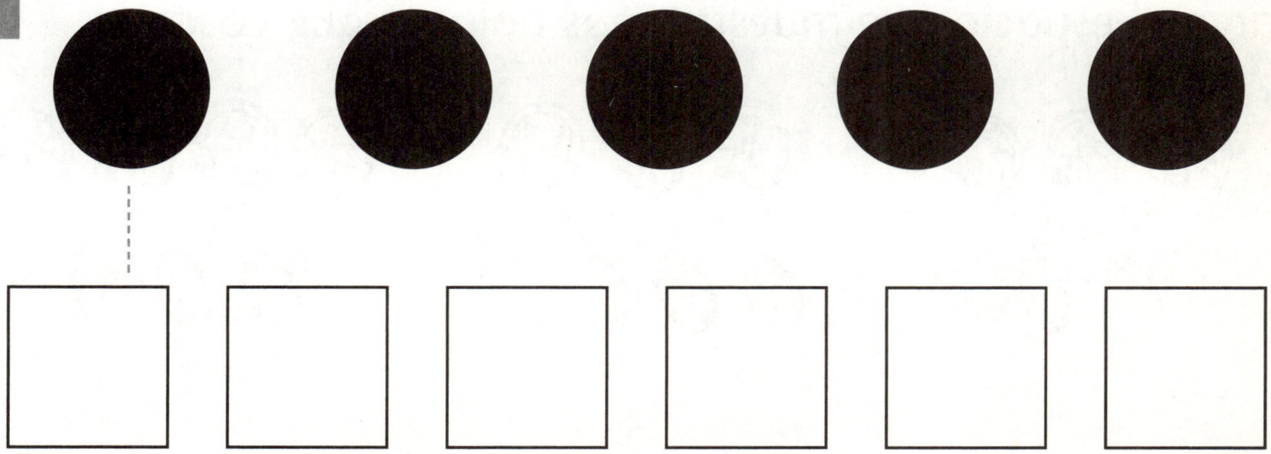

Empareja.
Rodea el grupo que tiene más.

1

2

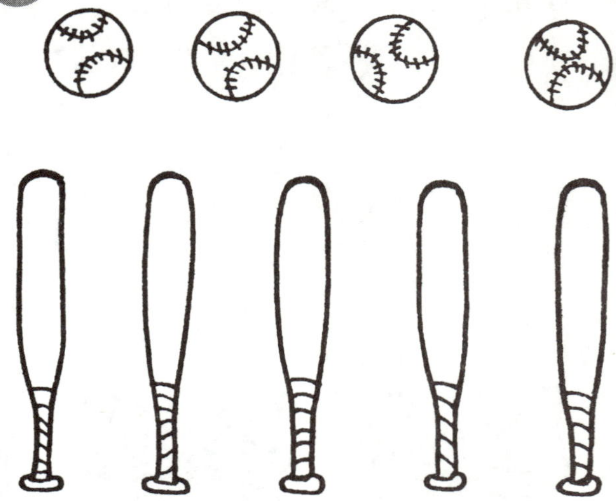

3

★ Preparación para pruebas

Marca el espacio que muestra más balones que cascos.

4

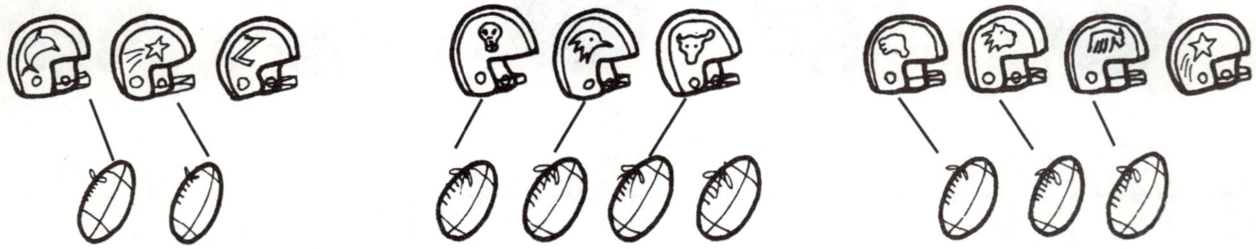

○ ○ ○

Nombre ______________________________ **Menos**

Empareja.
Rodea el grupo que tiene menos.

1

2

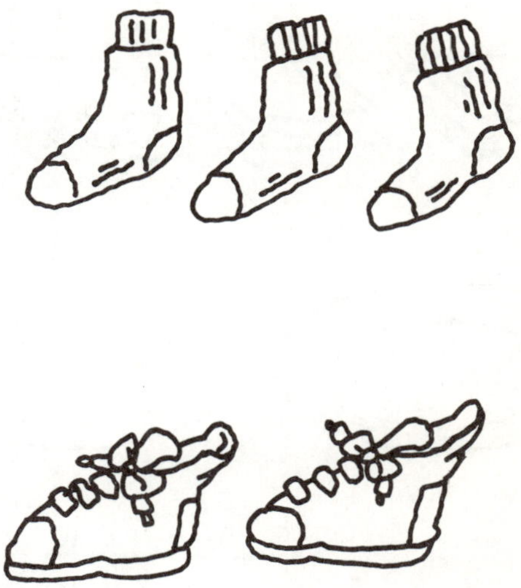

3

4

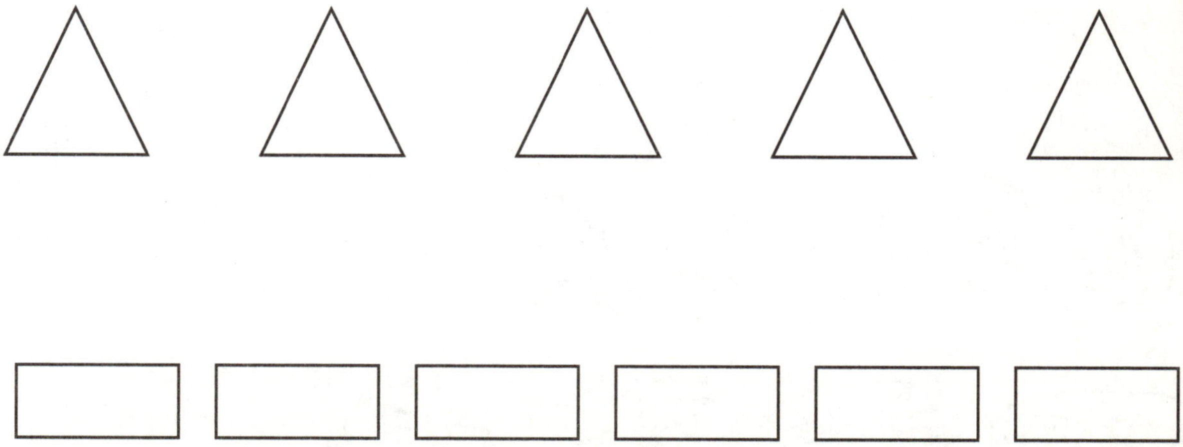

Empareja.
Rodea el grupo que tiene menos.

1

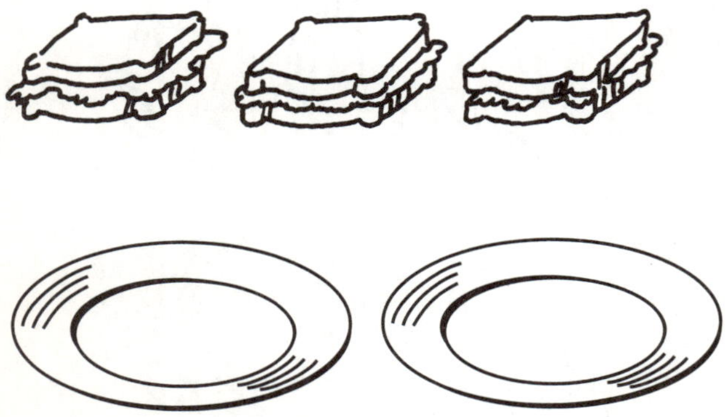

2

Resolver problemas
Razonamiento

Fíjate en la fila de círculos.
Dibuja una fila que tenga menos cuadrados.

3

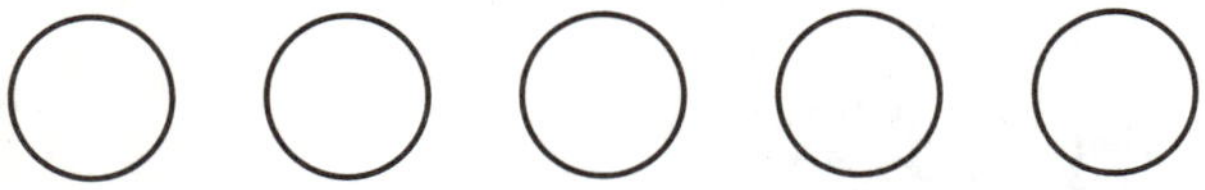

Verificación rápida

Empareja.
Rodea el grupo que tiene más.

4

Nombre ____________________

El que tiene más, el que tiene menos

Marca con una X el plato que tiene más cerezas.

1

2

3

Marca con una X el plato que tiene menos fresas.

1

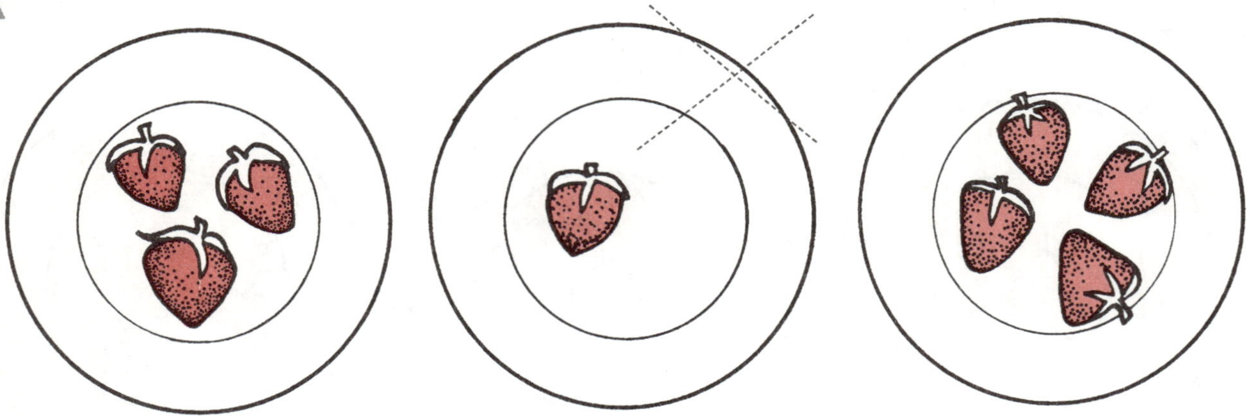

2

★ Preparación para pruebas

Marca el espacio bajo el plato que tiene menos fresas.

3

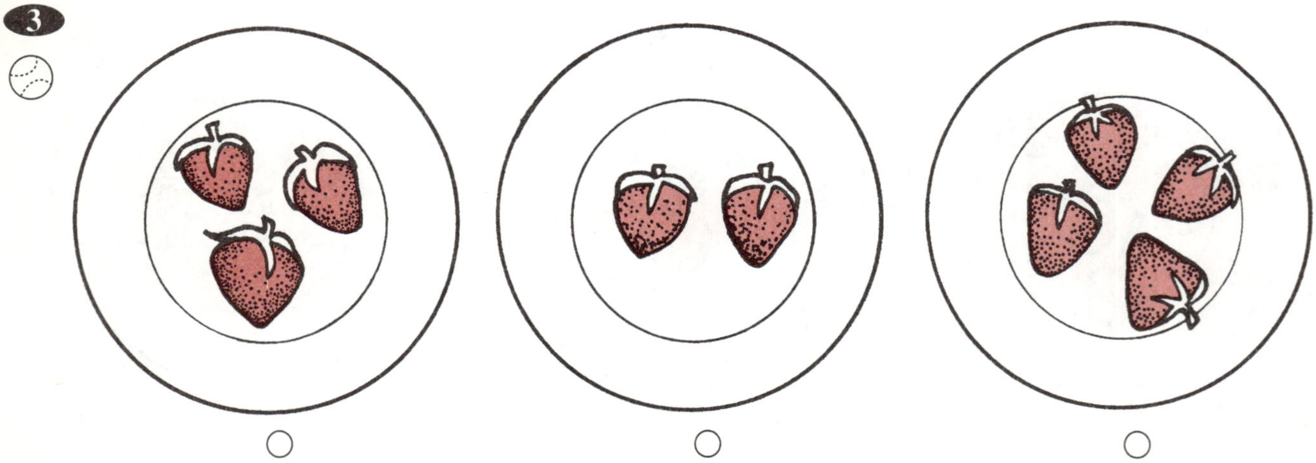

Nombre ____________________

Colorea de rojo algunas cosas.

1

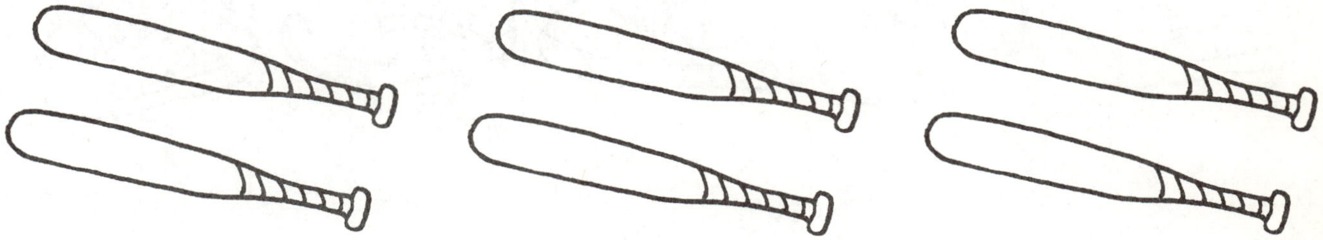

2

3

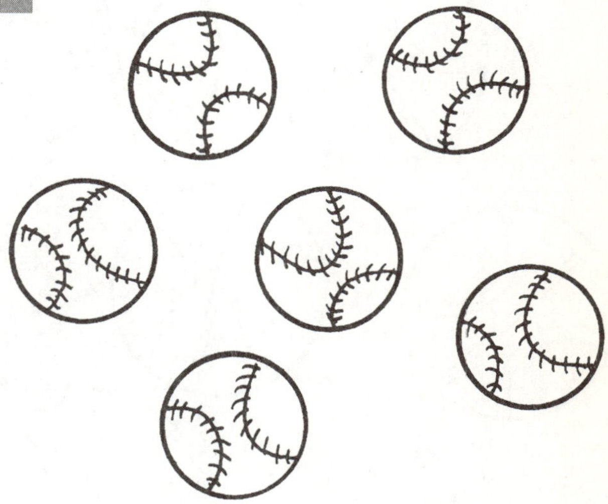

Colorea de azul todas las cosas.

4

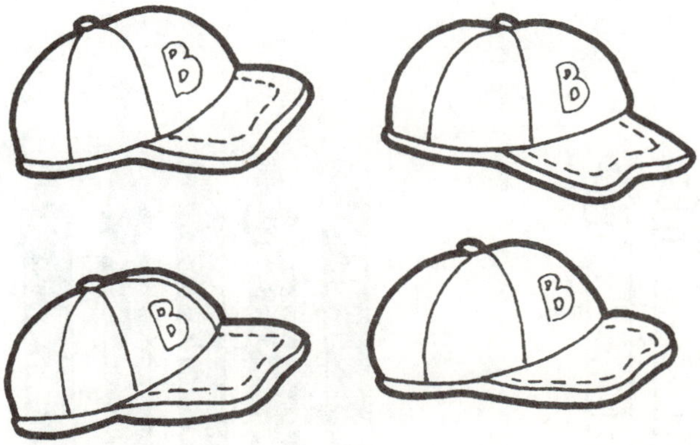

5

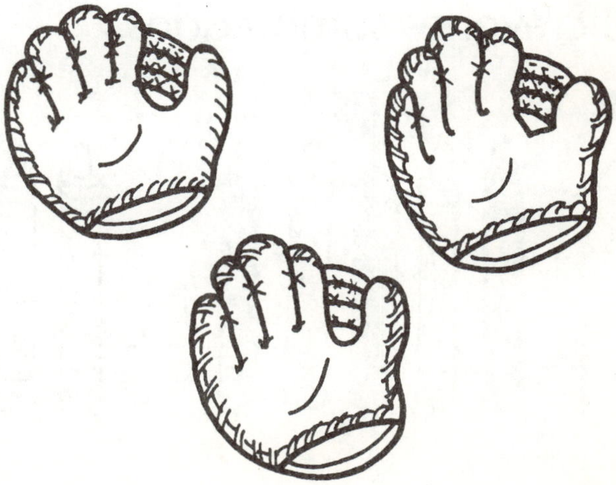

No colorees de verde ninguna de las cosas.

1

2

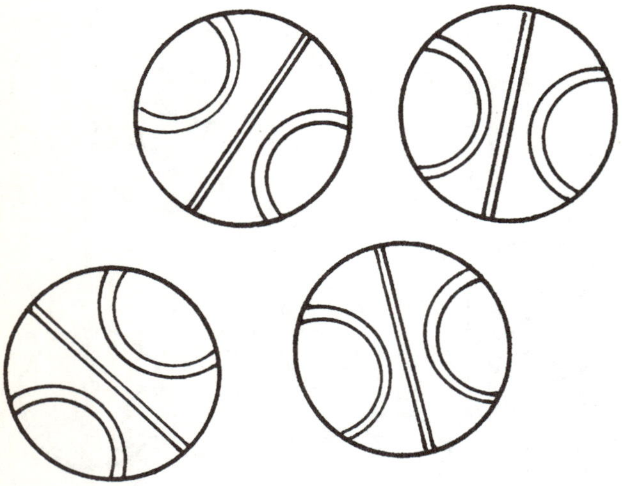

3

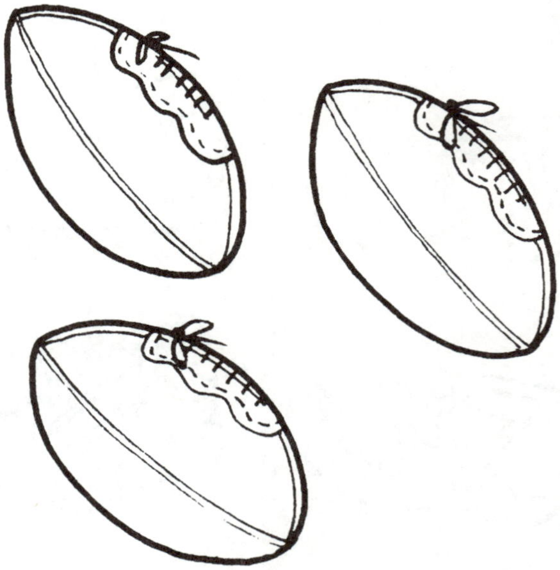

★ Preparación para pruebas

Marca el espacio bajo el grupo que tiene todos los creyones sombreados.

4

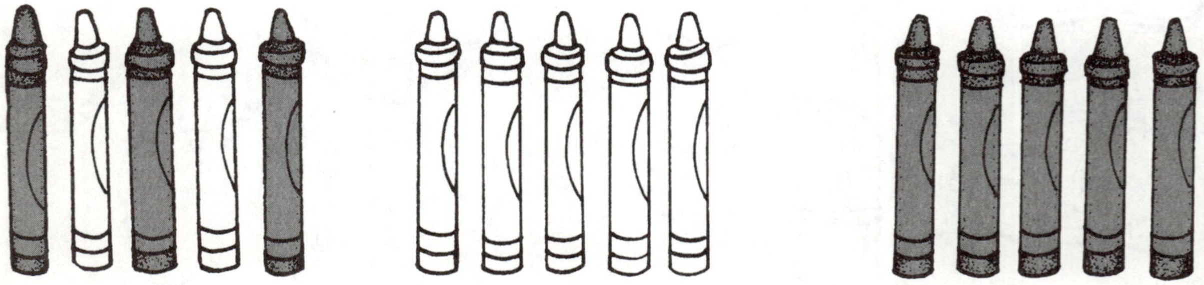

○ ○ ○

Cuenta el número de cuentas.
Como ayuda, pon fichas sobre las cuentas.

1

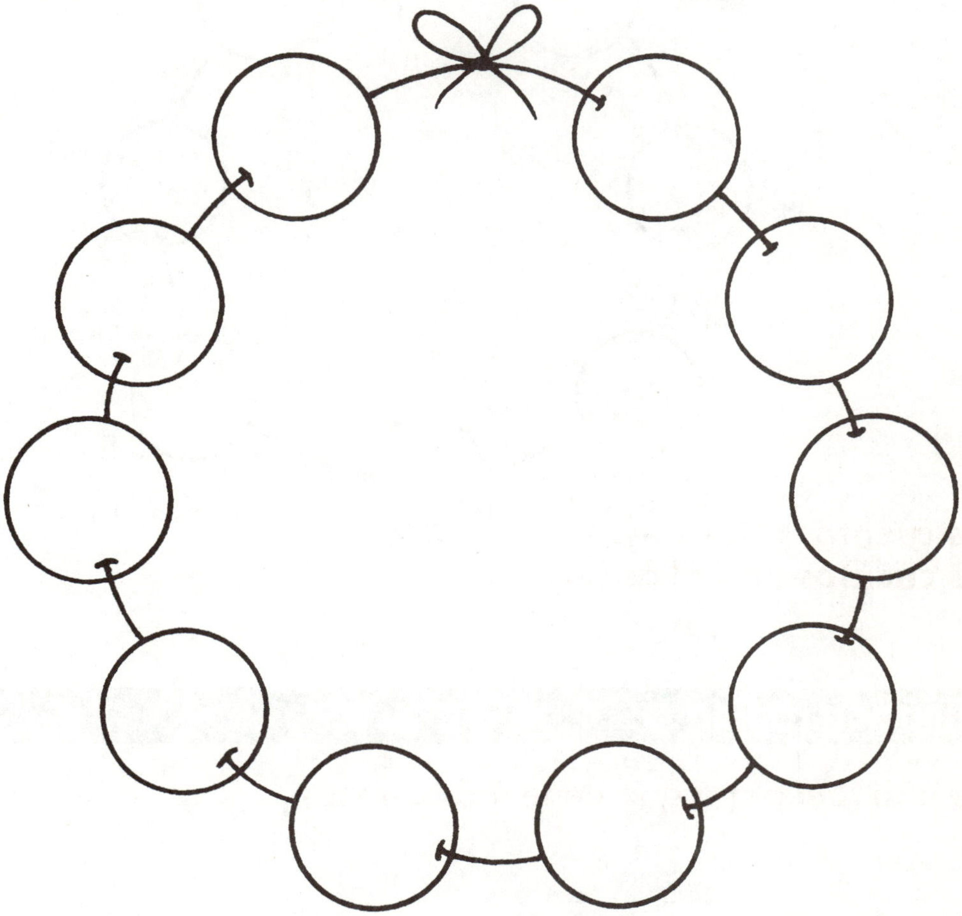

Di cuántas cuentas hay.

2

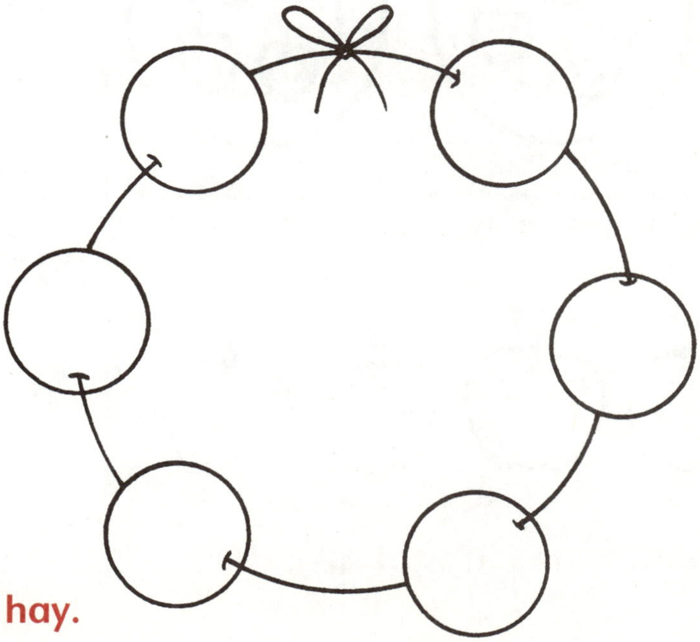

Di cuántas cuentas hay.

Colorea de rojo algunas cuentas.
Colorea de amarillo algunas cuentas.

1

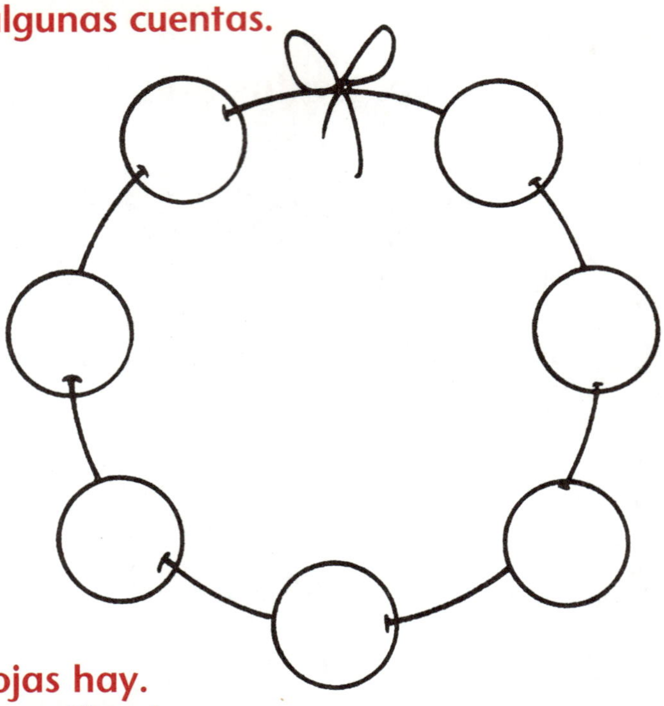

Di cuántas cuentas rojas hay.
Di cuántas cuentas amarillas hay.

Verificación rápida

Marca con una X el plato que tiene más cerezas de todos.

2

Colorea de verde algunas manzanas.

3

4 Di cuántas manzanas son verdes.

Nombre ______________________________

0

cero

Marca con una X los grupos que son iguales a 0.

1

2

3

4

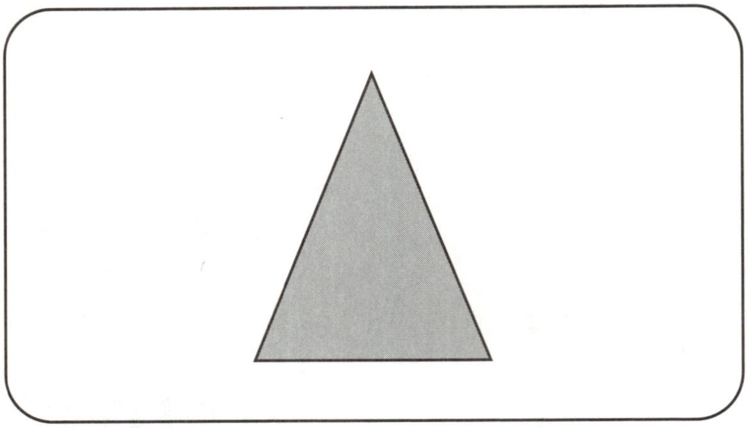

1

uno

Marca con una X los grupos que son iguales a 1.

1

2

3

★ Preparación para pruebas

Fíjate en el número.

Marca el espacio bajo el grupo que tiene esta cantidad de cosas.

4  0

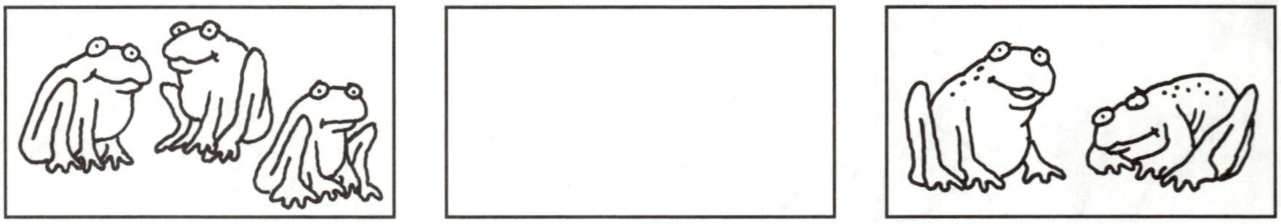

○ ○ ○

5  1

○ ○ ○

2

dos

Marca con una X los grupos que son iguales a 2.

1

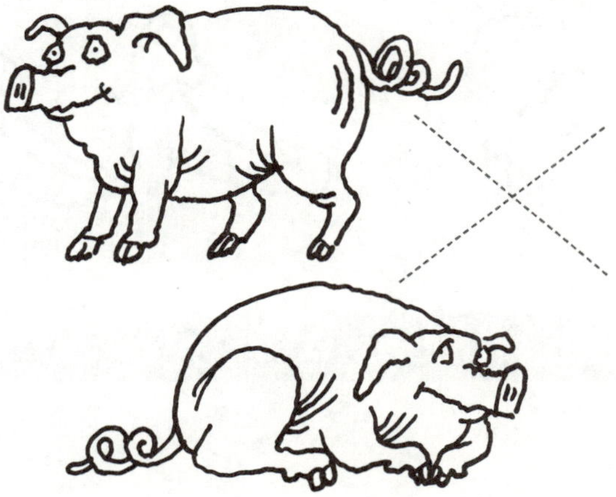

2

3

4

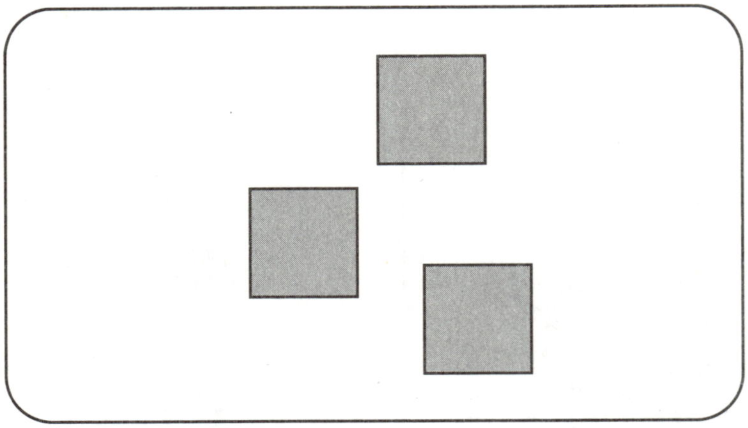

3

tres

Marca con una X los grupos que son iguales a 3.

1

2

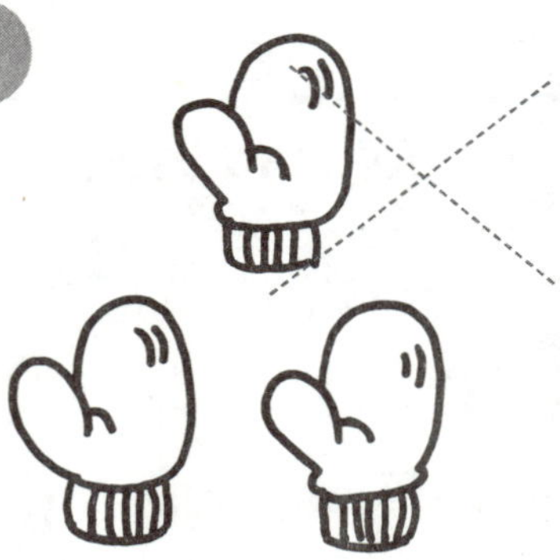

3

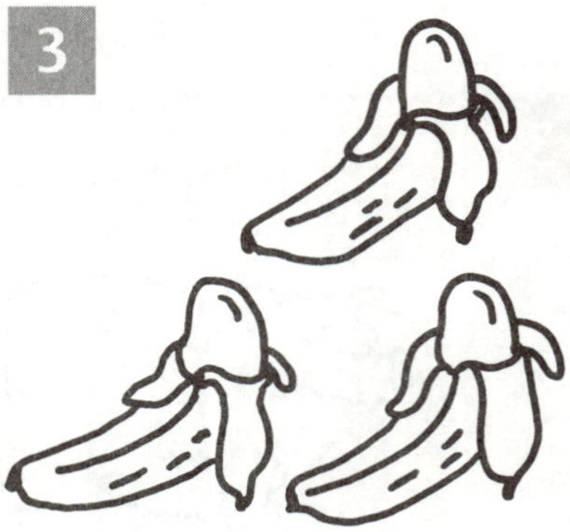

★ Preparación para pruebas

Fíjate en el número.

Marca el espacio bajo el grupo que tiene esta cantidad de cosas.

4 **2**

○ ○ ○

5 **3**

○ ○ ○

Nombre ____________________

Contar de 0 a 3

¿Cuántos hay?
Rodea el número.

1

0 1 2 3

2

0 1 2 3

3

0 1 2 3

4

0 1 2 3

5

0 1 2 3

¿Cuántos hay?
Rodea el número.

1

0 1 2 3

2

0 1 2 3

Resolver problemas
Razonamiento

Fíjate en el número.
Dibuja un grupo que tenga ese número de pelotas.

3 3

Verificación rápida

Rodea el grupo de 1.

4

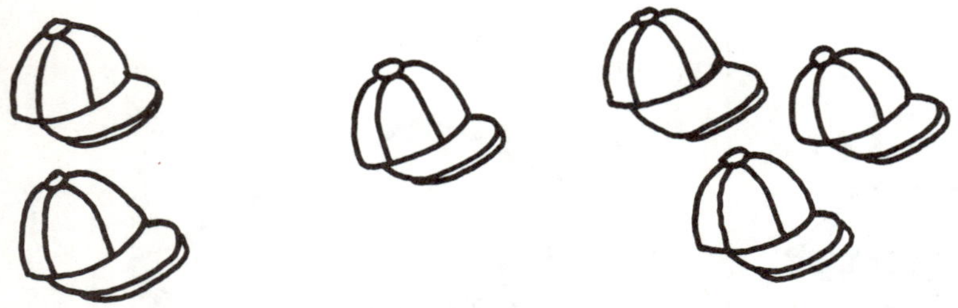

Rodea el grupo de 3.

5

Nombre ____________________

Marca con una X el grupo que tiene más.

1

3 0 1

2

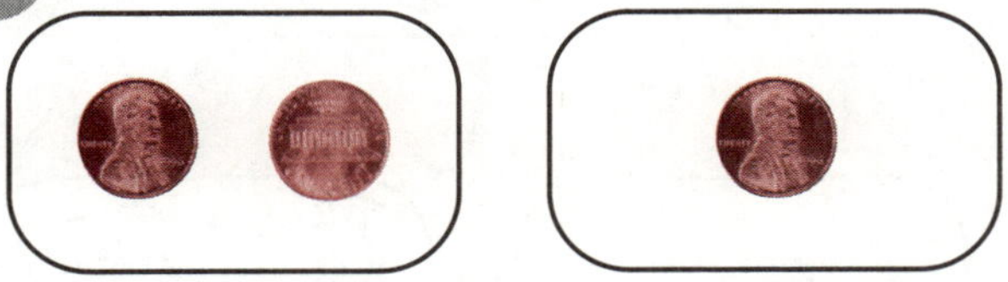

2 1

3

3

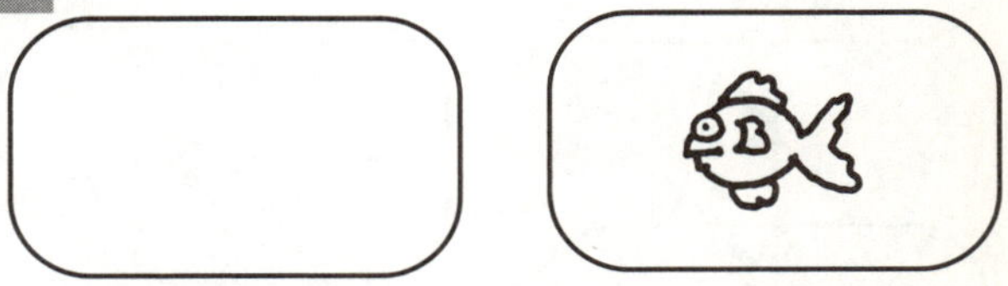

0 1

3

4

2 3 1

Marca con una X el grupo que tiene menos.

1

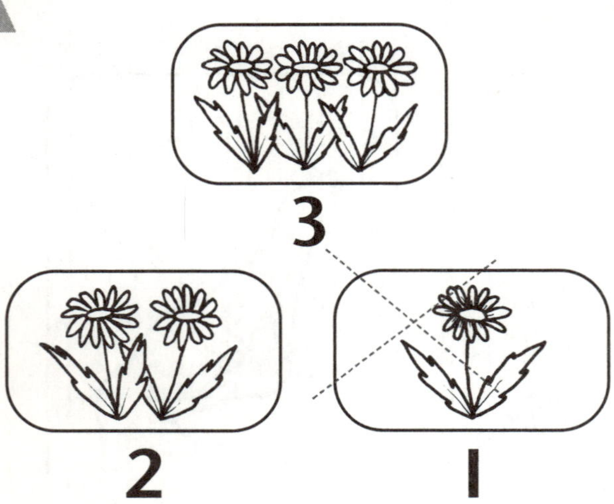

2

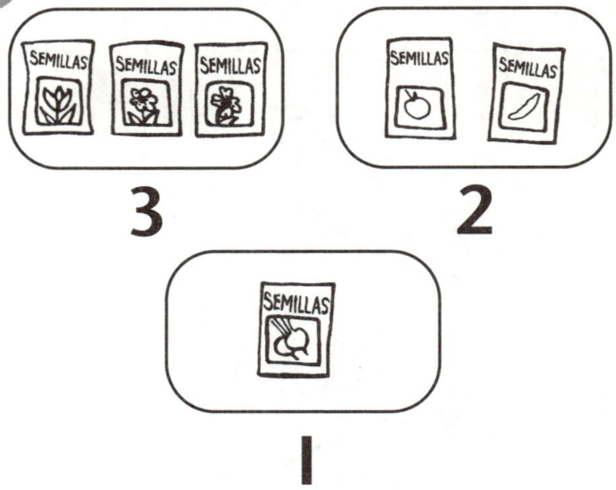

3

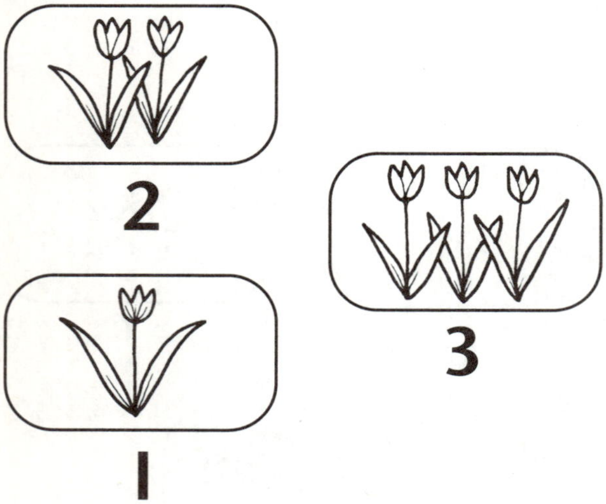

4

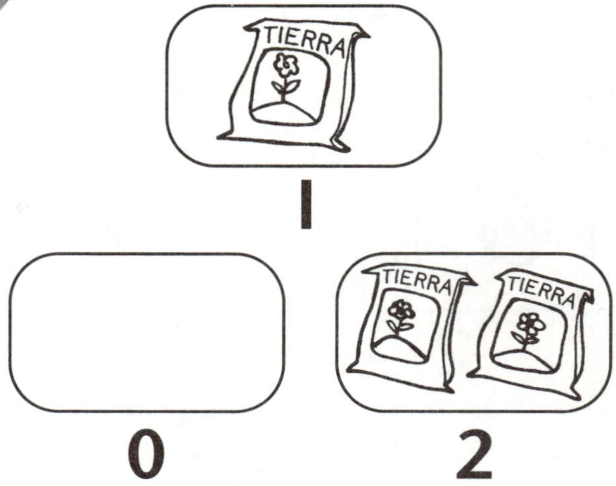

★ Preparación para pruebas

Marca el espacio bajo el dibujo que tiene más estrellas.

5

Nombre ______________________________ **Cuatro**

4

cuatro

Marca con una X los grupos que son iguales a 4.

1

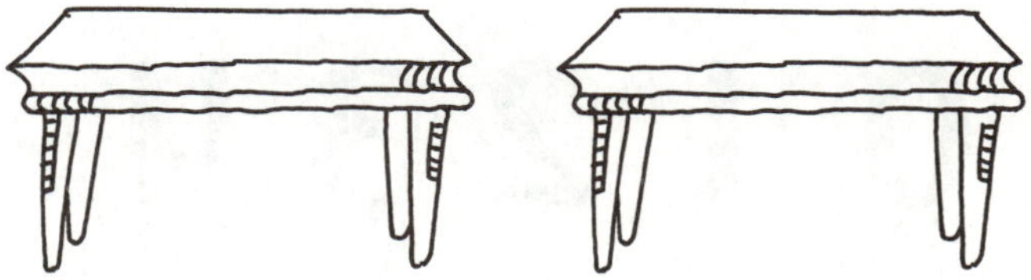

2

3

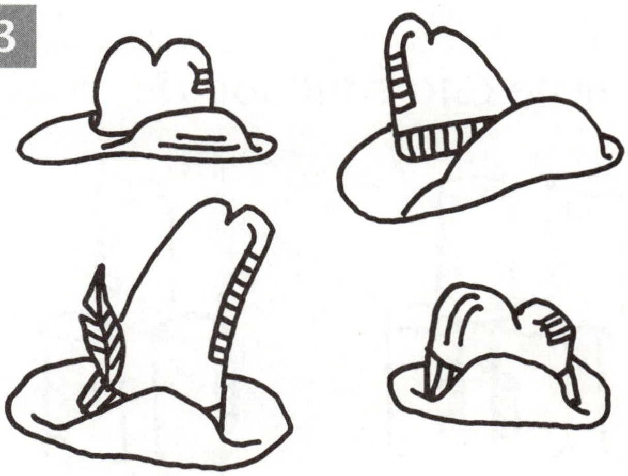

4

¿Cuántos hay?
Rodea el número.

1

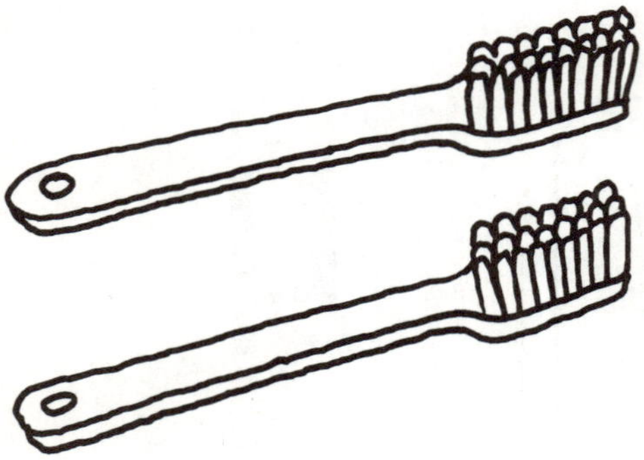

0 1 2 3 4

2

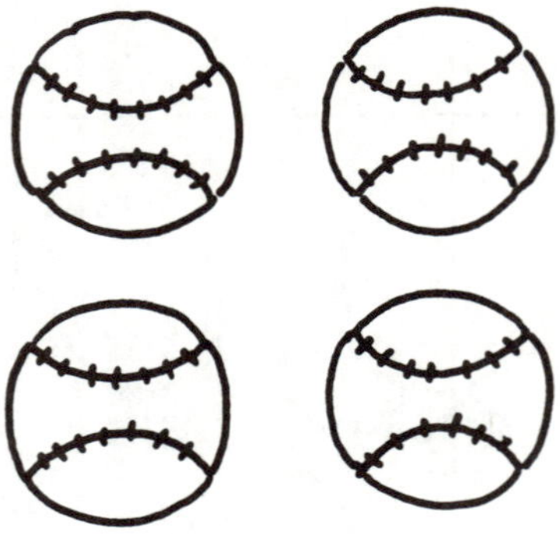

0 1 2 3 4

3

0 1 2 3 4

4

0 1 2 3 4

★ Preparación para pruebas

Fíjate en el número.

Marca el espacio bajo el grupo que tiene esta cantidad de cosas.

5

4

○

○

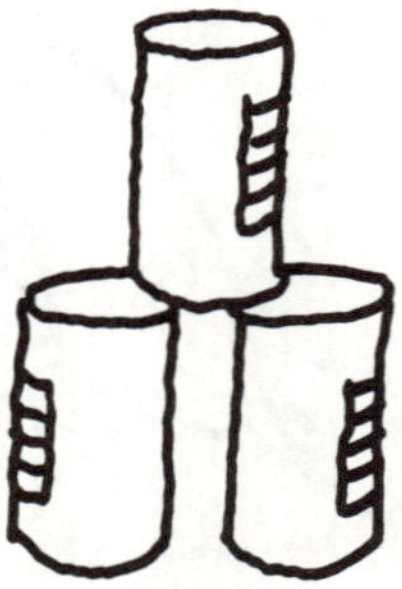

○

Nombre ______________________________

Comparar grupos hasta 4

Marca con una X el grupo que tiene más.

1

3

4

2

2

1

Marca con una X el grupo que tiene menos.

3

3

1

4

2

0

Resolver problemas
Razonamiento

Fíjate en los números. Dibuja un grupo para emparejar.
¿Qué grupo tiene más? Di por qué.

1

4

1

Verificación rápida

Rodea el grupo que tiene menos.

2

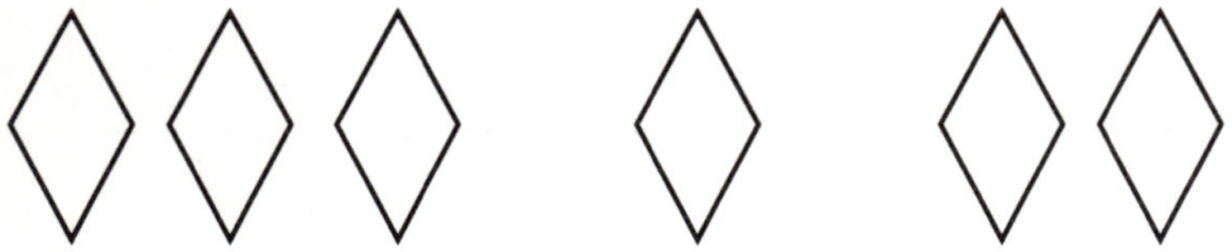

Dibuja un grupo de 4 cuadrados.

3

Marca con una X el grupo que tiene más.

4

Nombre____

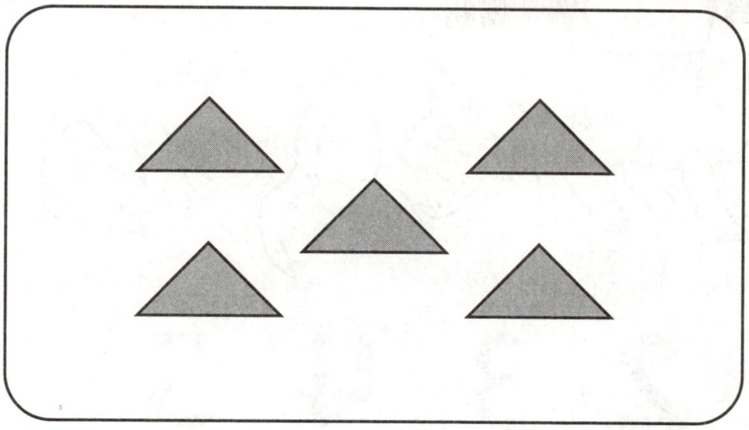

5

cinco

Marca con una X los grupos que son iguales a 5.

1

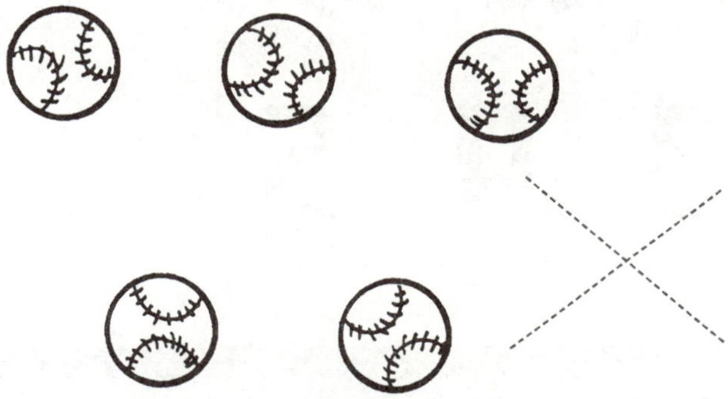

2

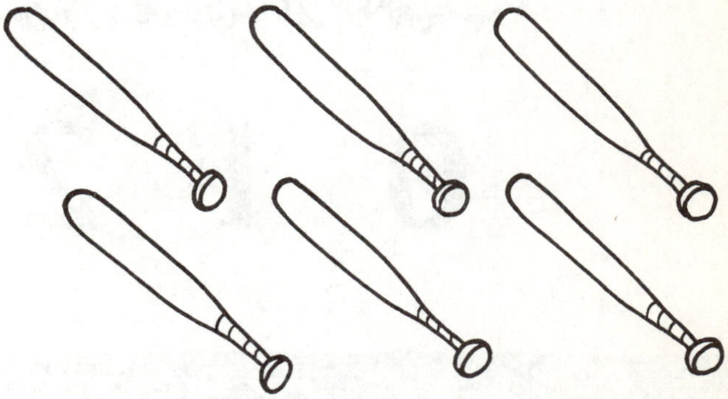

3

4

¿Cuántos hay?
Rodea el número.

1

0 1 2 3 4 5

2

0 1 2 3 4 5

★ Preparación para pruebas

Cuenta los botones.
Marca el espacio que muestra el número de botones.

3

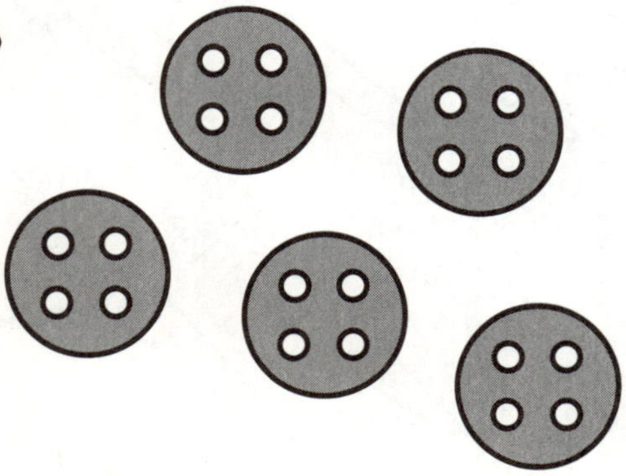

3 ○ 5 ○ 4 ○

Nombre ______________________________

Colorea el número de pelotas.

1
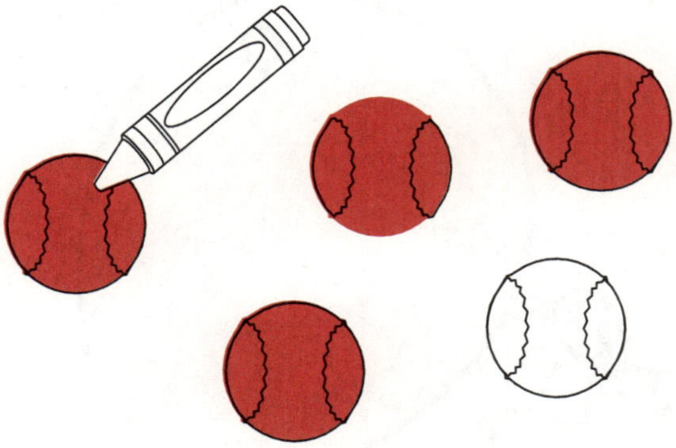

4

2
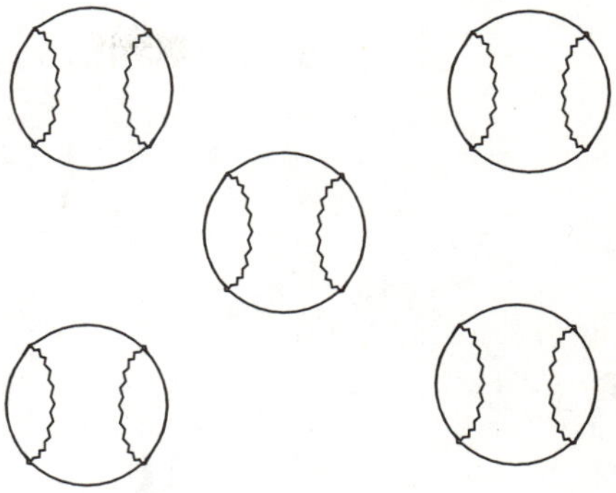

5

3

1

4
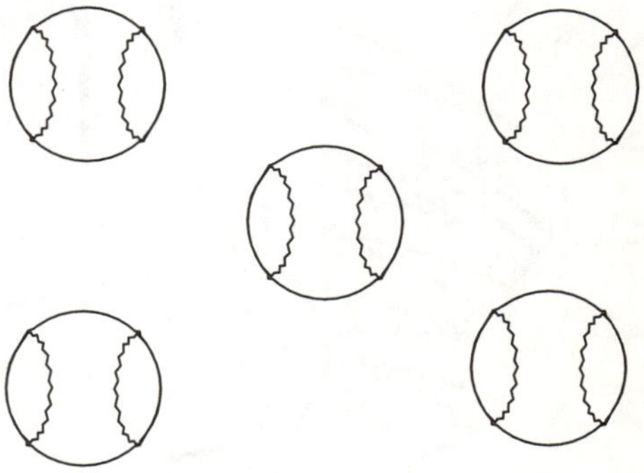

3

5
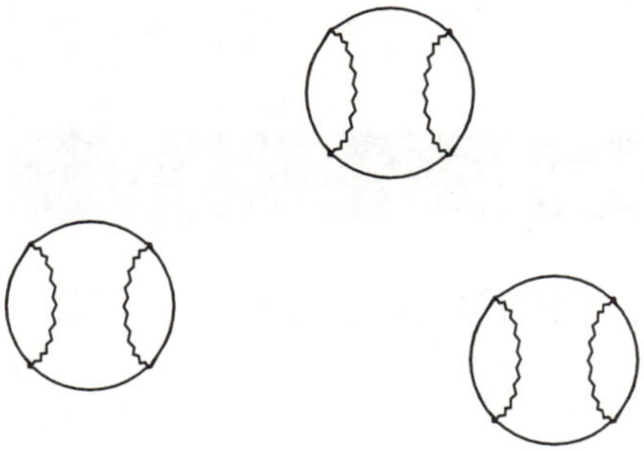

0

6
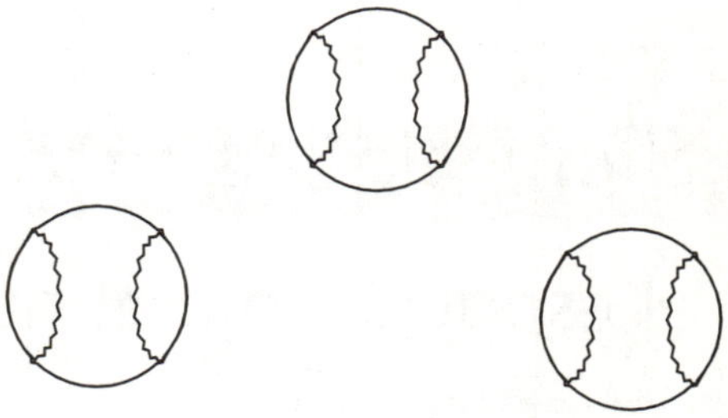

2

Sigue los ● en orden.
Sigue las ★ en orden.

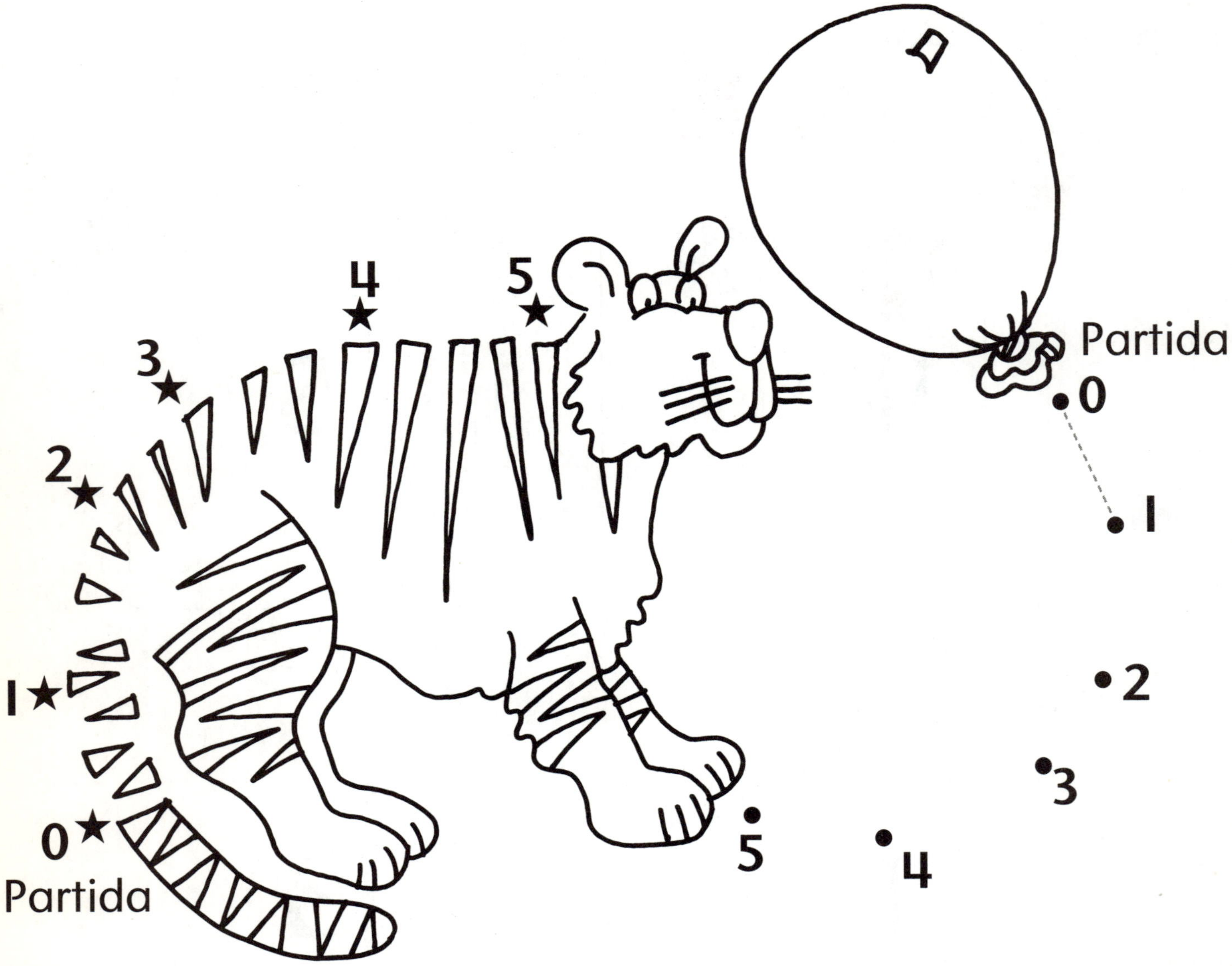

★ Preparación para pruebas

Marca el espacio bajo el número que viene después de tres cuando cuentas.

1

2	4	5
○	○	○

Nombre ______________________________

Plan para resolver problemas
1. Compréndelo 2. Planéalo 3. Resuélvelo 4. Verifícalo

Fíjate en el dibujo.
Colorea.

Piénsalo ¿Cuántos debería colorear?

1 Colorea **2** .

2 Colorea **4** .

3 Colorea **5** .

4 Colorea **1** .

5 Colorea **3** .

6 Colorea **0** .

Fíjate en el dibujo.
¿Cuántos hay?
Rodea el número.

1

0 1 3

2

4 3 5

3

4 3 5

4

1 2 3

Ampliación

Di cuántos animales hay en el estante de arriba.

Nombre ____________________

Haz una gráfica

Recorta los juguetes.
Clasifícalos y pégalos en la gráfica.

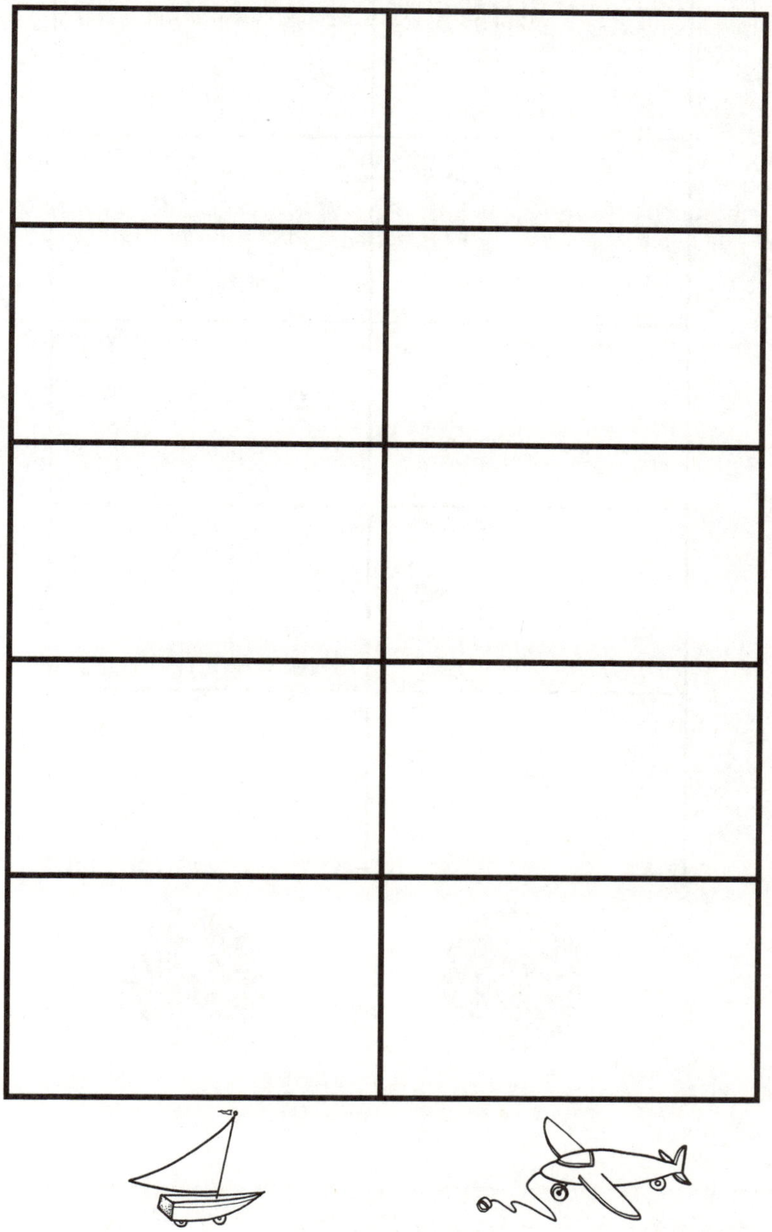

¿Hay más botes o aviones? Rodea la respuesta.

1

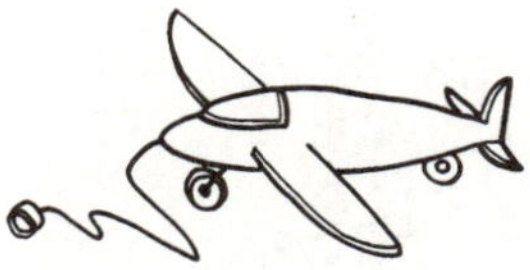

Deja caer 5 monedas de 1 centavo y luego clasifícalas en la gráfica.
Colorea la gráfica para mostrar las caras y cruces.

Resolver problemas
Razonamiento

¿Qué puedes decir al mirar la gráfica?

Verificación rápida

Rodea el grupo de 5.
Colorea el grupo de 3.

1

Nombre ______________________________

Estrategia para la resolución de problemas: Calcula y comprueba

Problema

¿Cabrán 3 monedas de 1 centavo?

1 Compréndelo

2 Planéalo

3 Resuélvelo

Estima: sí no

Verifica: sí no

4 Verifícalo

¿Cabrán 3 monedas de 1 centavo?
Rodea tu respuesta.

I

Estima: sí no

Verifica: sí no

¿Cabrán 3 monedas de 1 centavo?
Rodea tu respuesta.

1

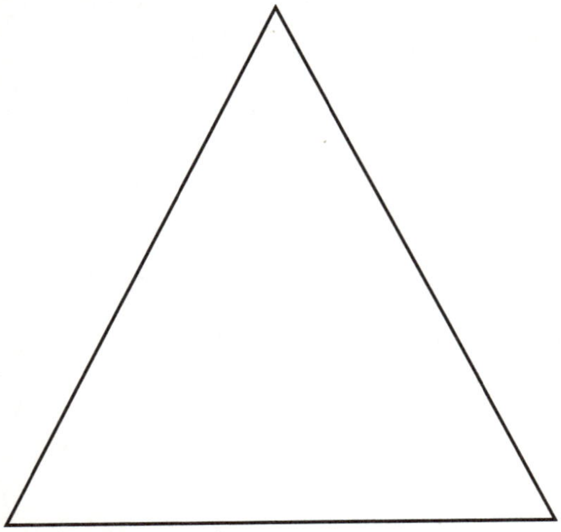

Estima: sí no

Verifica: sí no

¿Cabrán 5 monedas de 1 centavo?
Rodea tu respuesta.

2

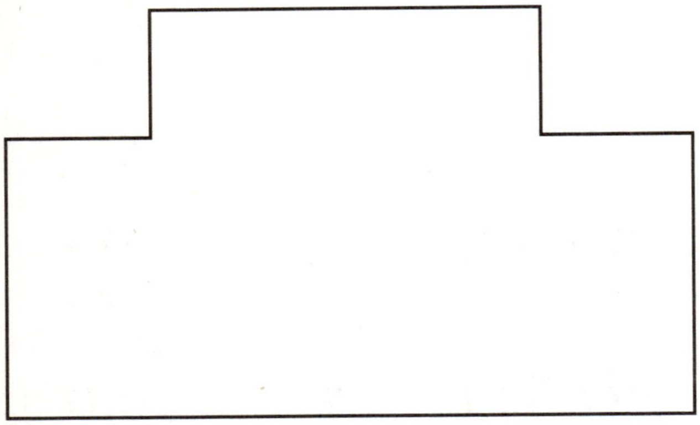

Estima: sí no

Verifica: sí no

¿Cabrán 5 monedas de 1 centavo?
Rodea tu respuesta.

3

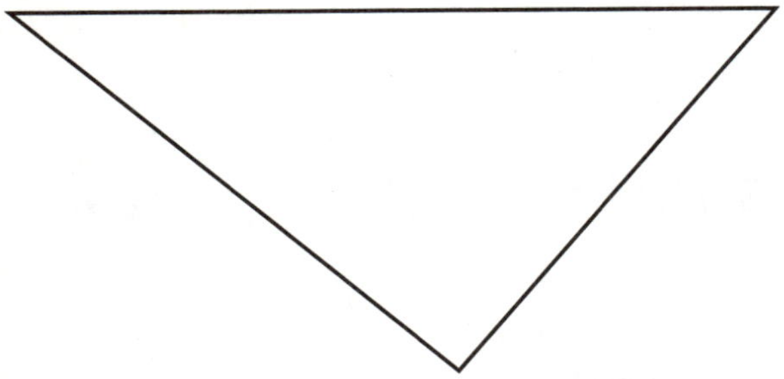

Estima: sí no

Verifica: sí no

Nombre ____________________

Dibuja una pelota para cada foca.

1

Dibuja líneas para emparejar.

2

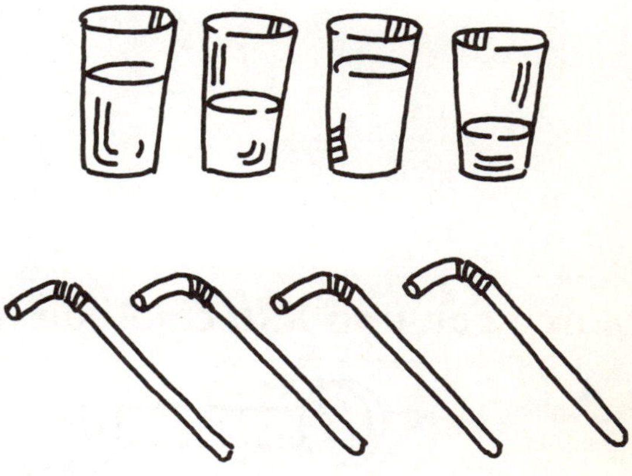

Dibuja un hilo en todos los globos.
Colorea de rojo algunos globos.
No colorees de verde ninguno de los globos.

3

Dibuja el número de pelotas.

4

3

5

4

Sigue los ● en orden.

6

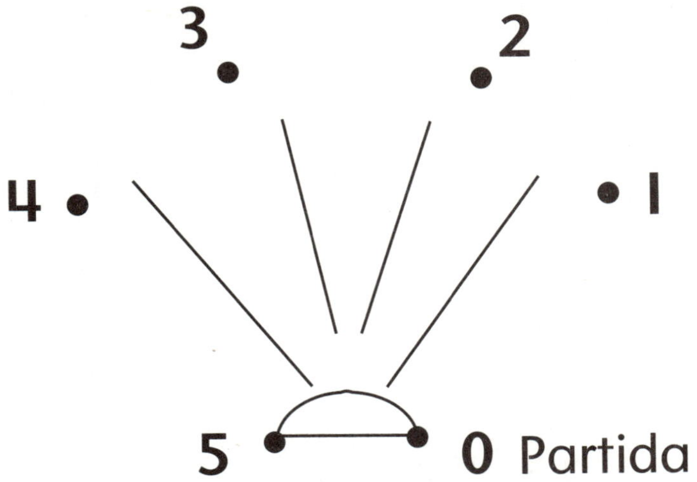

Marca con una X la caja que tiene más cuentas.

7

1 3 2

Marca con una X el grupo con menos peces.

8

4 3

Resolver problemas
Razonamiento

¿Cabrán 3 monedas de 1 centavo? Estima y verifica. Rodea tu respuesta.

9

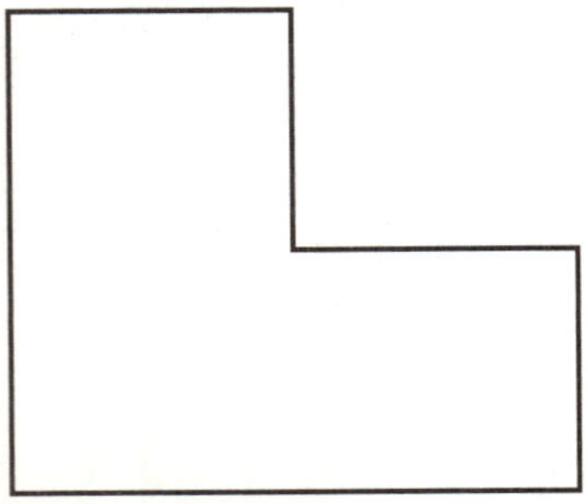

Estima: sí no

Verifica: sí no

Nombre ____________________

Repaso acumulativo

★ Preparación para pruebas

1

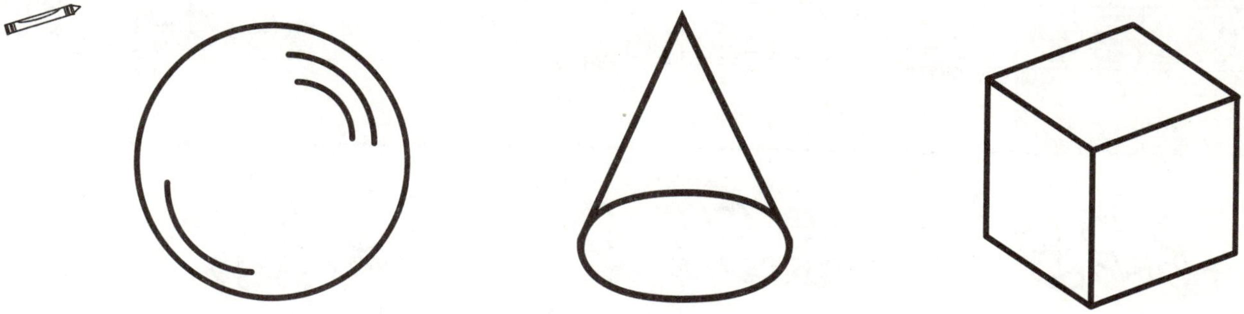

○ ○ ○

2

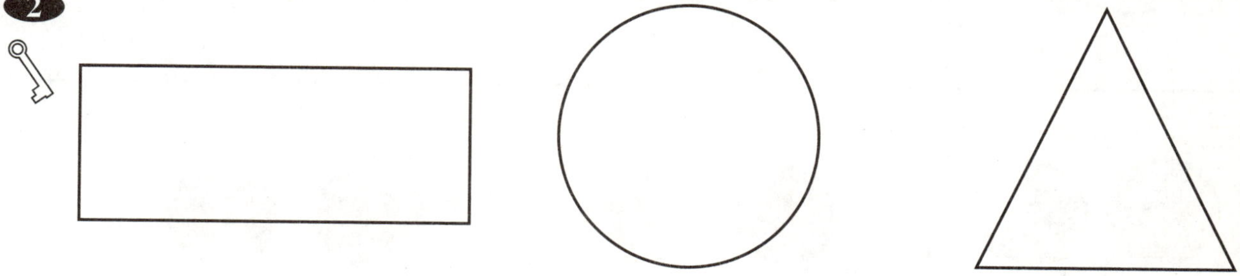

○ ○ ○

3

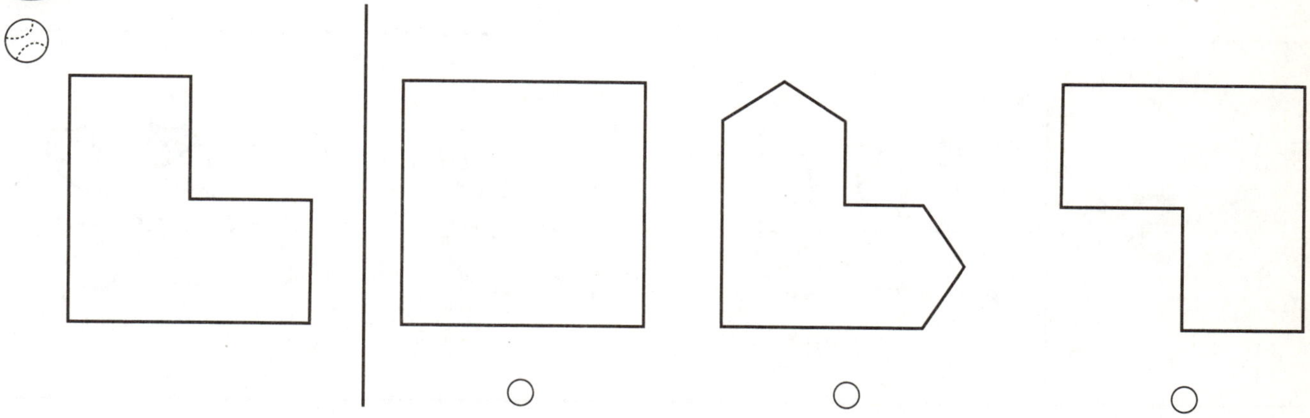

○ ○ ○

4

○ ○ ○

5

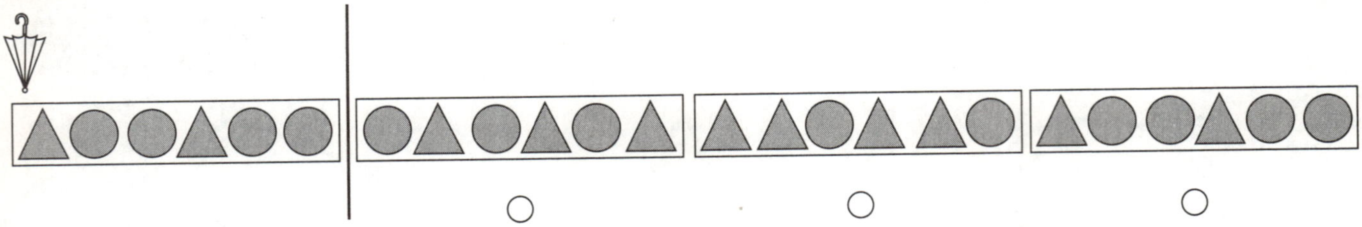

6

7

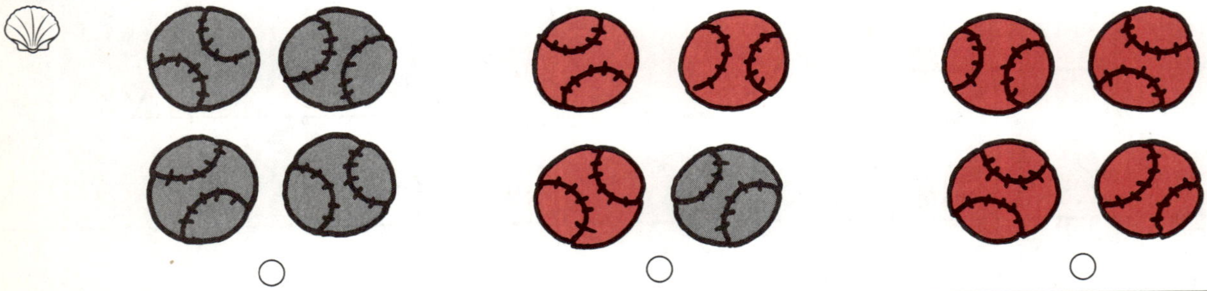

8

5

9

3 2 5

UNIDAD 4 • CONTENIDO

Números 6 hasta 10

Lección		Página
1	Seis	113
2	Siete	115
3	Álgebra • Ordenar los números hasta 7	117
4	Comparar grupos hasta 7	119
5	Ocho	121
6	Nueve	123
7	Comparar grupos hasta 9	125
8	Diez	127
9	Estrategia para la resolución de problemas: Haz un dibujo	129
10	Álgebra • Ordenar los números hasta 10	131
11	Álgebra • Contar y ordenar los números hasta 10	133
12	Más que, menos que	135
13	Mayor que, menor que, igual a	136
14	Estimar	137
15	Aplicación de la resolución de problemas: Usa una gráfica de barras	139
•	Repaso de la Unidad 4	141
•	Repaso acumulativo ★ Preparación para pruebas	143

Emplearemos el siguiente vocabulario:

más y **menos** para comparar dos grupos
el que tiene más y **el que tiene menos** para comparar tres o más grupos
mayor que un número es más grande que
menor que un número es más pequeño que
igual a que tiene el mismo número

Estimada familia:

Durante las siguientes semanas, en la clase de matemáticas, estudiaremos los números de 6 hasta 10.

En casa verán tareas que sirven para practicar el conteo, la identificación y comparación de grupos.

A medida que estudiamos estos números, los compararemos usando los términos mayor que, menor que o igual a.

Tengan en cuenta a manera de guía el siguiente ejemplo.

Identificar

6

10

Comparar

10

6

El 10 es mayor que el 6.
El 6 es menor que el 10.

Saber contar hasta 10 e identificar grupos de 0 a 10 son destrezas importantes para los niños.

Atentamente,

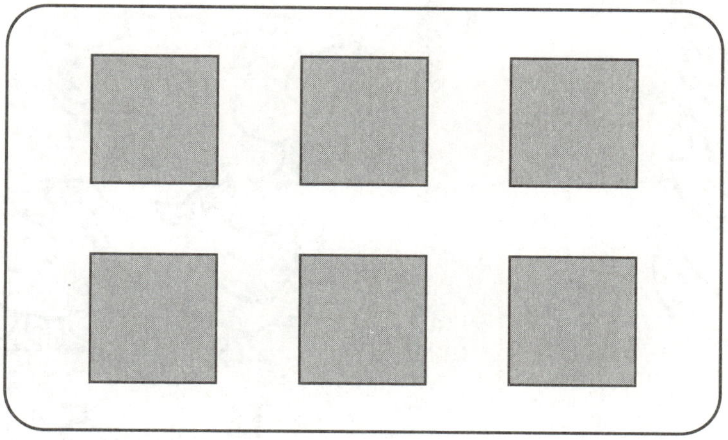

6
seis

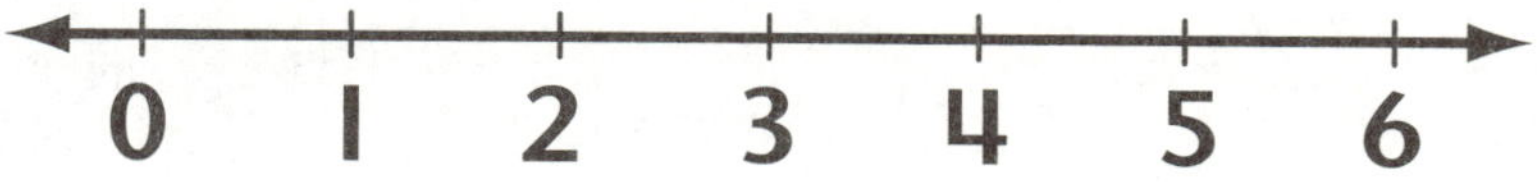

Marca con una X los grupos que son iguales a 6.

1

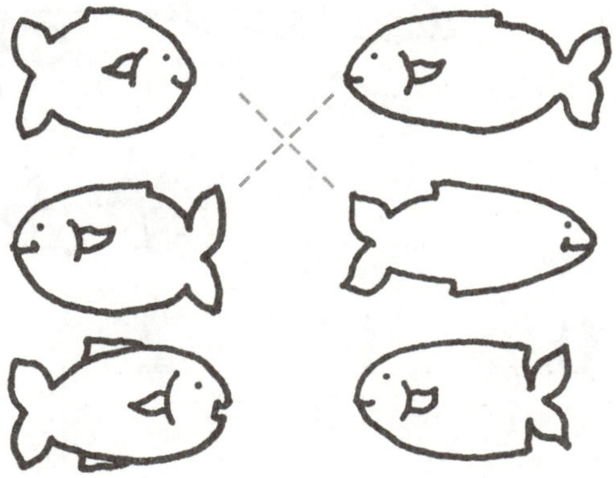

2

3

4

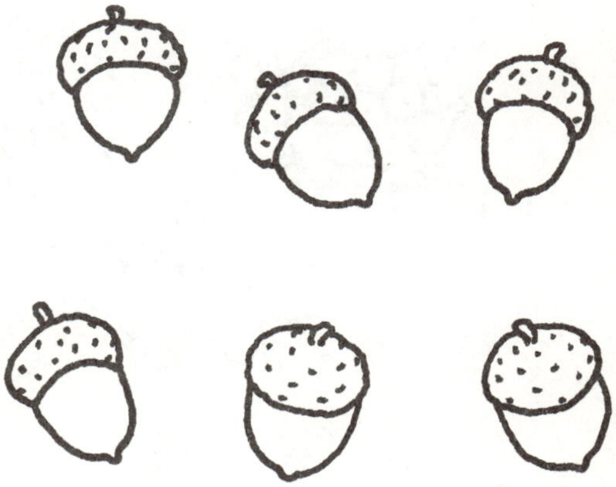

¿Cuántos hay?
Rodea el número.

1

3 4 5 6

2

3 4 5 6

3

2 3 4 5

4

0 1 2 3

★ Preparación para pruebas

Marca el espacio bajo el número.

5

4	5	6
○	○	○

Nombre ____________________ **Siete**

7
siete

Marca con una X los grupos que son iguales a 7.

1

2

3

4

¿Cuántos hay?
Rodea el número.

1

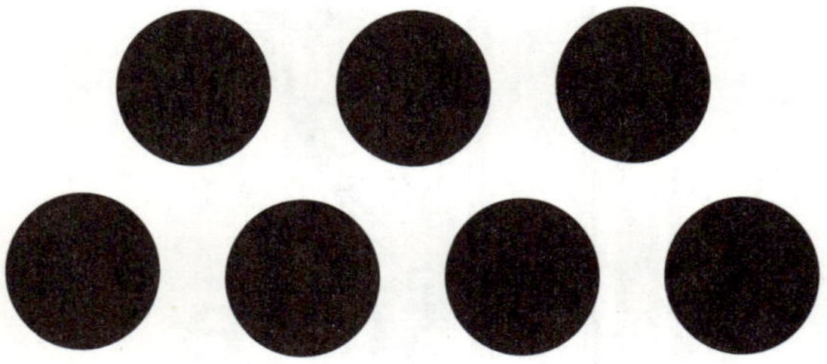

4 5 6 7

2

4 5 6 7

3

0 1 2 3

4

3 4 5 6

★ Preparación para pruebas

Marca el espacio bajo el número.

5

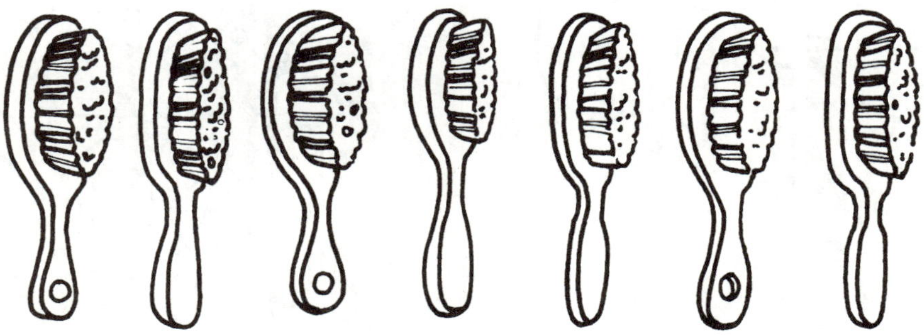

5	6	7
○	○	○

Nombre ______________________________

Dibuja líneas para mostrar qué número va en cada casilla.

1

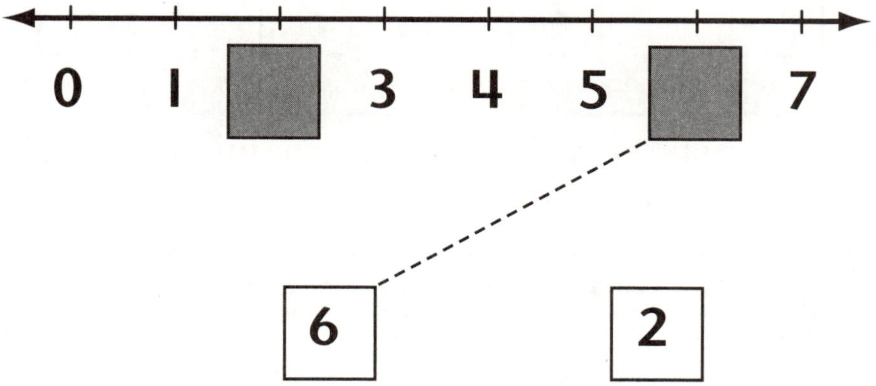

2

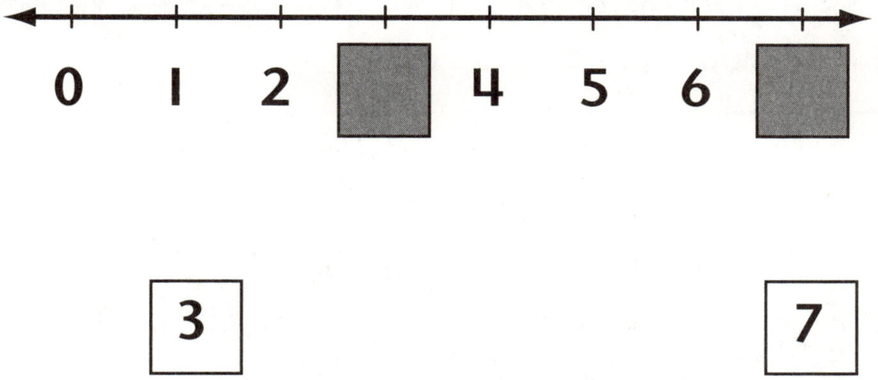

3

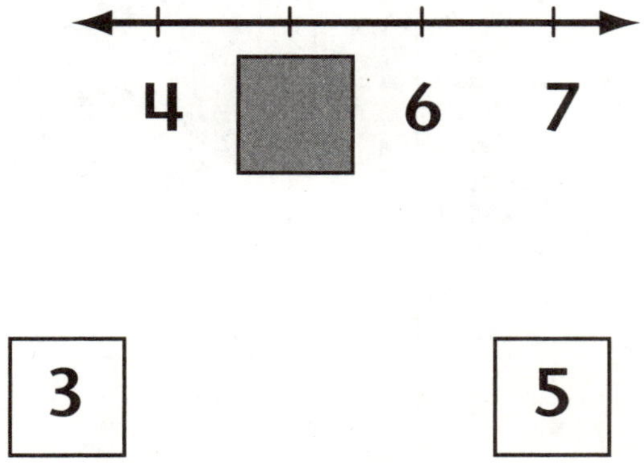

4

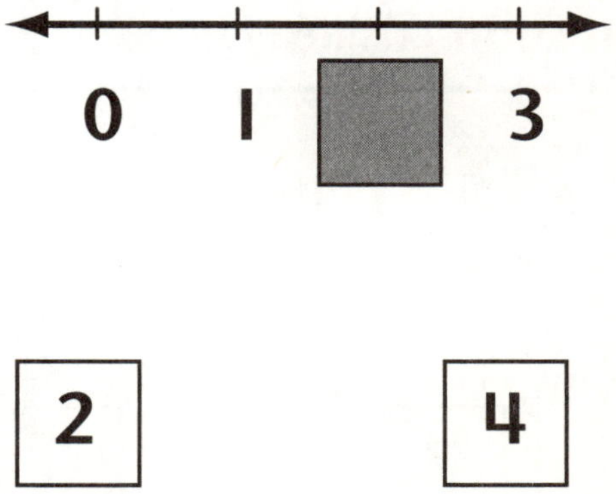

Dibuja una línea para mostrar qué número va en la casilla.

1

3 4 ▢ 6

5 2 7

2

4 5 6 ▢

2 7 3

Resolver problemas
Razonamiento

Fíjate en la recta de números. Di qué observas en el espacio que hay entre cada número.

3

0 1 2 3 4 5 6 7

Verificación rápida

Marca con una X el grupo que es igual a 6.

4

Dibuja líneas para mostrar qué número va en cada casilla.

5

▢ 1 2 3 4 5 6 ▢

7 0 6

Nombre______________________________________ **Comparar grupos hasta 7**

Marca con una X el grupo que tiene más.

1

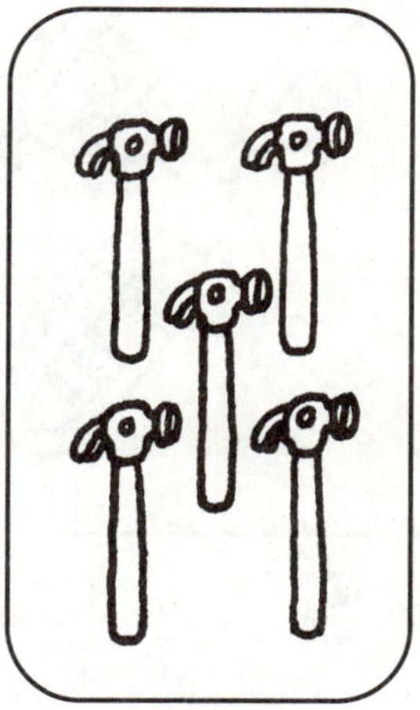

5

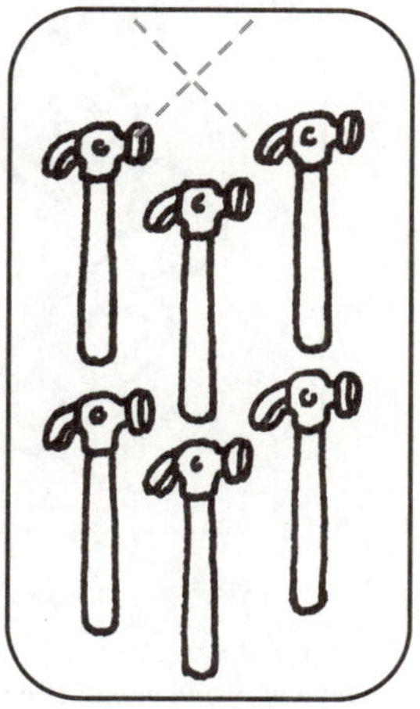

6

2

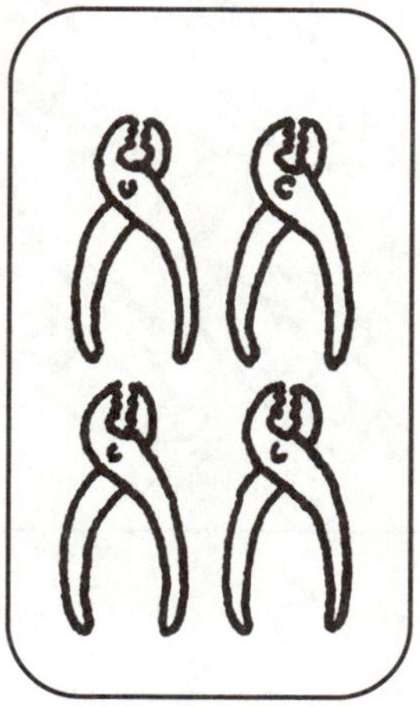

4

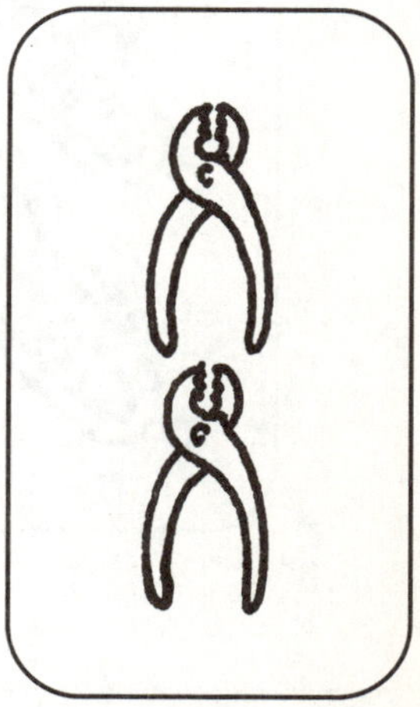

2

3

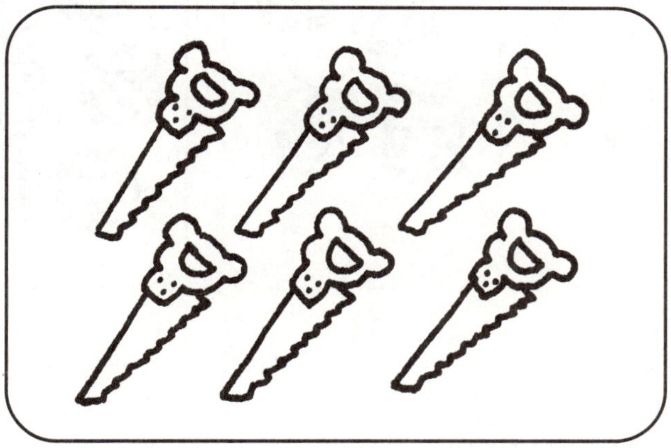

6

7

4

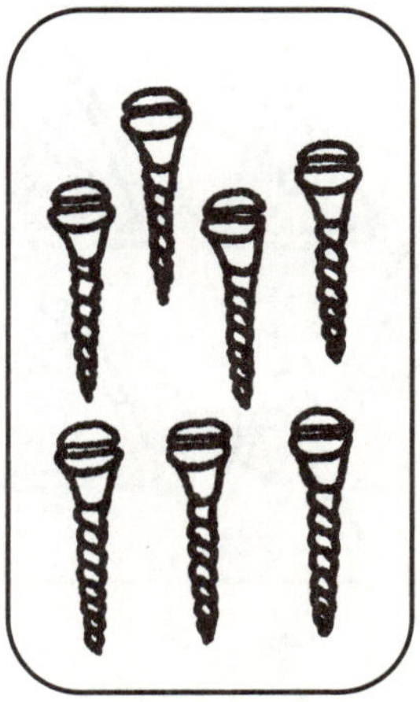

7

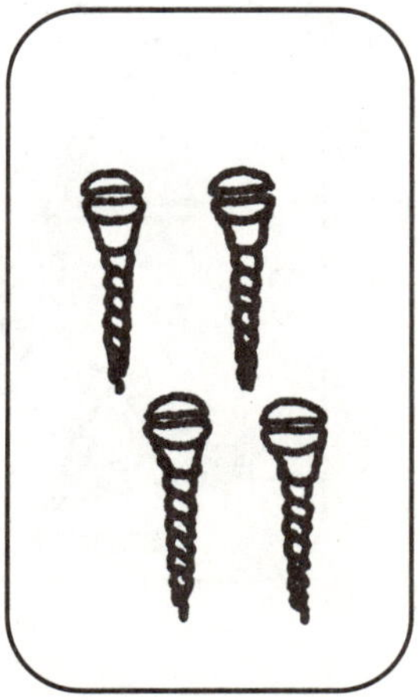

4

5

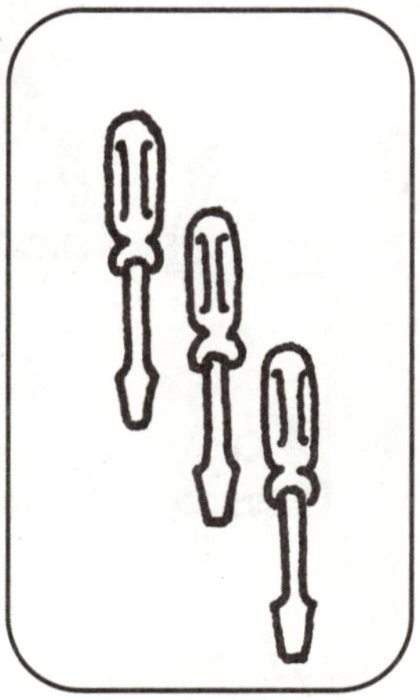

3

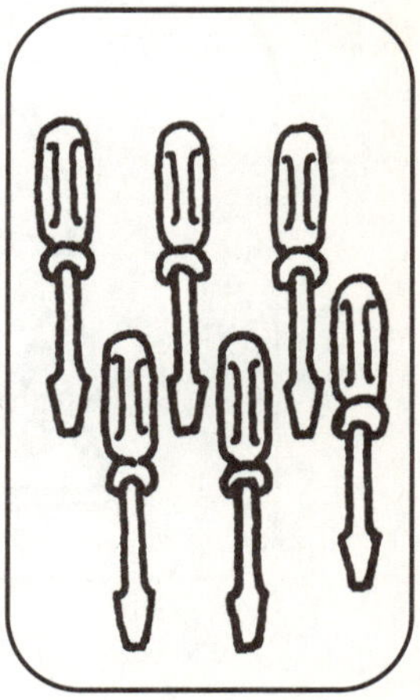

6

Marca con una X el grupo que tiene menos.

1

6

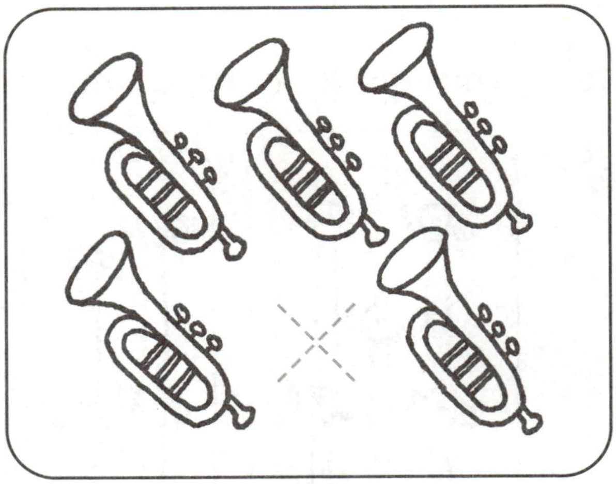

5

2

3

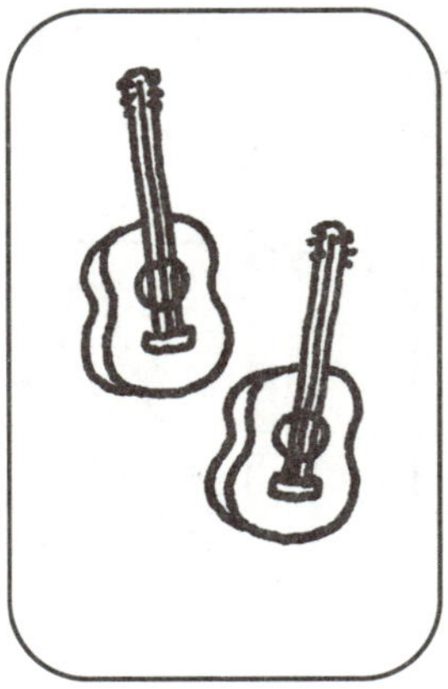

2

3

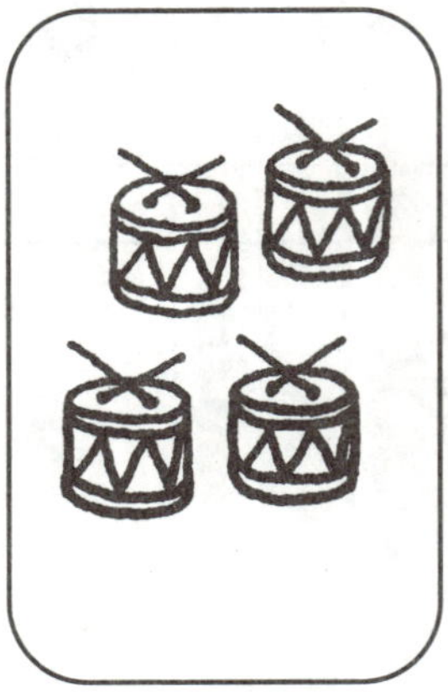

4

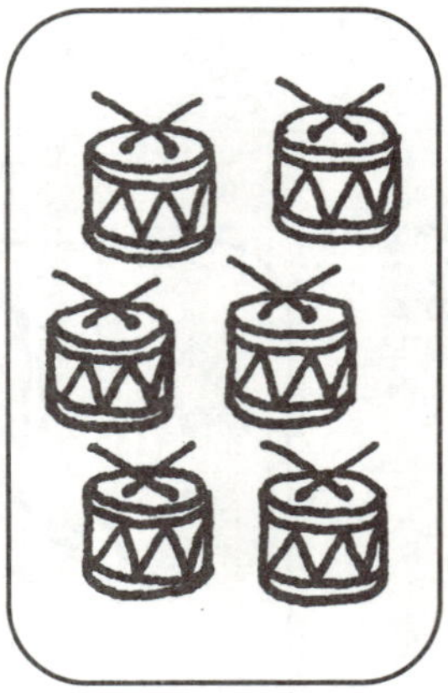

6

★ Preparación para pruebas

Marca el espacio bajo el grupo que tiene más.

4

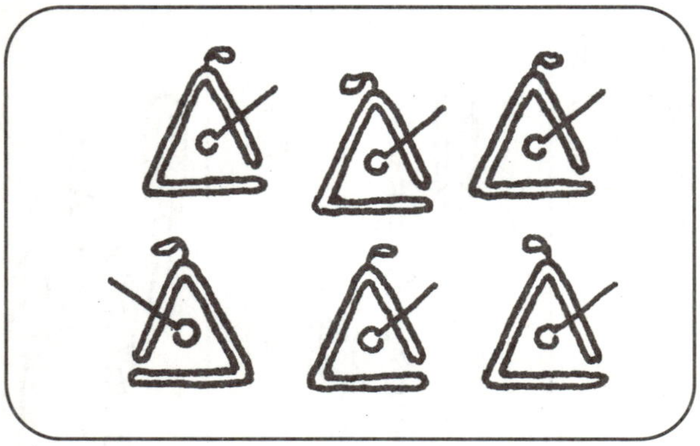

6

○

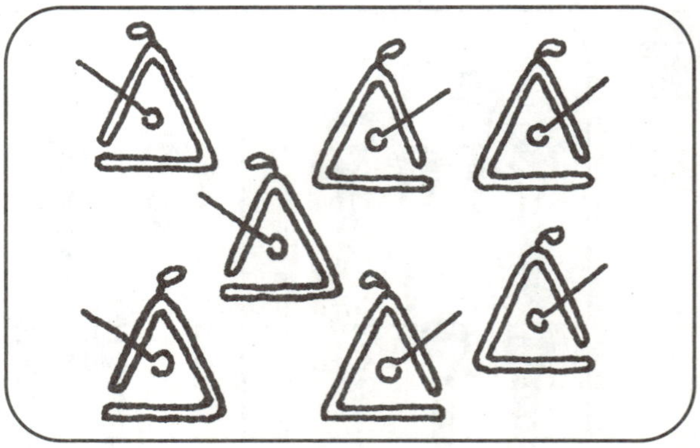

7

○

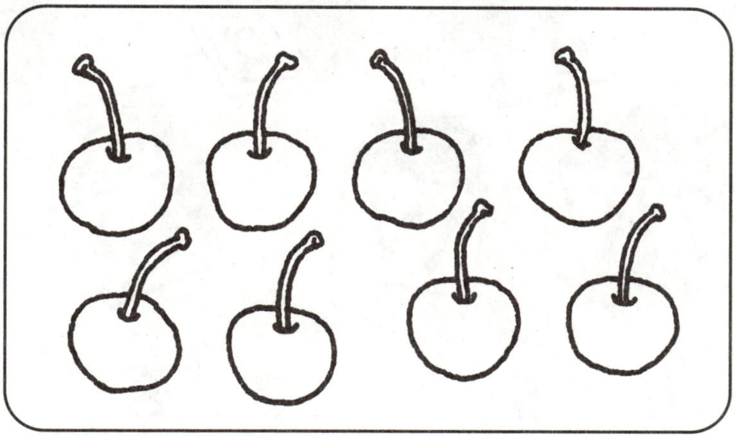

8
ocho

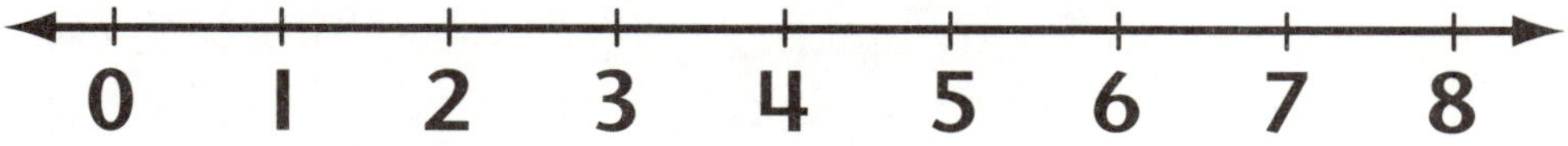

Marca con una X los grupos que muestran 8.

1

2

3

4

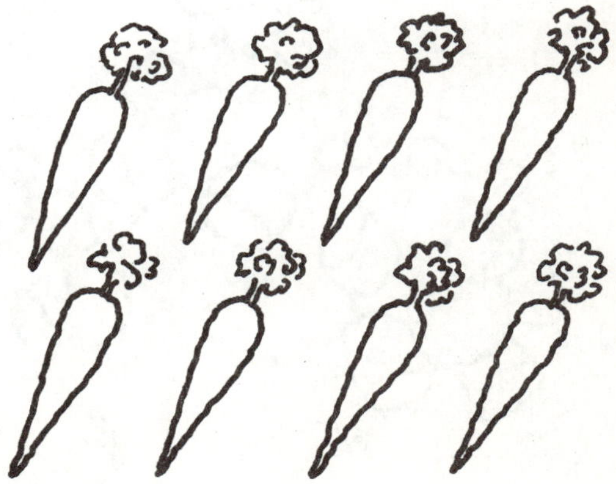

¿Cuántos hay?
Rodea el número.

1

2 3 4 5 6 7 (8)

2

4 5 6 7

3

7 8 5 6

★ Preparación para pruebas

Marca el espacio bajo el número.

4

6	7	8
○	○	○

Nombre ______________________________ **Nueve**

9
nueve

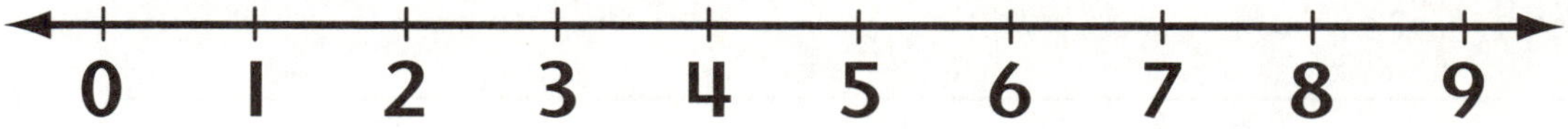

Marca con una X los grupos que muestran 9.

1

2

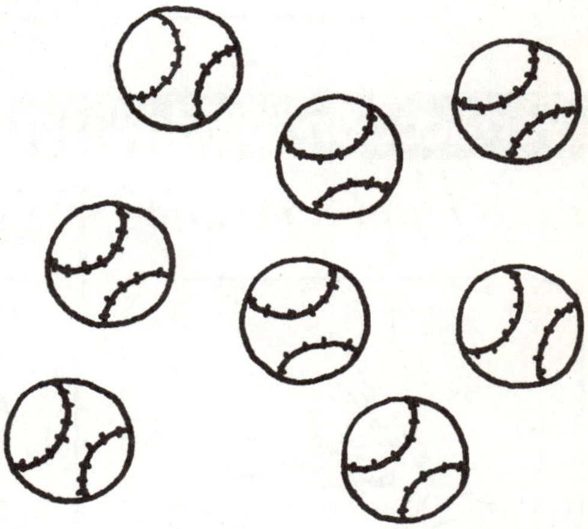

3

4

¿Cuántos hay? Rodea el número.

1 2 3 4 5 6 7 8 9

Resolver problemas
Razonamiento

Fíjate en el número. Dibuja un grupo con ese número.

8

✓ Verificación rápida

Marca con una X el grupo que tiene menos.

1

¿Cuántos hay? Rodea el número.

2

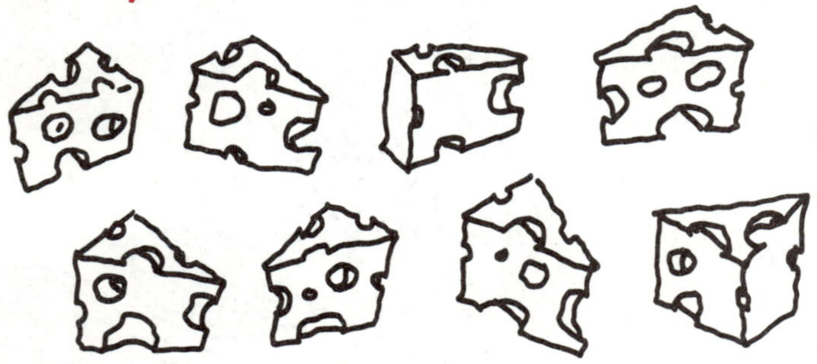

1 2 3 4 5 6 7 8 9

Nombre ______________________________ **Comparar grupos hasta 9**

Marca con una X el grupo que tiene menos.

1

9

8

2

5

6

Marca con una X el grupo que tiene más.

3

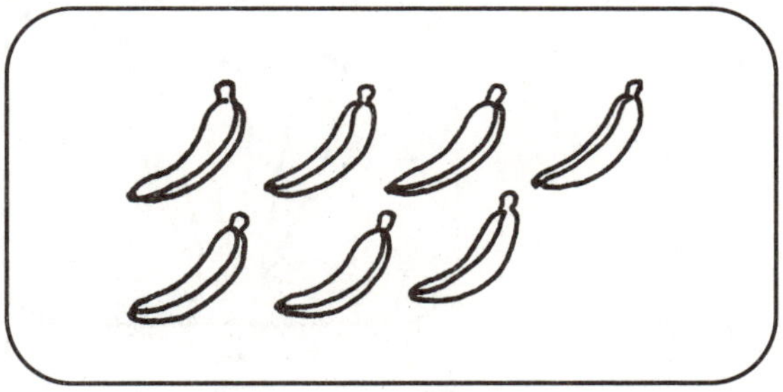

7

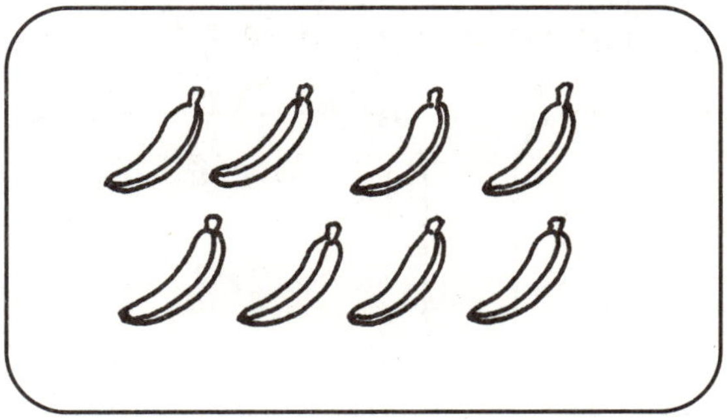

8

4

7

6

Marca con una X el grupo que tiene menos.

1

6

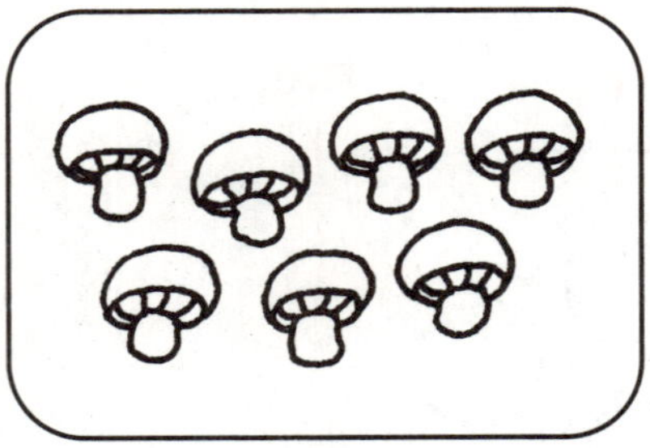
7

5

Marca con una X el grupo que tiene más.

2

3

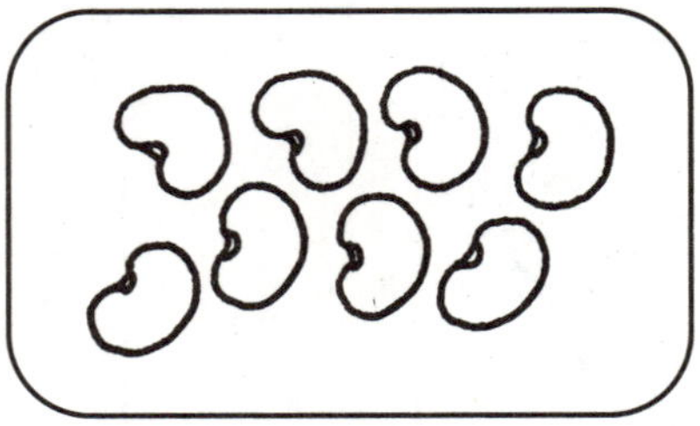
8

9

★ Preparación para pruebas

Marca el espacio bajo el grupo que tiene menos.

3

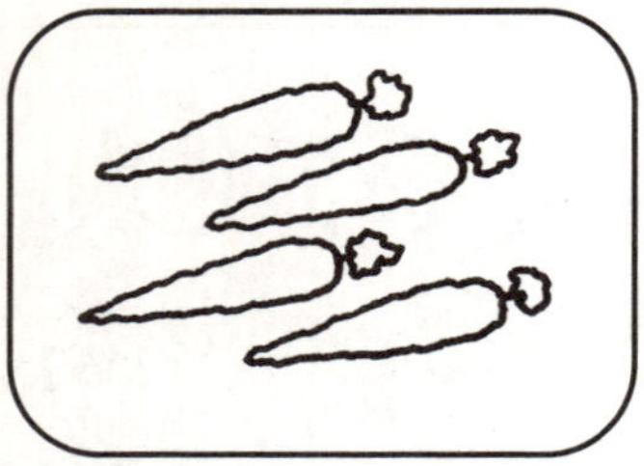
4 ○

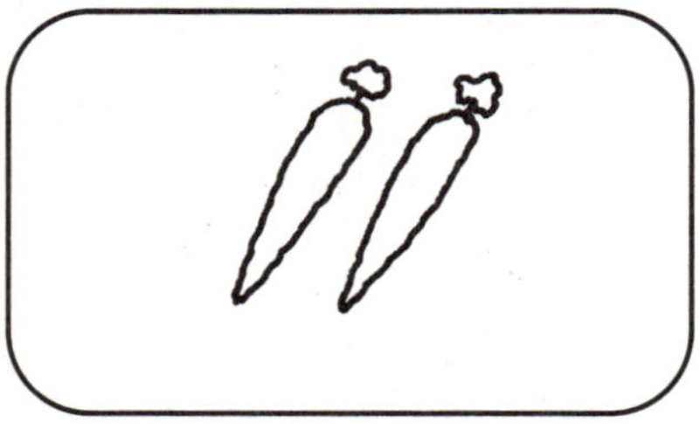
2 ○

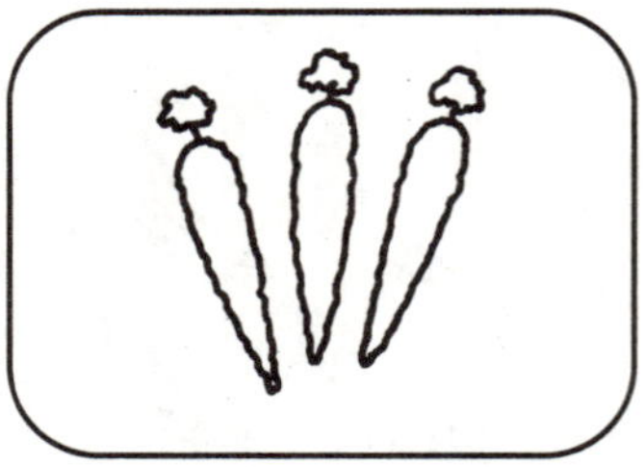
3 ○

Marca el espacio bajo el grupo que tiene más.

4

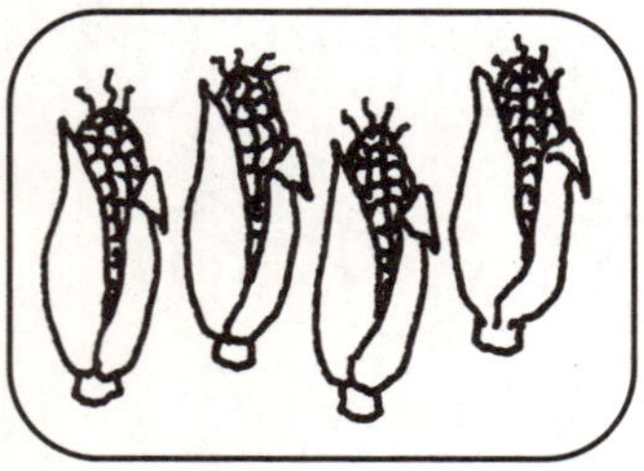
4 ○

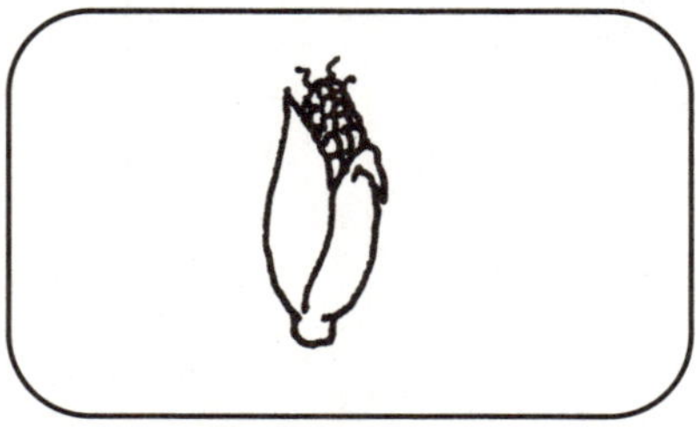
1 ○

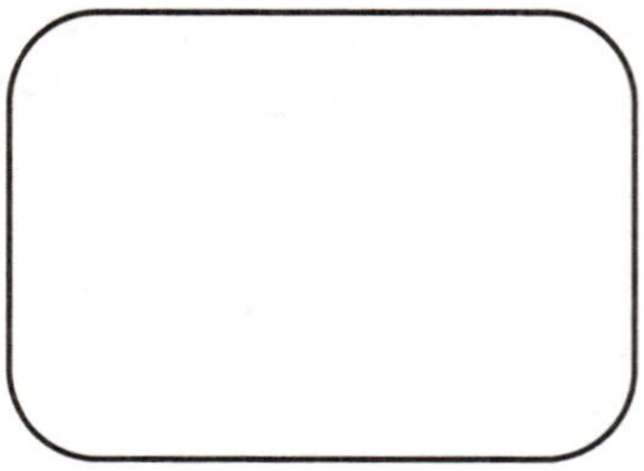
0 ○

10
diez

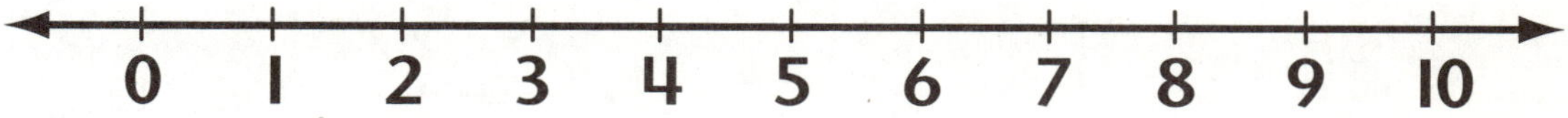

Marca con una X los grupos que muestran 10.

1

2

3

4

¿Cuántos hay?
Rodea el número.

1

0 1 2 3 4 5 6 7 8 9 10

2

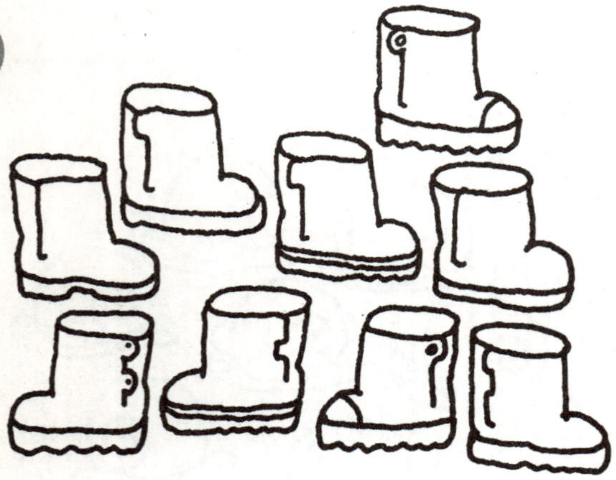

7 8 9 10

3

5 6 7 8

★ Preparación para pruebas

Marca el espacio bajo el número.

4

8	9	10
○	○	○

Nombre ______________________________

Hay 8 cometas. Antonio y Lily tienen el mismo número de cometas. ¿Cuántas cometas tiene cada niño?

1 **Compréndelo**

2 **Planéalo**

3 **Resuélvelo**

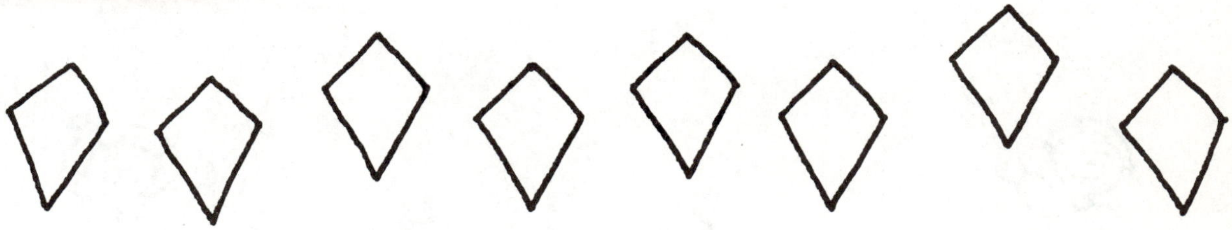

4 5 6

4 **Verifícalo**

Dibuja hilos para que cada niño tenga el mismo número.
Rodea cuántas tiene cada uno.

1

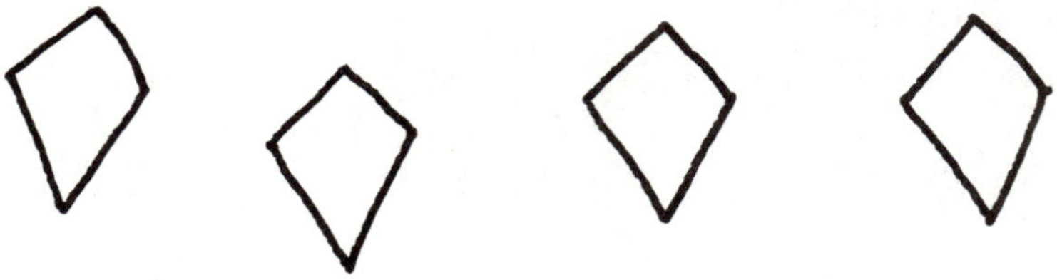

2 3 4

2

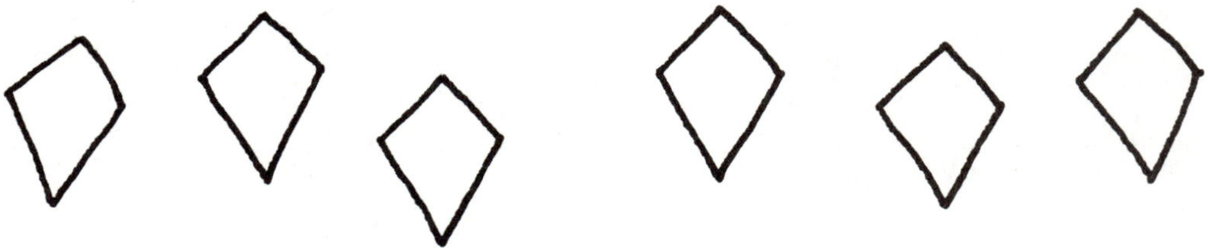

3 4 5

Di por qué dibujar hilos te ayudó a hallar la respuesta.

Nombre ____________________

Ordenar los números hasta 10

0 1 2 3 4 5 6 7 8 9 10

Muestra qué número va en cada casilla.

1

0 1 2 ___ 4 5 ___ 7 8 ___ 10

6 3 9

2

0 1 ___ 3 4 ___ 6 7 ___ 9 10

5 2 8

3

___ 1 2 3 4 5 6 ___ 8 ___ 10

9 0 7

Muestra qué número va en cada casilla.

1

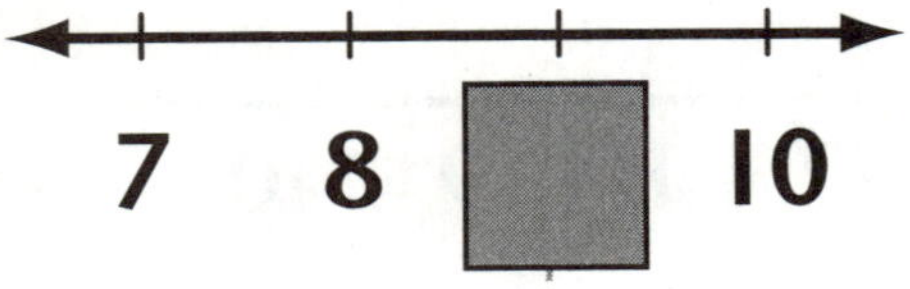

6 9 5

2

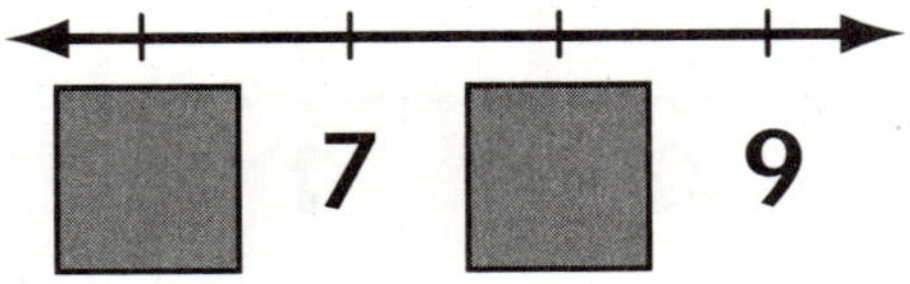

6 5 8

Verificación rápida

Marca con una X el grupo que tiene más.

3

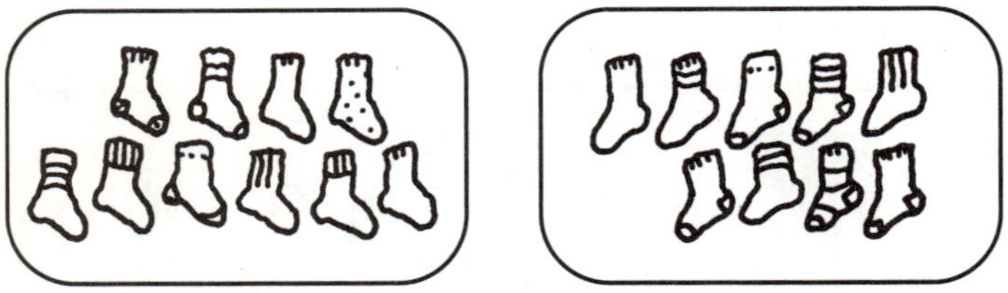

10 9

Marca con una X el grupo que es igual a 10.

4

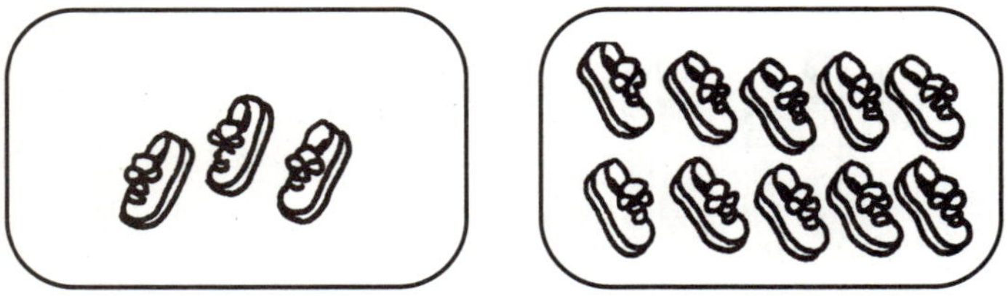

Muestra qué número va en la casilla.

5

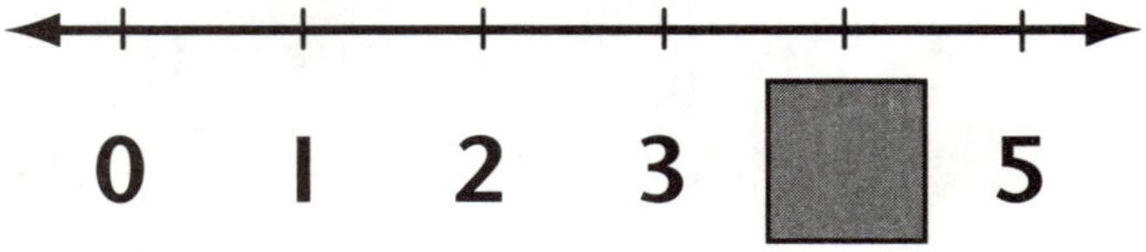

8 7 4

Nombre ______________________________

Colorea el número de cuadrados.

1										
2										
3										
4										
5										
6										
7										
8										
9										
10										

Sigue los ● en orden.

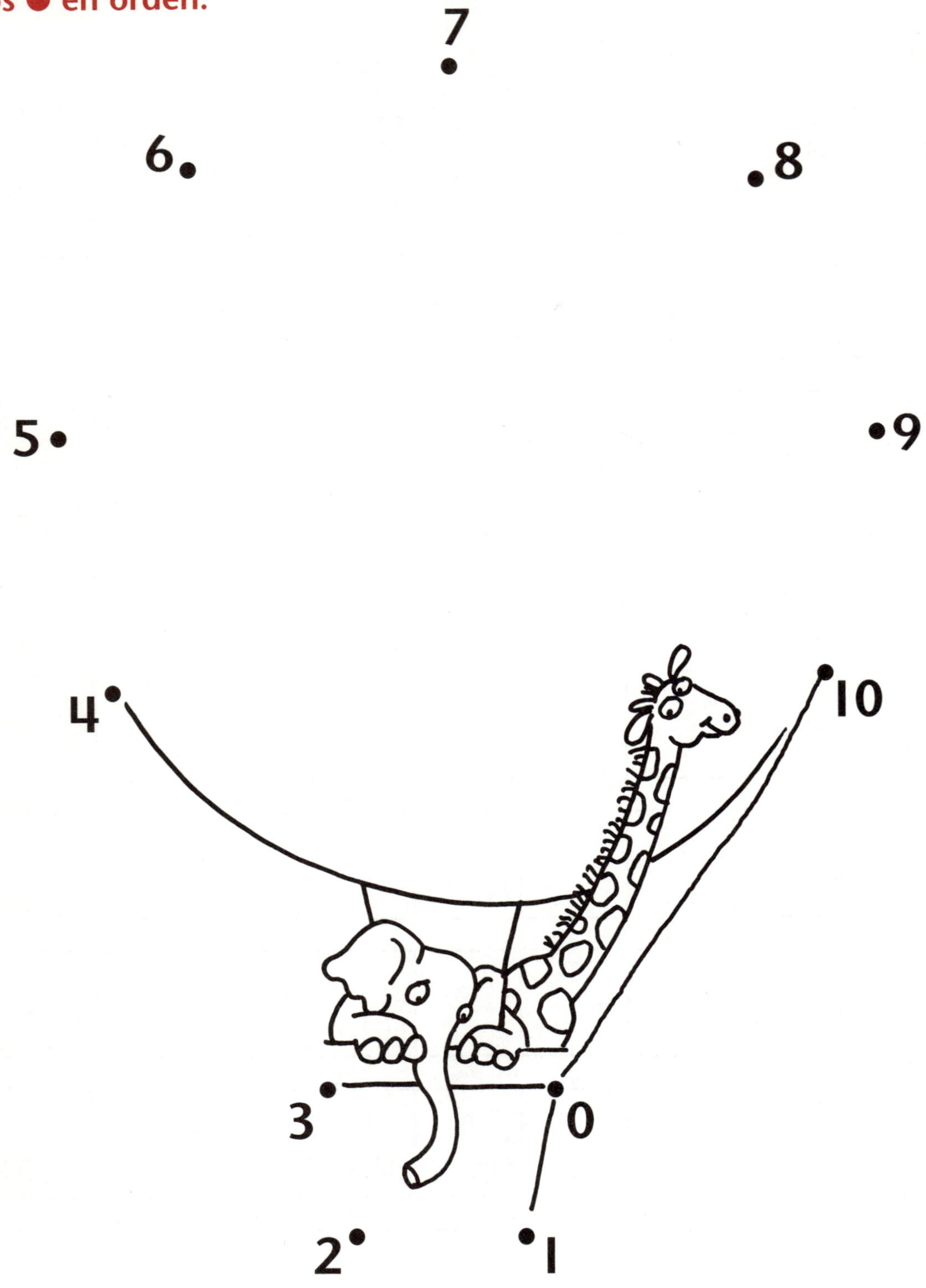

★ Preparación para pruebas

¿Qué número viene después de 4?

❶ 5 ○ 6 ○ 7 ○

Nombre ______________________________ **Más que, menos que**

7

Marca con una X el grupo que tiene menos de 7.

1

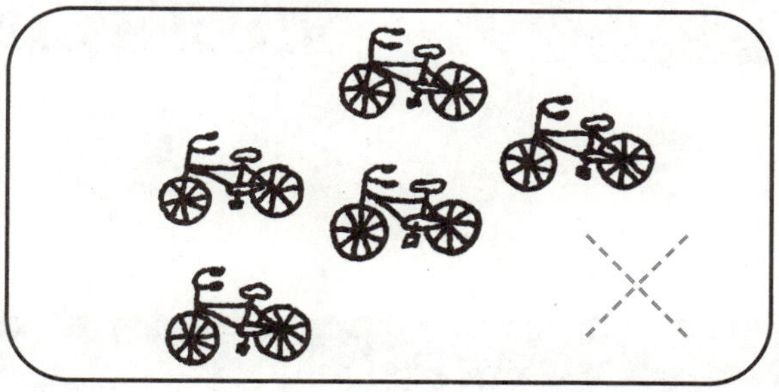

5 8

Marca con una X el grupo que tiene más de 7.

2

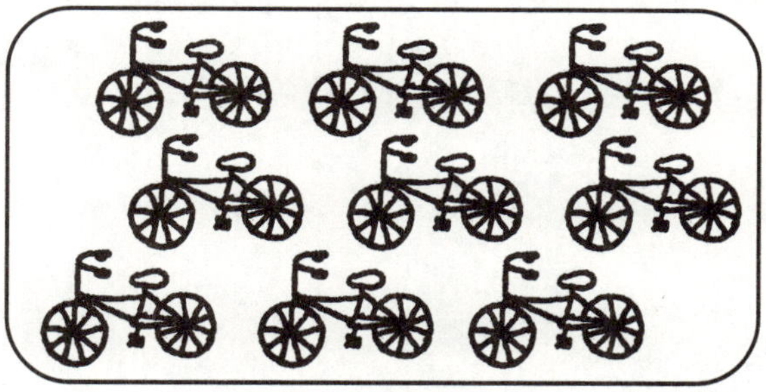

9 3

★ Preparación para pruebas

Marca el espacio bajo el grupo que tiene menos que 6.

3

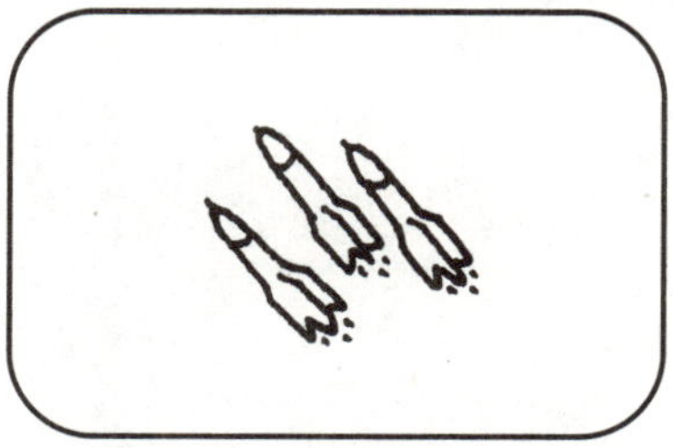

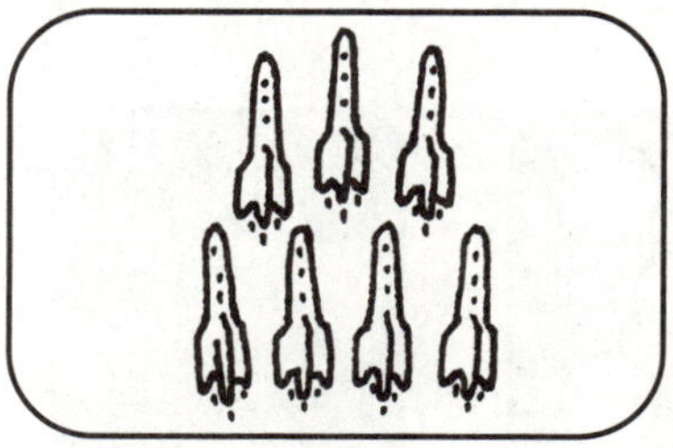

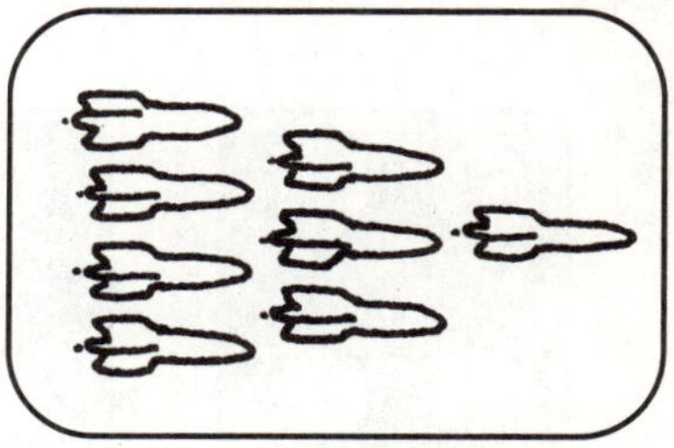

3 ○ 7 ○ 8 ○

Nombre ____________________

Marca con una X el grupo mayor que 5. Rodea el grupo menor que 5. Colorea el grupo igual a 5.

7 3 5

Verificación rápida

Muestra qué número va en cada casilla.

1

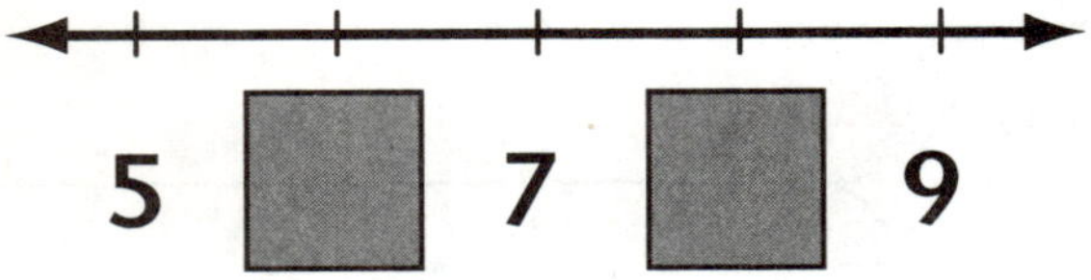

8 6 10

Dibuja un grupo que tenga más de 5.

2

Rodea el grupo mayor que 4.

3

4 5 0

Nombre ______________________________ **Estimar**

Fíjate en los peces. Marca con una X el grupo que tiene más.

1

Marca con una X el grupo que tiene más de 5.

2

Marca con una X el grupo que tiene menos de 10.

1

Resolver problemas
Razonamiento

Fíjate en el número. Dibuja un grupo que tenga más de 6.

2

6

★ Preparación para pruebas

Marca el espacio bajo el grupo que tiene más de 3.

3

○

○

○

Nombre ______________________________

Plan para resolver problemas			
1. Compréndelo	2. Planéalo	3. Resuélvelo	4. Verifícalo

Tienda de mascotas

Fíjate en la gráfica. Rodea el número.

Piénsalo ¿Cuántos hay?

1  6 7 8

2  7 8 9

3  8 9 10

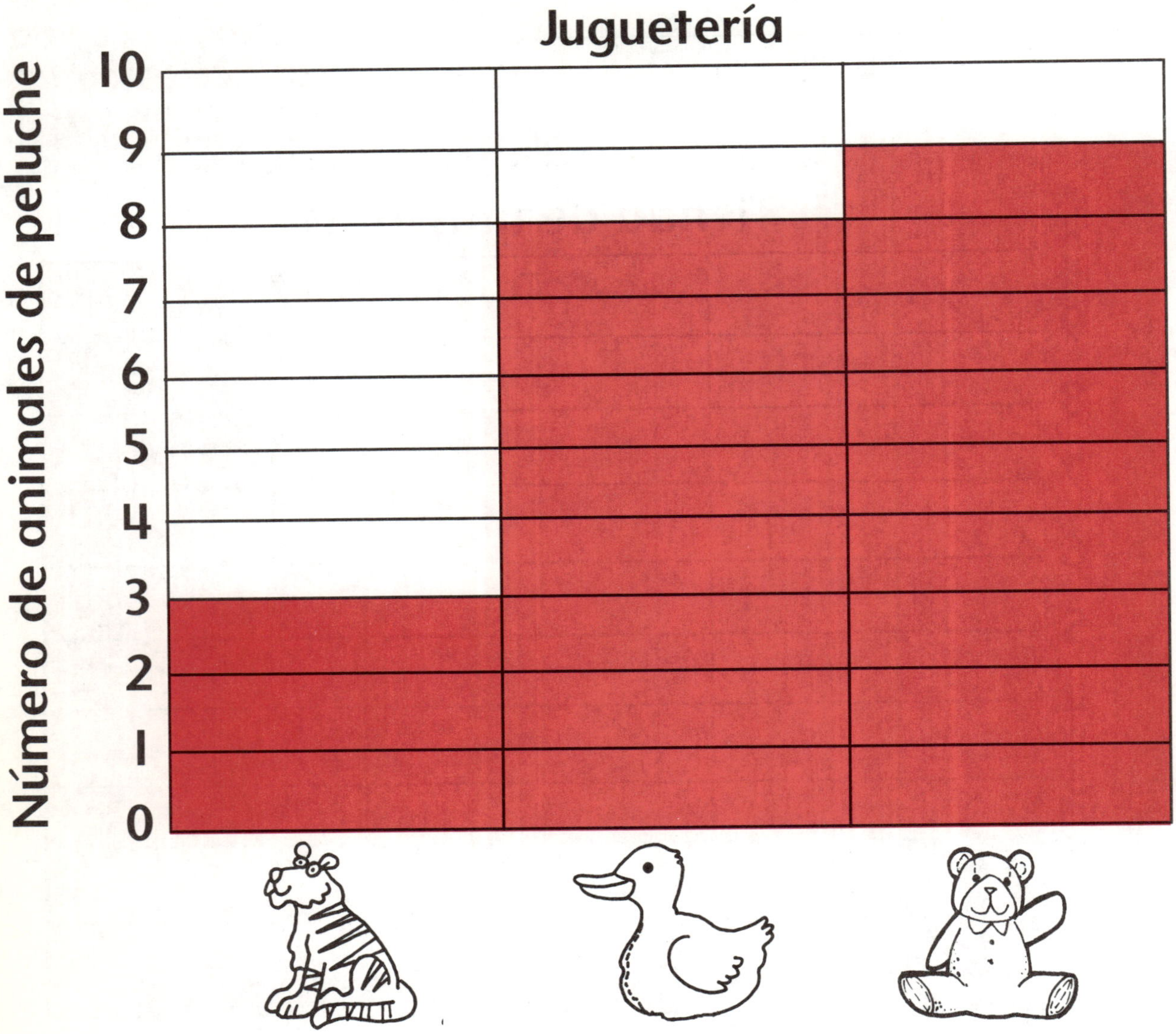

Fíjate en la gráfica. Rodea el número.

Piénsalo ¿Cuántos hay?

1  **6** **7** **8**

Ampliación

Rodea sí o no.

2 ¿Hay más  que ? sí no

3 ¿Hay más  que ? sí no

Nombre ____________________

Marca con una X el grupo que muestra 7.

1

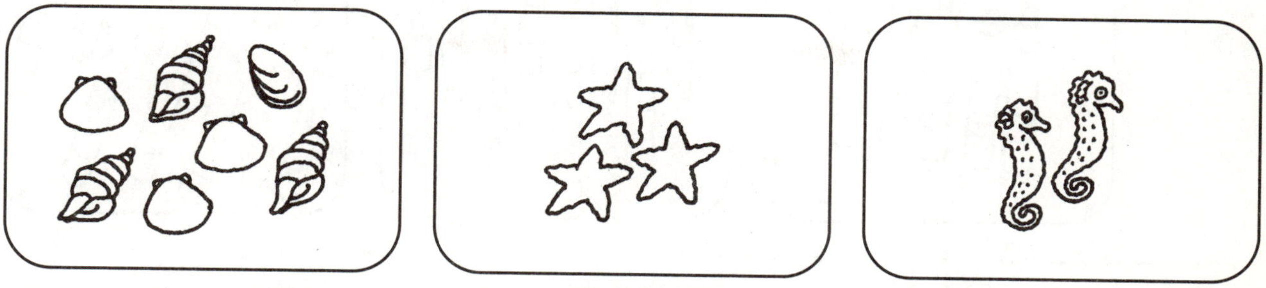

Marca con una X el grupo que tiene más.

2

Marca con una X el grupo que tiene menos.

3

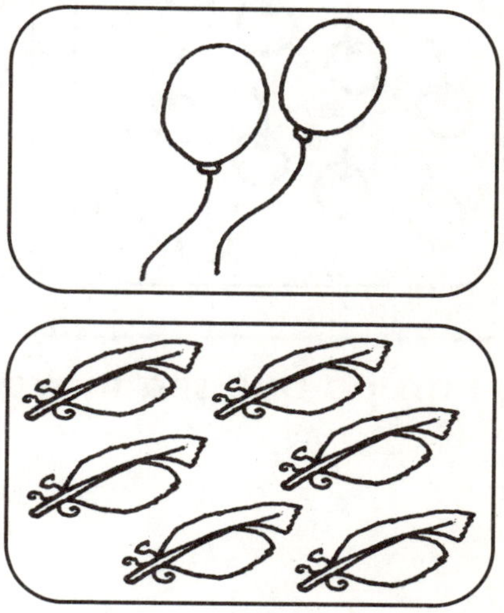

Colorea siete.

4

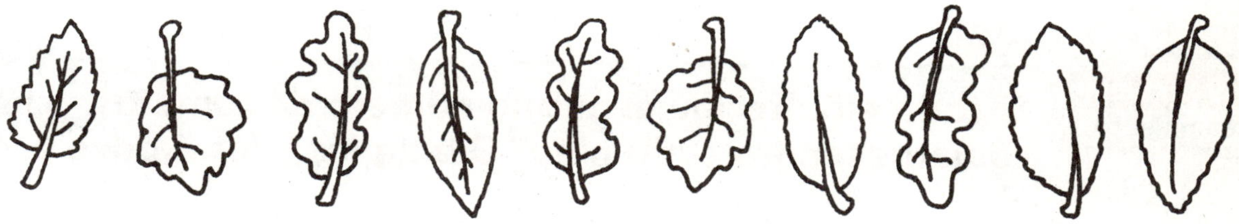

Sigue las ★ en orden.

5

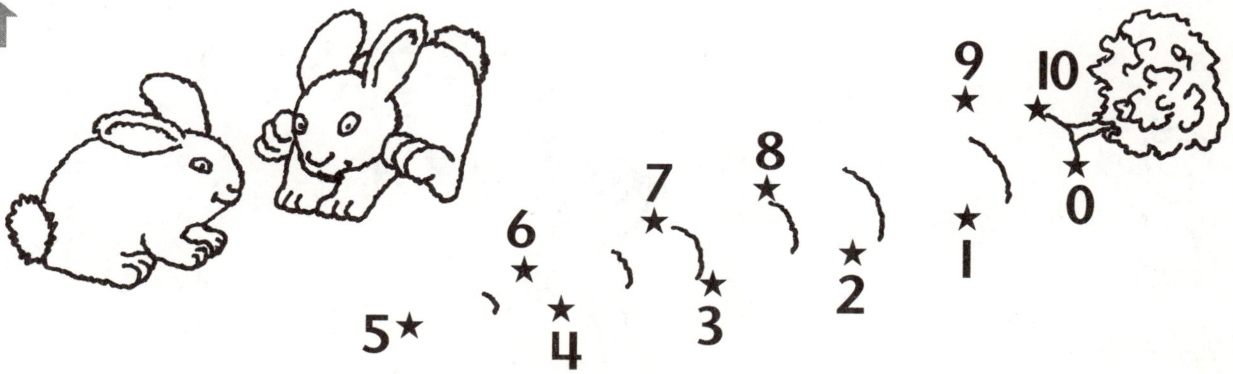

Marca con una X el grupo que tiene más.

6

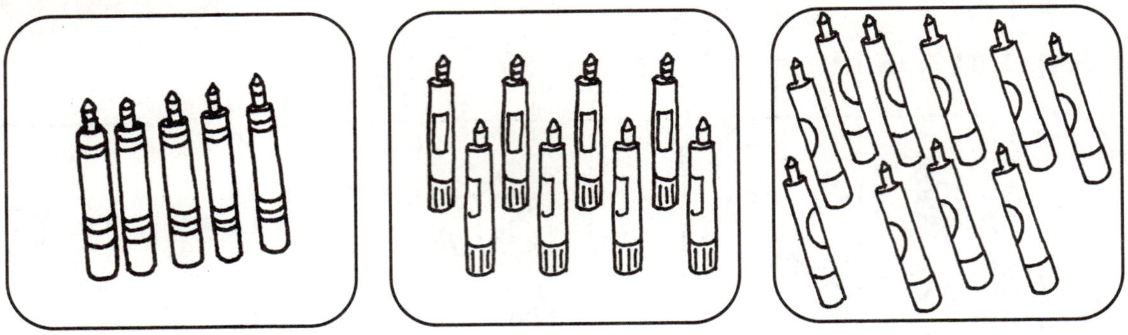

Marca con una X el grupo que tiene menos.

7

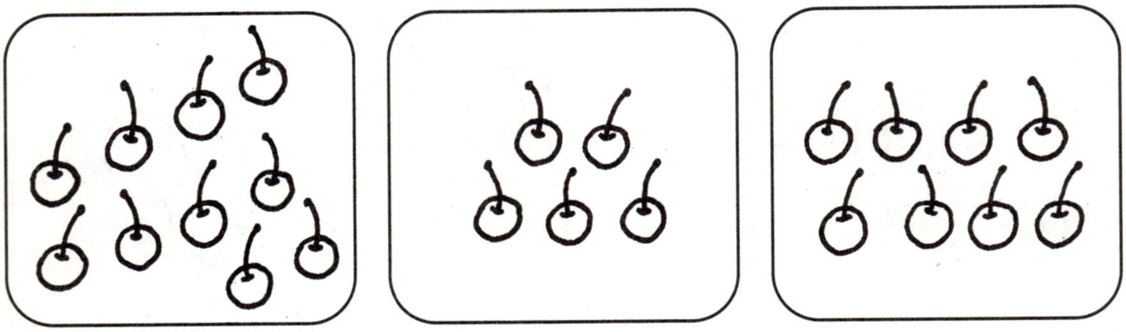

Dibuja un grupo que sea mayor que 2.

8

Resolver problemas
Razonamiento

Si cada niño recibe el mismo número de cometas, ¿cuántas cometas tendrá cada niño? Dibuja los hilos. Rodea cuántas.

9

2 3 4

Nombre ______________________________

1

○ ○ ○

2

○ ○ ○

3

○ ○

4

6 7 8 9 ___

5 8 10

○ ○ ○

5

6

7

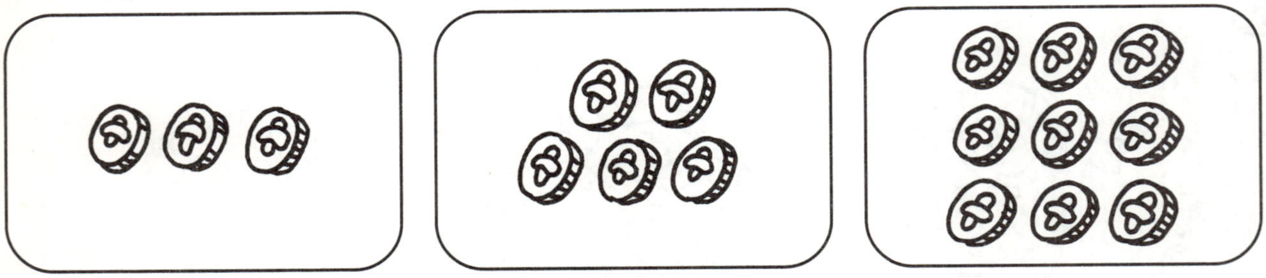

3 | 5 | 9

8

2 | 7 | 1

UNIDAD 5 • CONTENIDO

Escribir números y datos

Lección		Página
1	Prepararse para escribir números	147
2	Trazar y dibujar figuras	149
3	Contar y escribir 0, 1 y 2	151
4	Contar y escribir 3 y 4	153
5	Contar y escribir 5 y 6	155
6	Contar y escribir 7 y 8	157
7	Contar y escribir 9 y 10	159
8	Contar y escribir los números hasta 10	161
9	Aplicación de la resolución de problemas: Usa un dibujo	163
10	Reunir datos y hacer gráficas	165
11	Álgebra • Estrategia para la resolución de problemas: Halla el patrón	167
12	Escribir los números hasta 10	169
•	Repaso de la Unidad 5	171
•	Repaso acumulativo ★ Preparación para pruebas	173

Estimada familia:

Durante las semanas siguientes, en la clase de matemáticas, practicaremos cómo contar, identificar grupos y escribir los números del 0 al 10.

En casa verán tareas que sirven para practicar el conteo y la escritura de números.

Tengan en cuenta a manera de guía el siguiente ejemplo.

Identificar números

8

Escribir números

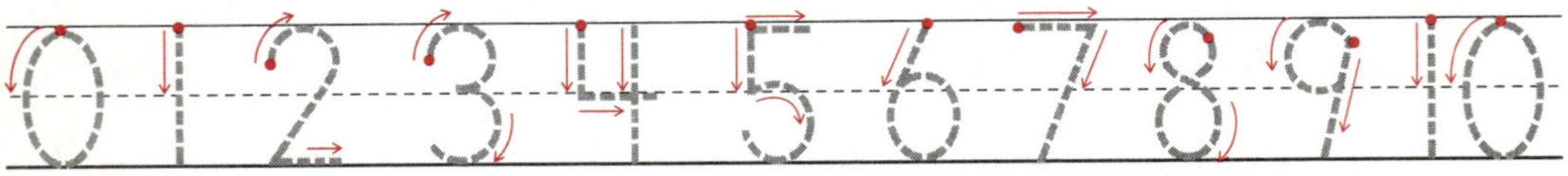

Se necesita tiempo y práctica para aprender a escribir los números de manera correcta.

Atentamente,

Nombre ______________________

Traza y dibuja.

1

2

3

4

Traza y dibuja.

1

2

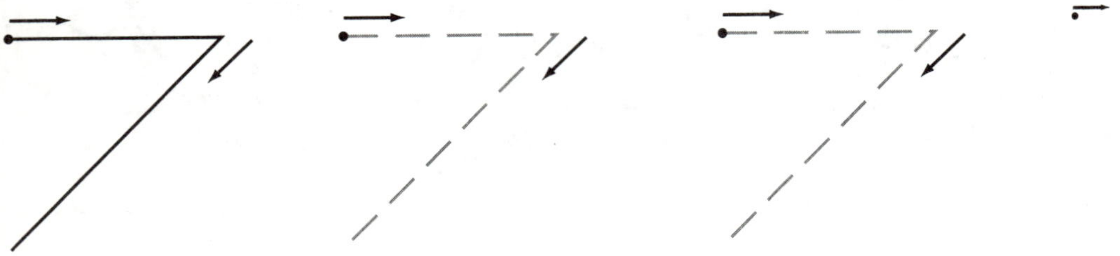

3

★ Preparación para pruebas

Marca el espacio bajo la figura que es igual a la de la casilla.

4

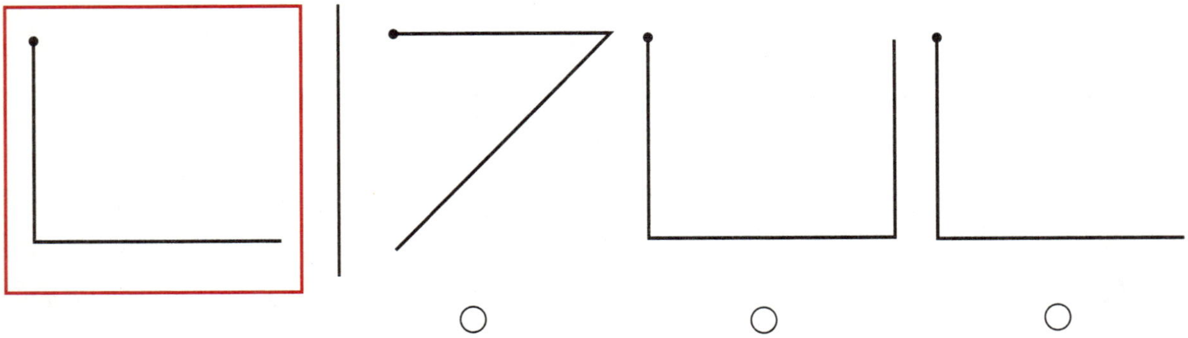

Nombre ____________________

Traza y dibuja.

1

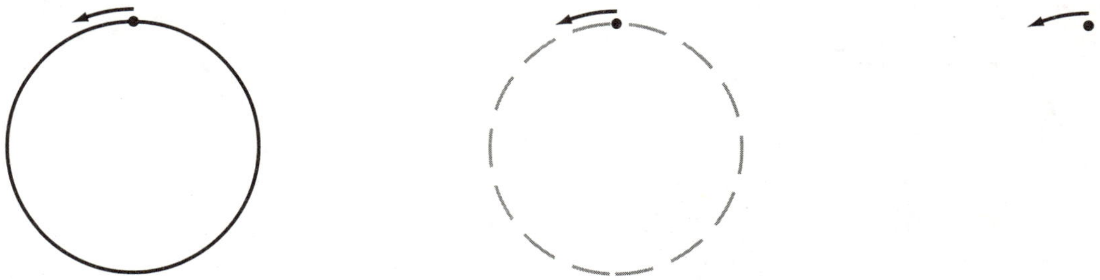

2

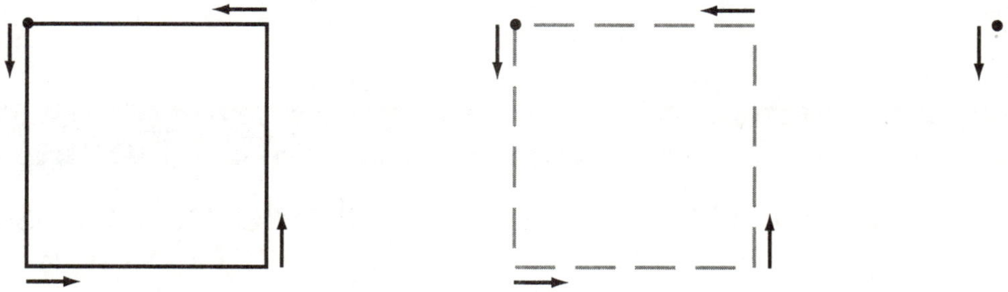

3

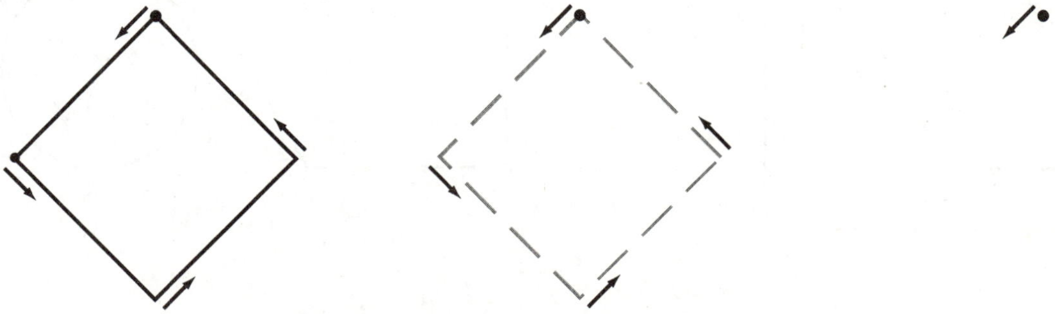

Traza y dibuja.

1

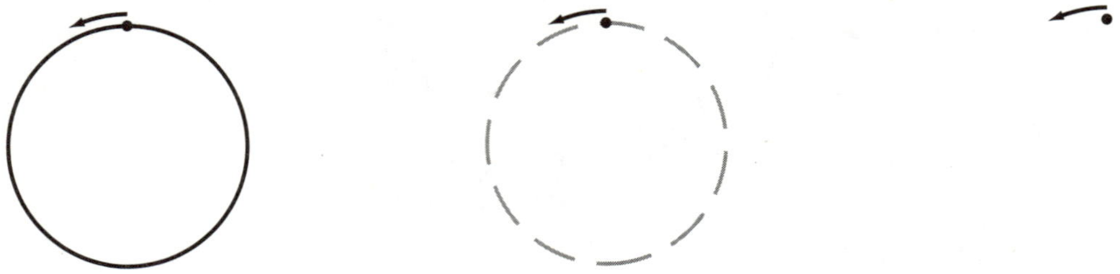

2

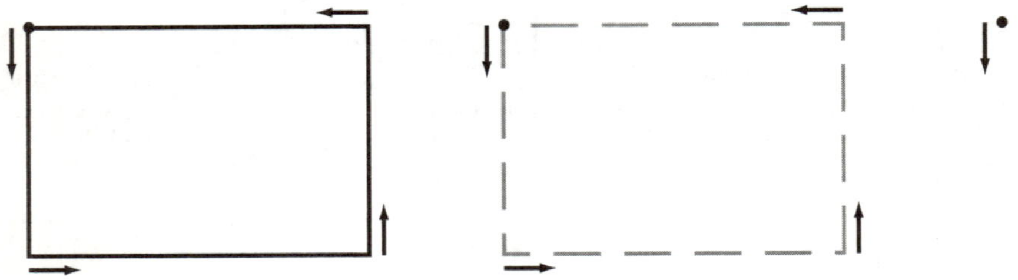

3

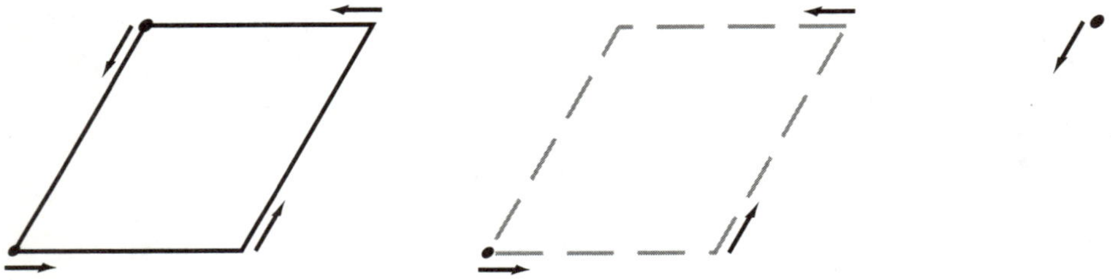

★ Preparación para pruebas

Marca el espacio bajo la figura que es igual a la de la casilla.

4

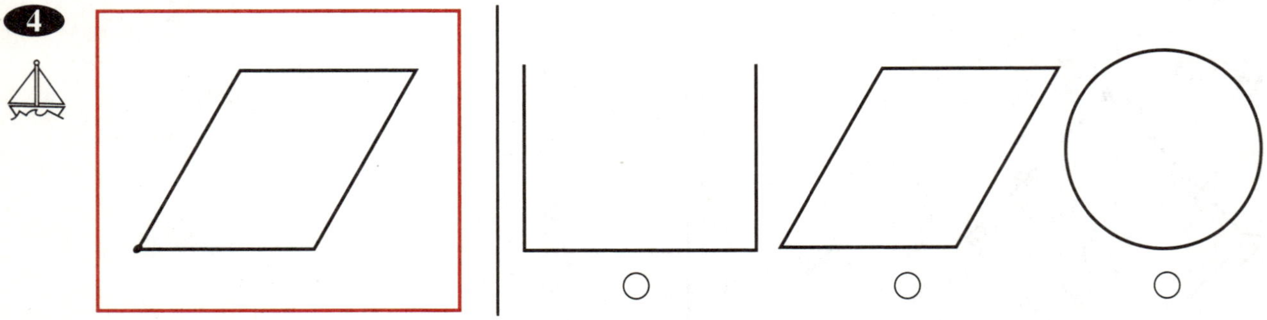

Nombre ____________________

Traza y escribe.

0

cero

1

uno

Traza y escribe.

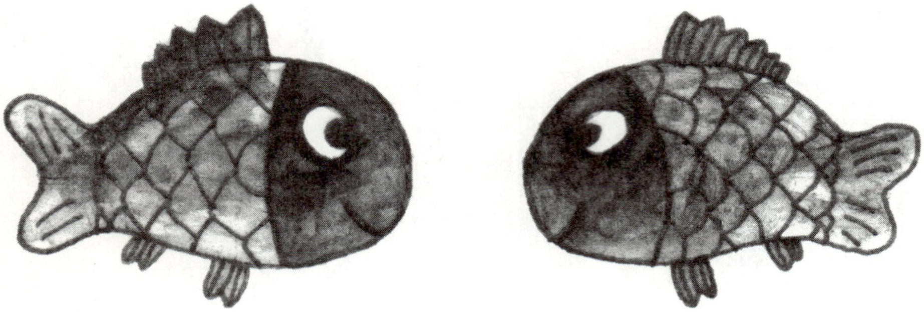

2

dos

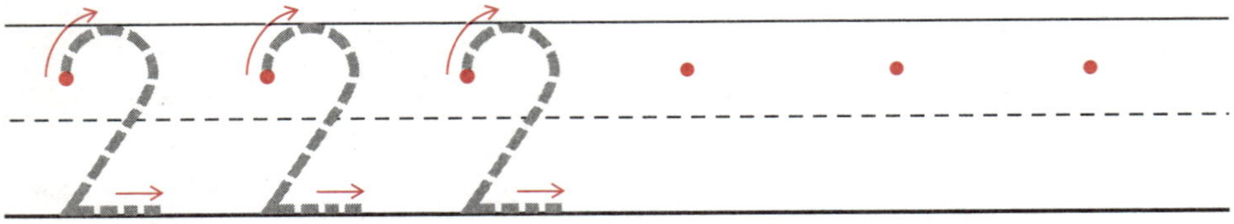

Resolver problemas
Razonamiento

Escribe los números que son menores que 2.

Verificación rápida

¿Cuántas hay?

1

2

3

Nombre ______________________________

Traza y escribe.

3

tres

3 3 3

¿Cuántos hay?

1

2

3

Traza y escribe.

4

cuatro

¿Cuántos hay?

1

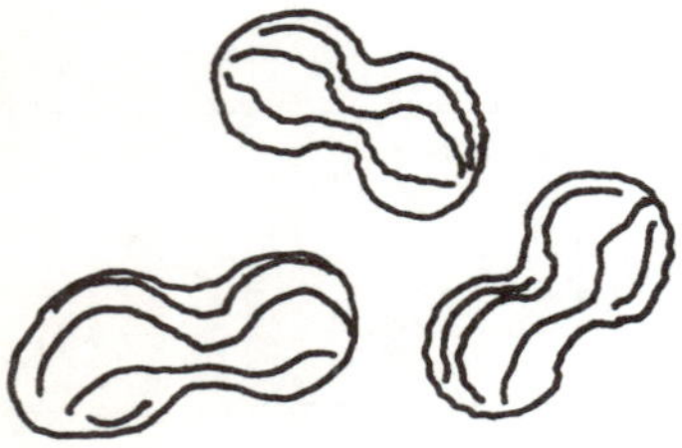

2

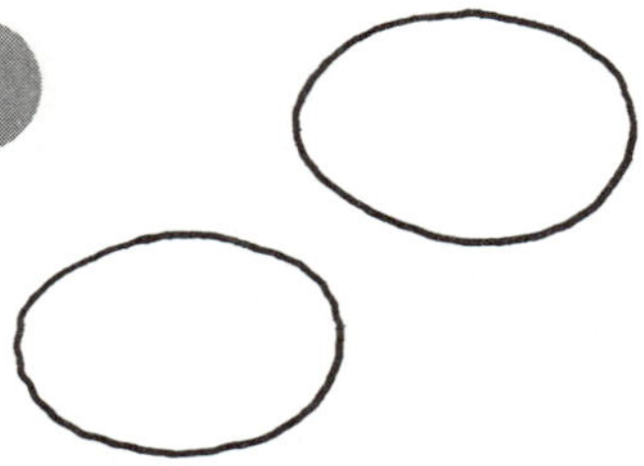

3

Resolver problemas
Razonamiento

¿Cuál tiene más, un grupo de 4 o de 3?

★ Preparación para pruebas

Marca el espacio bajo el número que dice cuántas.

4

1 ○ 2 ○ 3 ○

Nombre ____________________

Traza y escribe.

5

cinco

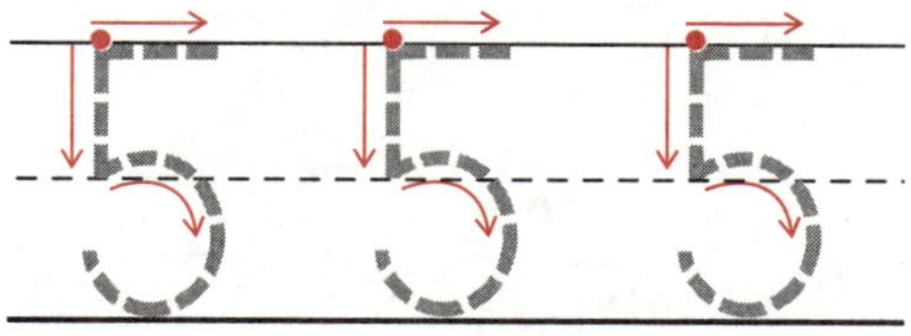

¿Cuántos hay?

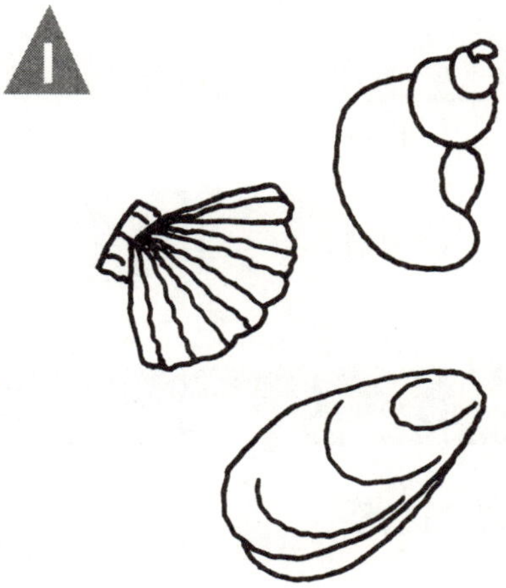

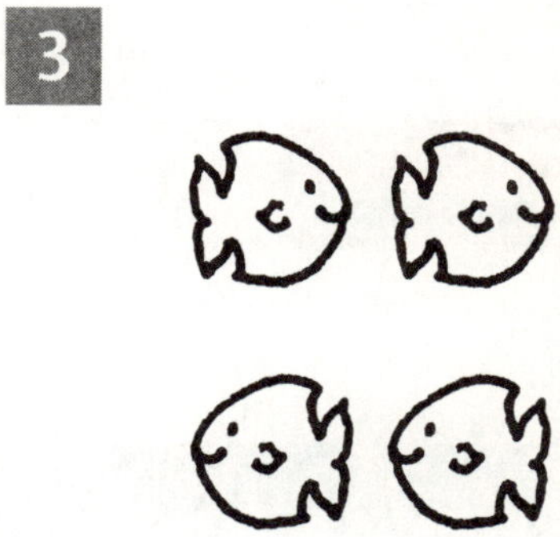

Traza y escribe.

6

seis

6 6 6

¿Cuántos hay?

1

2

3

Resolver problemas
Razonamiento

¿Cuál tiene más, un grupo de 6 o de 5?

★ Preparación para pruebas

Marca el espacio bajo el número que dice cuántos.

4

4 ○ 5 ○ 6 ○

Nombre ____________________

Traza y escribe.

7

siete

¿Cuántos hay?

1

2

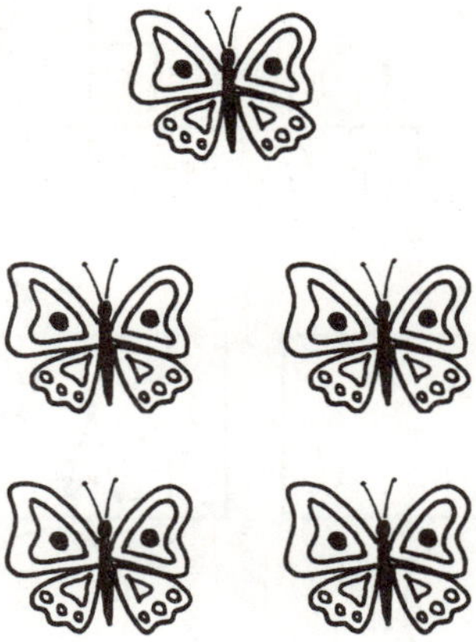

3

Traza y escribe.

8

ocho

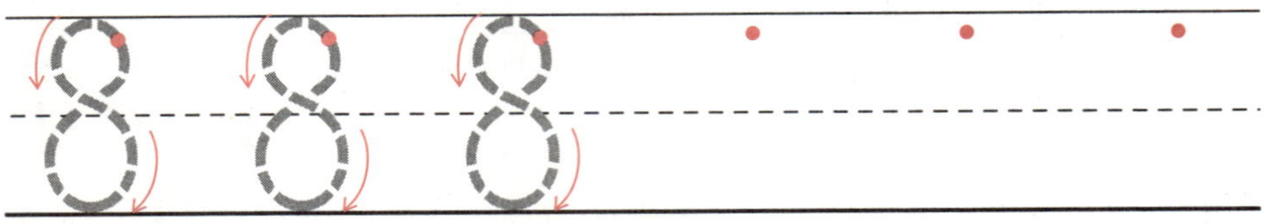

¿Cuántos hay?

1

2

Verificación rápida

Escribe cuántos hay.

3

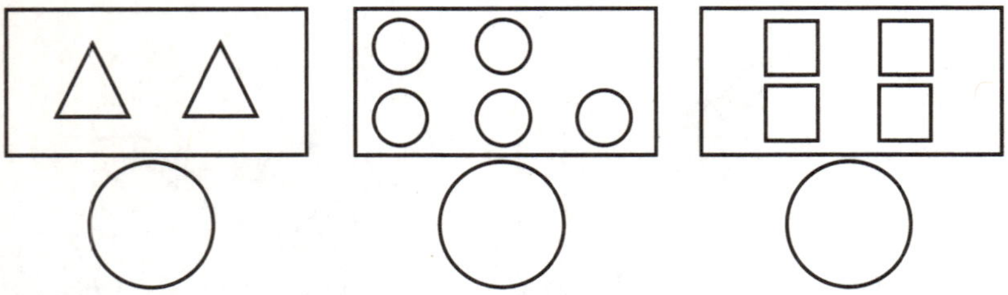

4

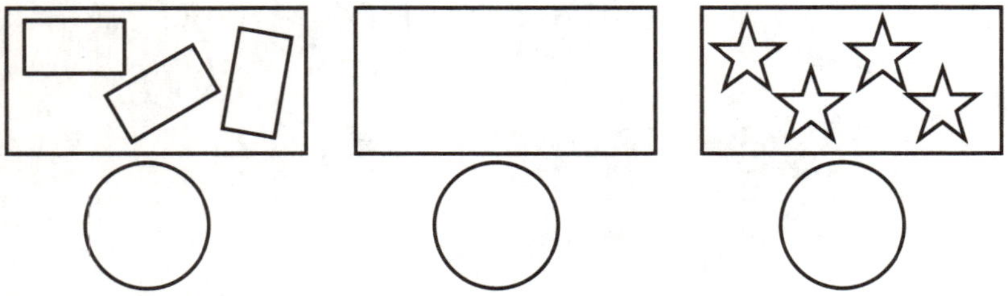

5

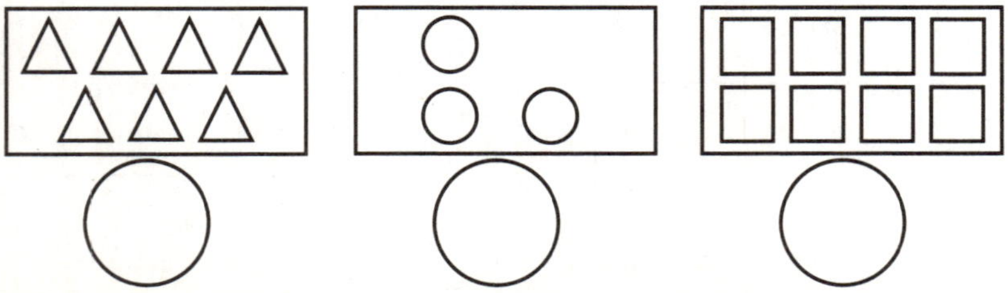

Nombre ______________________________

Traza y escribe.

nueve

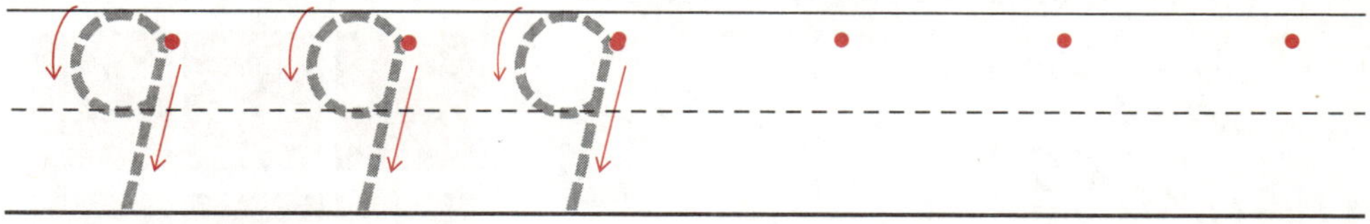

¿Cuántos hay?

1

2

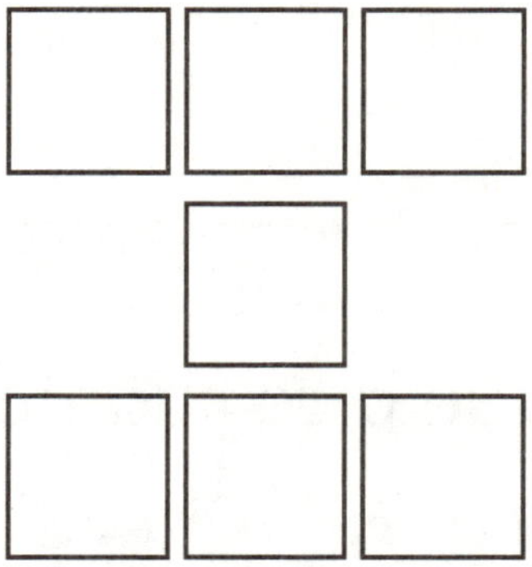

3

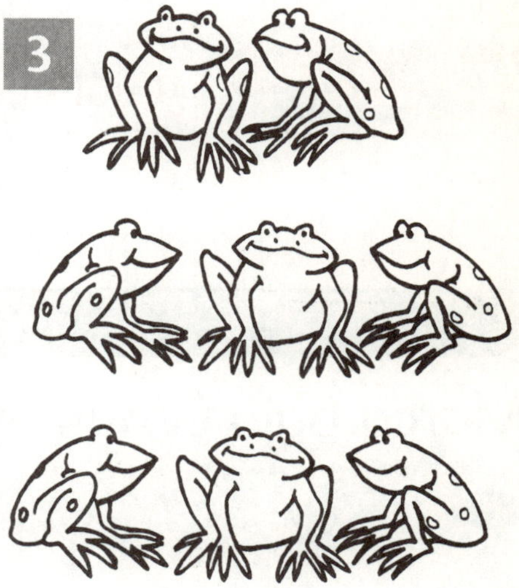

Traza y escribe.

10

diez

¿Cuántos hay?

1

2

Resolver problemas
Razonamiento

¿Cuál tiene más, un grupo de 9 o de 10?

★ Preparación para pruebas

Marca bajo el número que dice cuántos patos hay.

3

7 ○ 8 ○ 9 ○

Nombre ______________________________

¿Cuántas cuentas hay?

1

0

2

1

3

2

4

3

5

4

6

¿Cuántas cuentas hay?

1 

2 

3 

4 

5 

Resolver problemas
Razonamiento

Fíjate en el hilo de 6 cuentas del ejercicio 1. Dibuja un hilo con una más.

6

★ Preparación para pruebas

Marca bajo el número que muestra cuántos anillos hay.

7 

8 ○ 9 ○ 10 ○

Nombre ______________________________

Aplicación de la resolución de problemas: Usa un dibujo

Plan para resolver problemas
1. Compréndelo **2.** Planéalo **3.** Resuélvelo **4.** Verifícalo

Fíjate en el dibujo. Escribe el número.

Piénsalo ¿Cuántos veo de cada uno?

1. ¿Cuántos  ? 6

2. ¿Cuántos  ? ______

3. ¿Cuántos  ? ______

4. ¿Cuántos 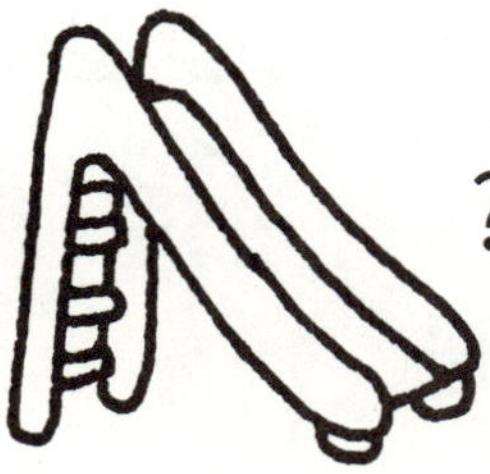 ? ______

Fíjate en el dibujo. Escribe el número.

Piénsalo ¿Cuántos veo de cada uno?

1 ¿Cuántas  ?

2 ¿Cuántos  ?

3 ¿Cuántos  ?

4 ¿Cuántos  ?

Ampliación

Di si hay más osos o más carros.

Nombre ____________________

Pide a 5 niños que voten.
Usa fichas para mostrar los votos.

Cosas que me gusta hacer

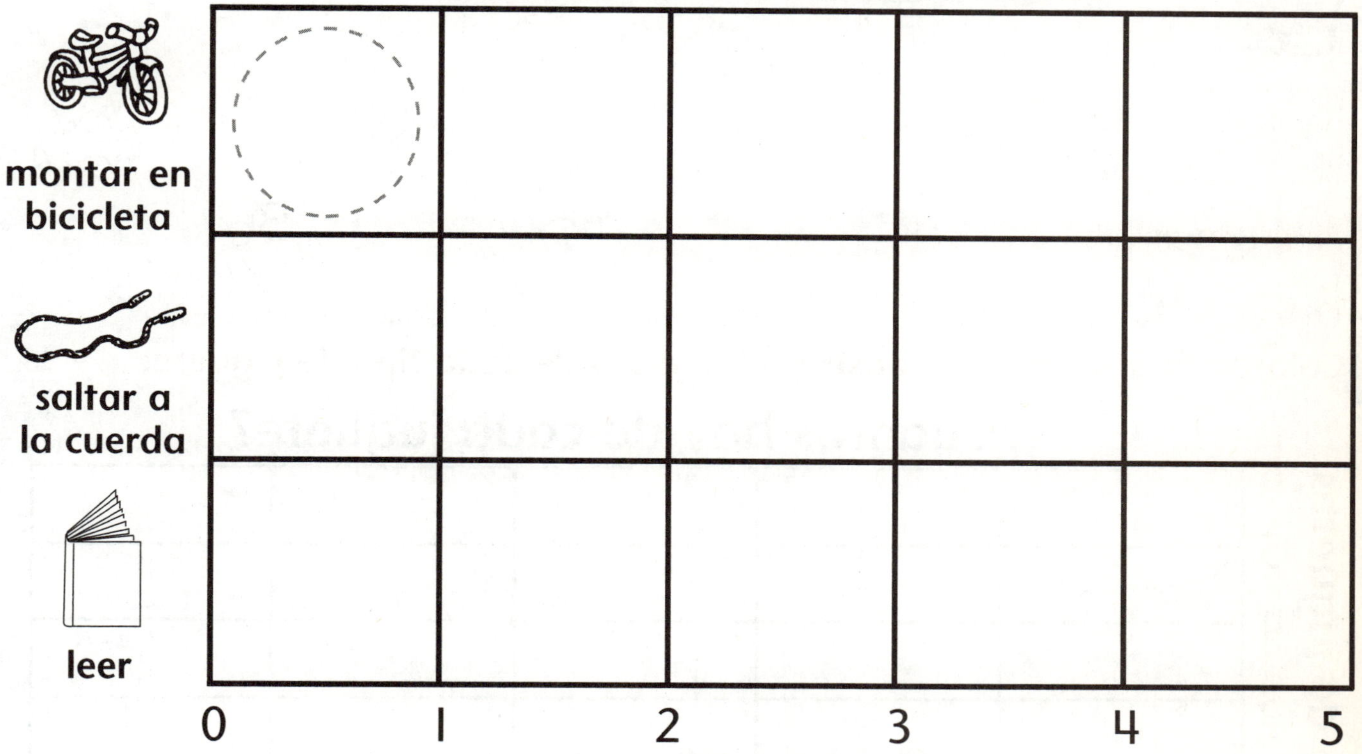

Fíjate en la gráfica.
Escribe el número de niños a los que les gusta cada actividad.

1  ______

2  ______

3  ______

Colorea la gráfica para mostrar el número de cada tipo de juguete.

¿Cuántos hay de cada juguete?

✓ Verificación rápida

¿Cuántos hay?

1

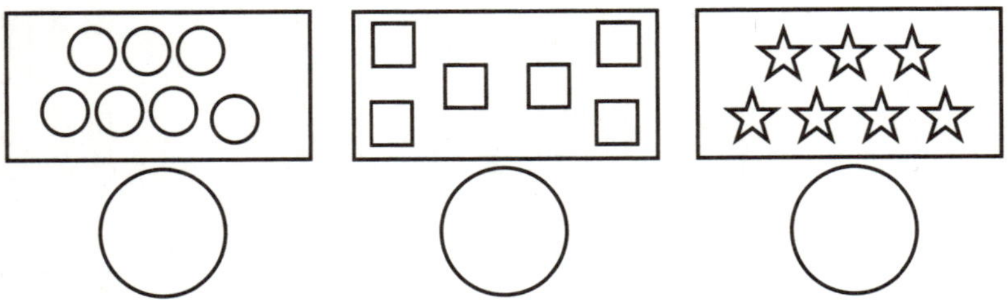

Nombre ____________________

Problema

¿Qué número y qué dibujo sigue?

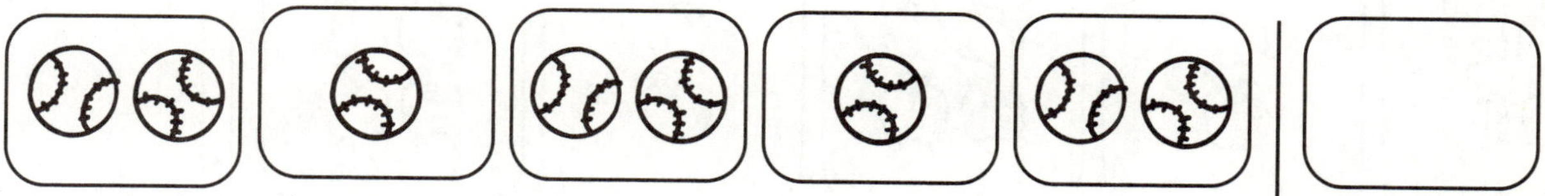

❶ **Compréndelo**

❷ **Planéalo**

❸ **Resuélvelo**

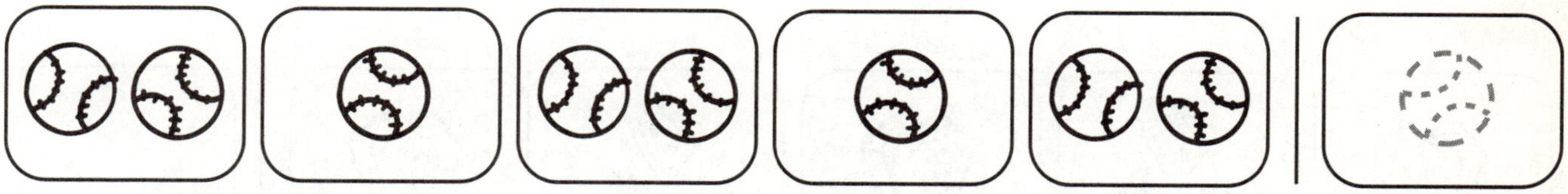

2 1 2 1 2 1

❹ **Verifícalo**

¿Qué número y qué dibujo sigue?

1

2

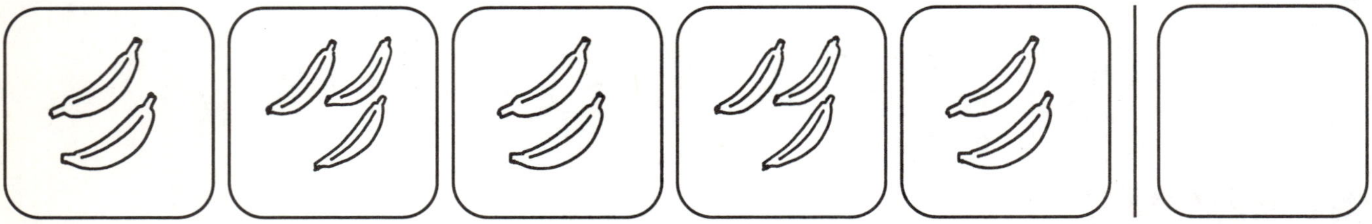

3

Di por qué tienen sentido tus respuestas.

Nombre ______________________________

¿Cuántos hay?

1

2

3

4

5

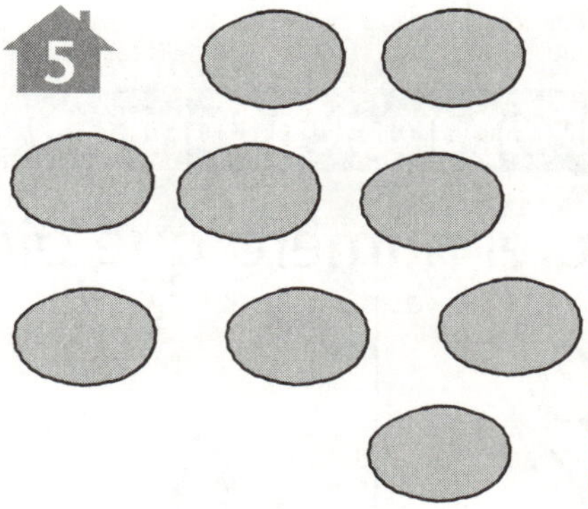

6

¿Cuántos hay?

1

2

3

4

5

6

Resolver problemas
Razonamiento

Di qué grupo de esta página tiene el número más grande. Explica cómo lo sabes.

★ Preparación para pruebas

Marca el espacio bajo el número que dice cuántas hay.

7

6	7	8
○	○	○

Nombre ____________________

¿Cuántos hay? Escribe el número.

1
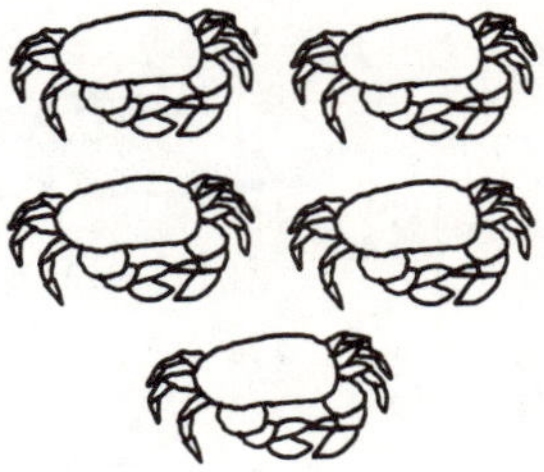

2

3

4

5

6

7

8
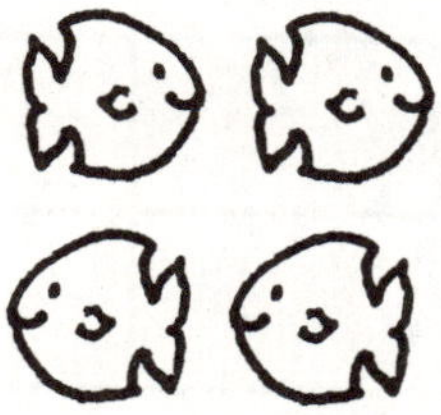

9

10

11

Resolver problemas
Razonamiento

Colorea la gráfica para mostrar el número de cada tipo de juguete.

12

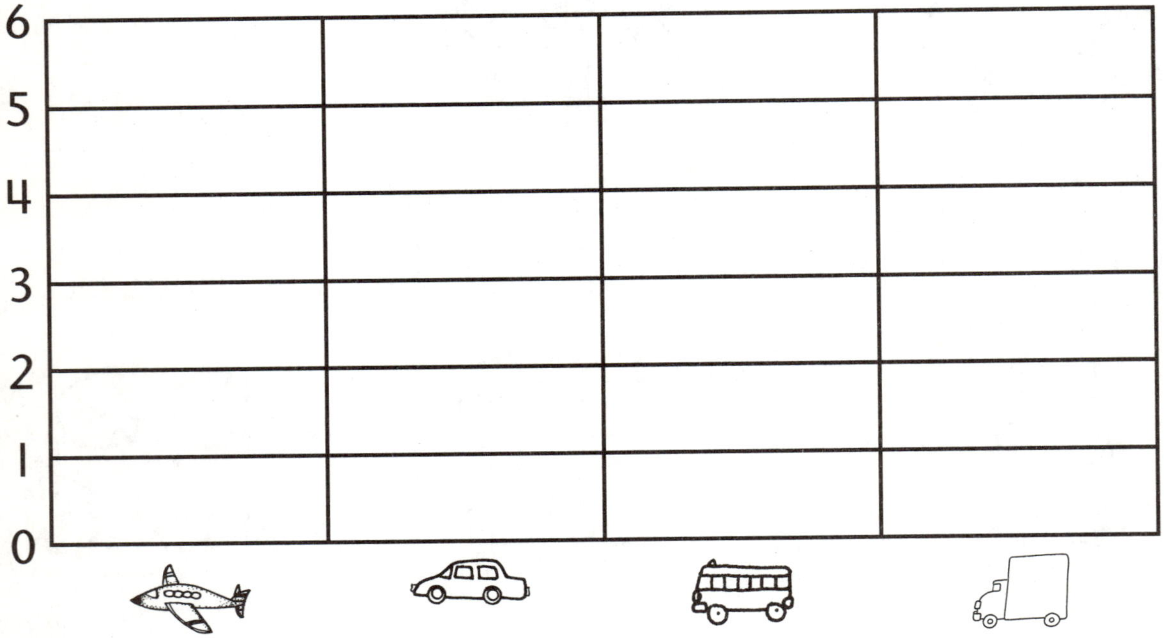

Resolver problemas
Razonamiento

Fíjate en el dibujo.
Escribe el número.

13 ¿Cuántos  ? ______

14 ¿Cuántos  ? ______

Nombre ____________________

Repaso acumulativo

★ Preparación para pruebas

1

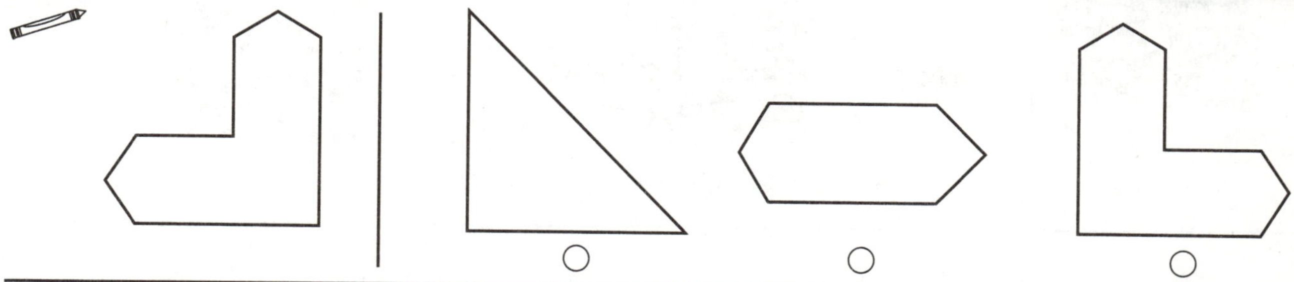

2

3

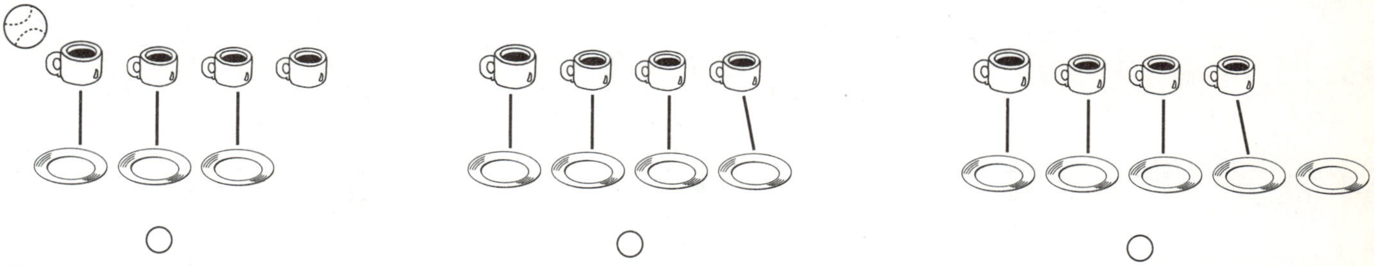

4

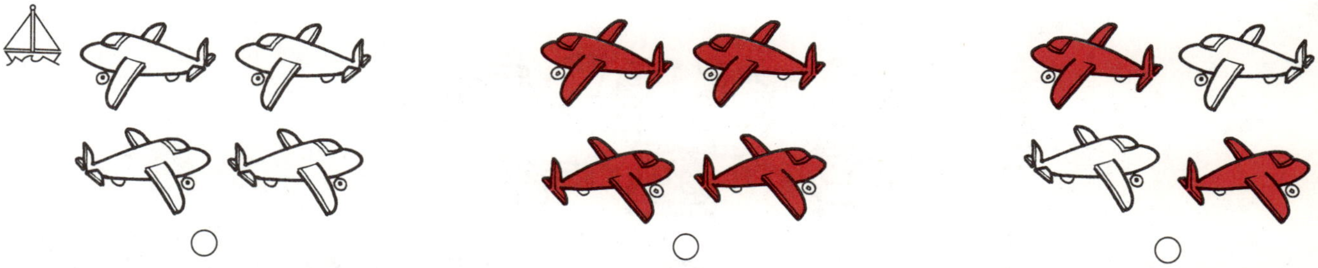

5

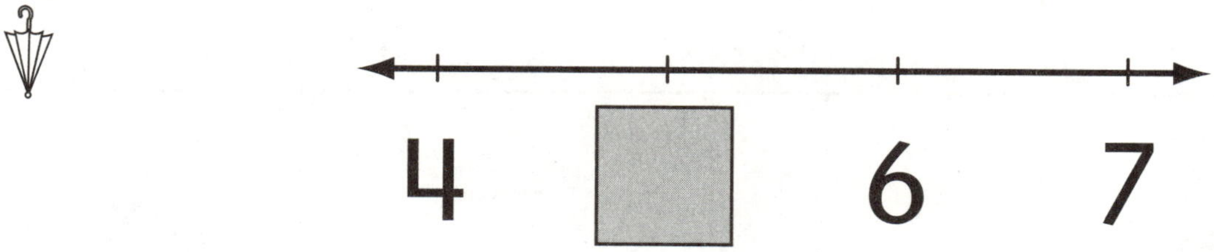

3 5 8

6

○ ○ ○

7

○ ○ ○

8

5 4 8

○ ○ ○

9

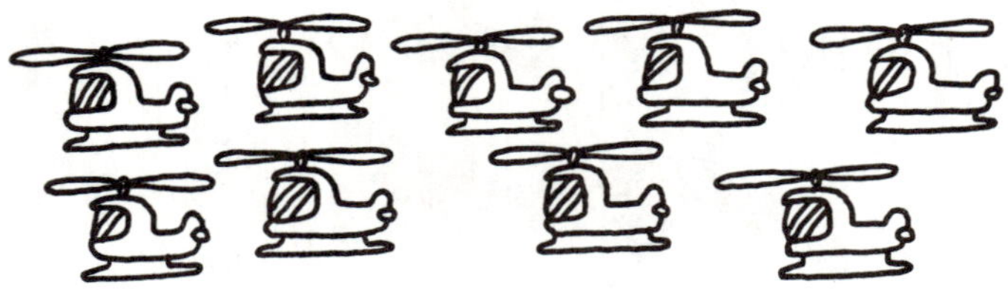

8 9 10

○ ○ ○

10

○ ○ ○

UNIDAD 6 • CONTENIDO

Prepararse para sumar y restar

Lección		Página
1	Cuentos de suma	177
2	Cuentos de suma con dibujos	179
3	Resultados de suma hasta 4	181
4	Resultados de suma hasta 7	183
5	Resultados de suma hasta 10	185
6	Álgebra • Completar enunciados de números	187
7	Cuentos de resta	189
8	Cuentos de resta con dibujos	191
9	Restar de 5 o menos	193
10	Restar de 7 o menos	195
11	Restar de 10 o menos	197
12	Estrategia para la resolución de problemas: Llévalo a la práctica	199
13	Aplicación de la resolución de problemas: Usa un dibujo	201
•	Repaso de la Unidad 6	203
•	Repaso acumulativo ★ Preparación para pruebas	205

Emplearemos el siguiente vocabulario:

sumando uno de los números que se suma en un problema de suma
más y (sumar)
resultado de la suma respuesta a un problema de suma
enunciado de números una ecuación, como
$1 + 1 = 2$ $7 - 5 = 2$
menos quitar, restar
diferencia resultado de un problema de resta

Estimada familia:

Durante las semanas siguientes, en la clase de matemáticas, aprenderemos a sumar y restar usando modelos ilustrativos o concretos para mostrar el significado de las operaciones y de los símbolos.

En casa verán tareas que sirven para practicar la unión de grupos: sumar resultados de suma hasta 10. También verán tareas sobre cómo separar grupos: restar de 10 o menos.

A medida que estudiamos la suma y la resta, tengan en cuenta a manera de guía el siguiente ejemplo.

Sumar

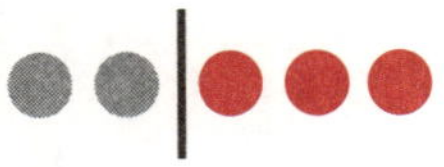

$2 + 3 = 5$

Restar

$5 - 3 = 2$

Para comprender las matemáticas es importante saber cómo y cuándo sumar y restar.

Atentamente,

Escucha el cuento de números.
Llévalo a la práctica con fichas.
Escribe la respuesta.

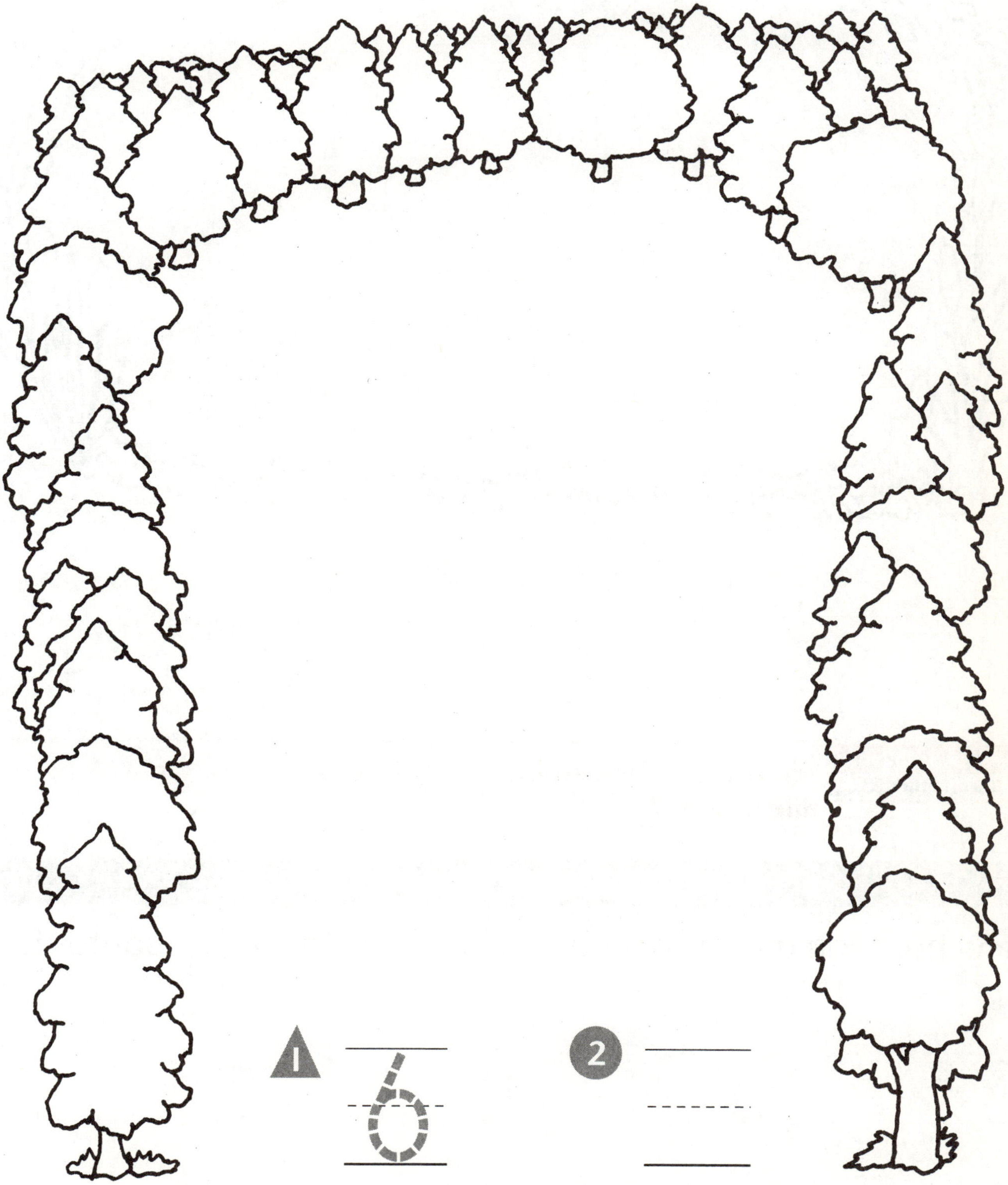

1 6

2 ____

Escucha el cuento de números.
Llévalo a la práctica con fichas.
Escribe la respuesta.

1 ______

2 ______

Resolver problemas
Razonamiento

¿En qué se parecen los cuentos de números? ¿En qué se diferencian?

★ Preparación para pruebas

Escucha. Marca el espacio bajo el número que dice cuántos hay.

3

3	4	5
○	○	○

Nombre ____________________

¿Cuántos hay en total?

1

3 3

6

2

8 2

____

3

4 2

____

4

4 3

____

¿Cuántos hay en total?

1

5 4

2

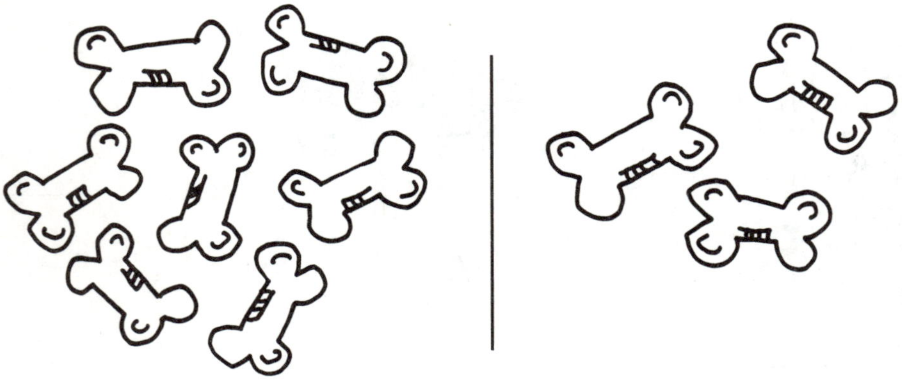

7 3

★ Preparación para pruebas

Marca el espacio bajo el número que dice cuántos hay en total.

3

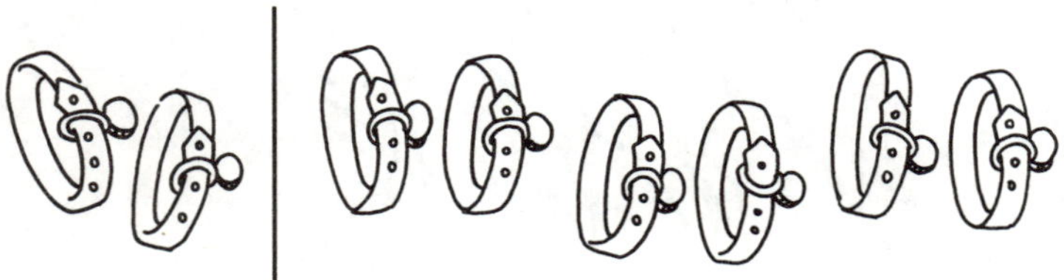

2 6

6 ○ 7 ○ 8 ○

Nombre ________________________________

Resultados de suma hasta 4

2 y 2 es 4.

2 más 2 es igual a 4.

$2 + 2 = 4$

¿Cuántos hay en total?

1

$1 + 1 =$ ____

2

$4 + 0 =$ ____

3

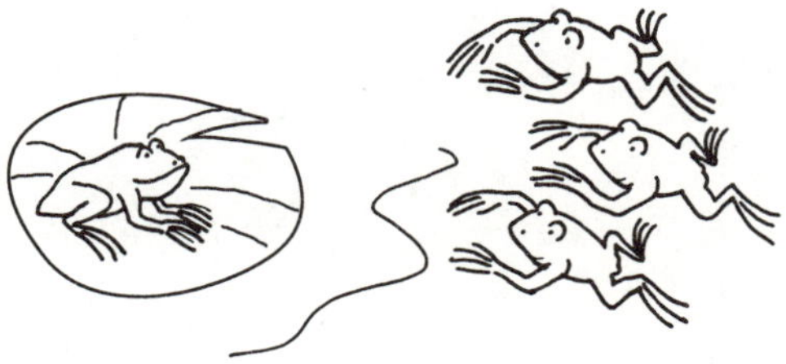

$1 + 3 =$ ____

4

$0 + 1 =$ ____

¿Cuántos hay en total?

1

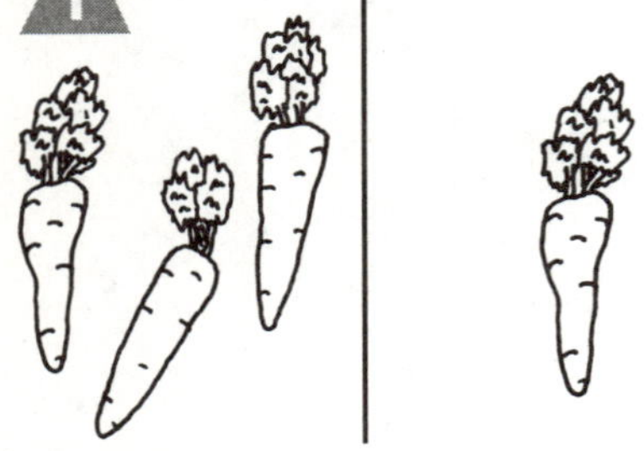

3 + 1 = 4

2

1 + 0 = ____

3

2 + 2 = ____

4

2 + 1 = ____

Verificación rápida

¿Cuántos hay en total?

5

3 4 ____

6

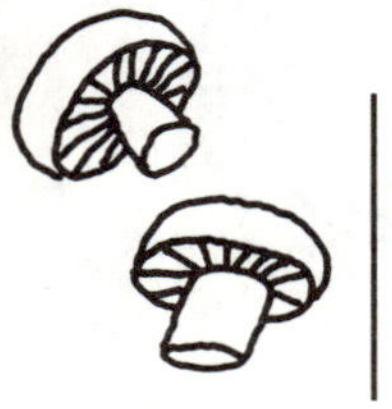

2 + 0 = ____

Nombre ____________________

$$5 + 2 = 7$$

¿Cuántos hay en total?

1

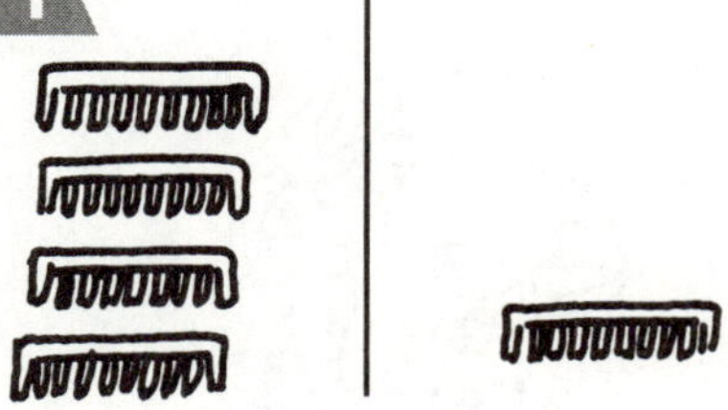

$4 + 1 = 5$

2

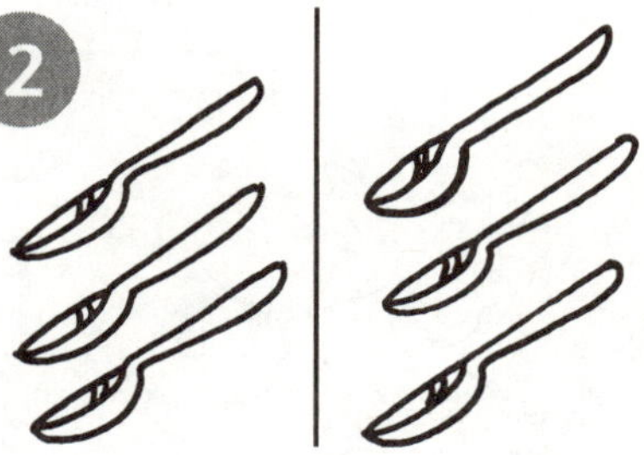

$3 + 3 = 6$

3

$2 + 4 =$ ____

4

$6 + 1 =$ ____

5

$2 + 5 =$ ____

6

$3 + 2 =$ ____

¿Cuántos hay en total?

1

$5 + 1 = 6$

2

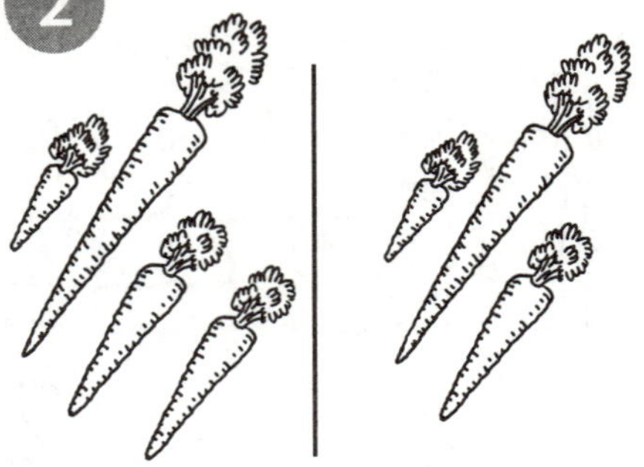

$4 + 3 =$ ____

3

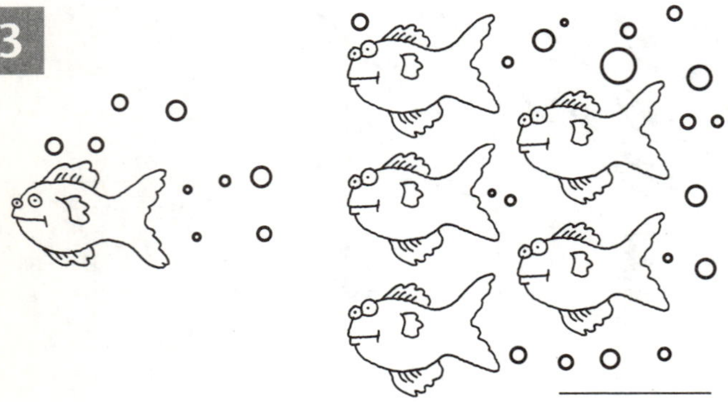

$1 + 5 =$ ____

4

$1 + 4 =$ ____

★ Preparación para pruebas

Marca el espacio bajo el número que dice cuántos hay en total.

5

$4 + 2 = \square$

4 ○ 5 ○ 6 ○

Nombre ______________________

Resultados de suma hasta 10

¿Cuántos hay en total?

1

4 + 4 = 8

2

3 + 4 = 7

3

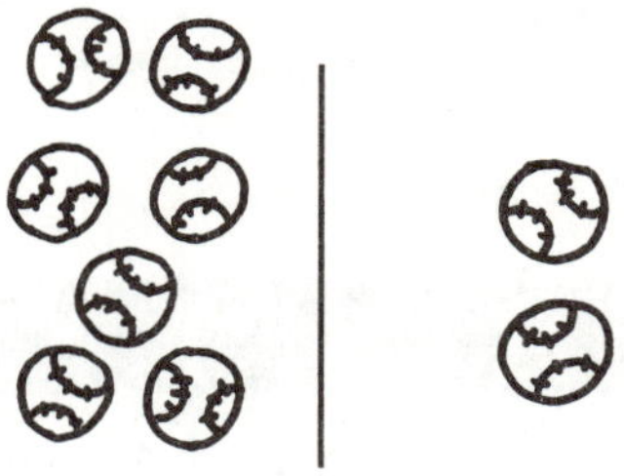

7 + 2 = ____

4

1 + 7 = ____

5

9 + 1 = ____

6

4 + 2 = ____

¿Cuántos hay en total?

1

7 + 3 = 10

2

1 + 8 = ____

3

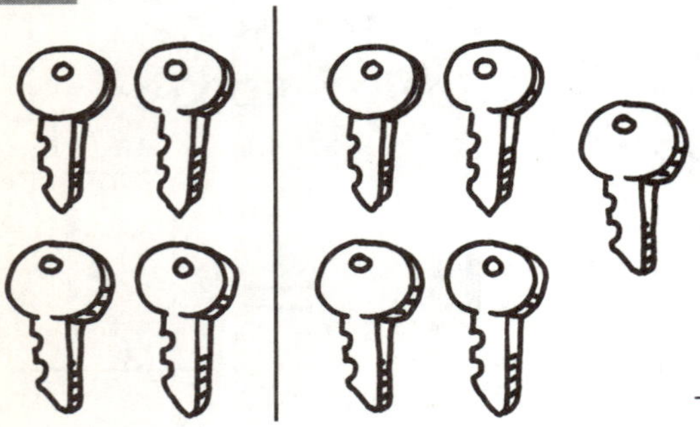

4 + 5 = ____

4

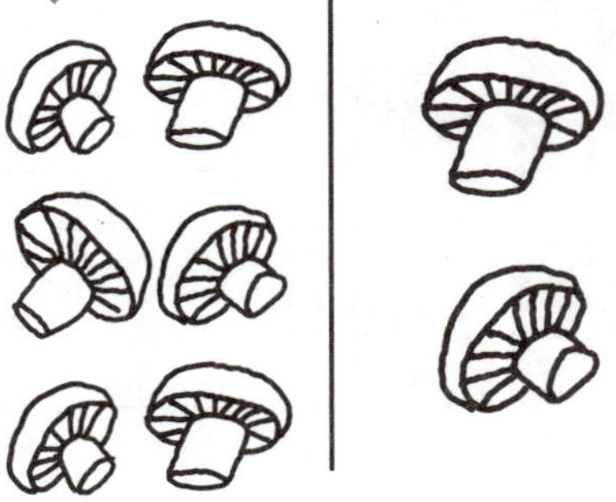

6 + 2 = ____

★ Preparación para pruebas

Marca el espacio bajo el número que dice cuántos hay en total.

5

8 + 2 = □

8 ○ 9 ○ 10 ○

Nombre ______________________________

¿Cuántos hay en total?

1

3 + 2 = 5

2

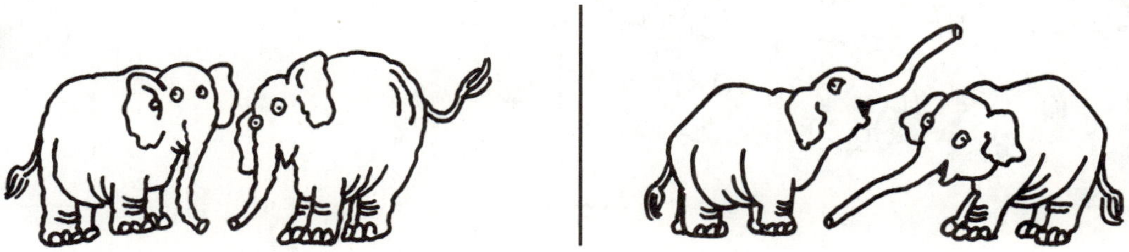

___ + ___ = ___

3

___ + ___ = ___

4

___ + ___ = ___

¿Cuántos hay en total?

1

3 + 4 = ____

2

____ + ____ = ____

Resolver problemas
Razonamiento

Di en qué se parecen los ejercicios 1 y 2.

Verificación rápida

Completa.

3

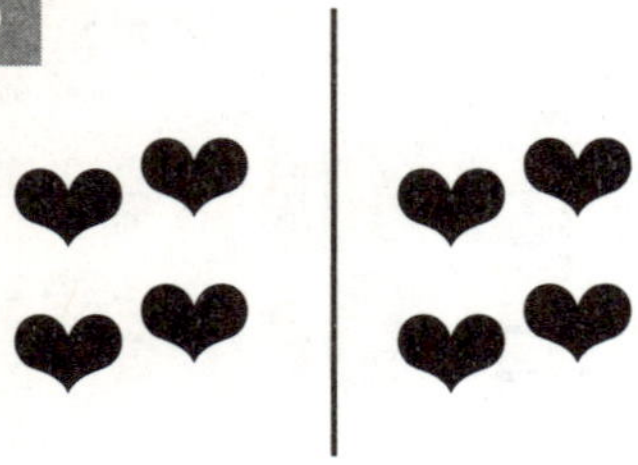

4 + 4 = ____

4

____ + ____ = ____

Escucha el cuento.
Usa fichas para llevarlo a la práctica.
Escribe la respuesta.

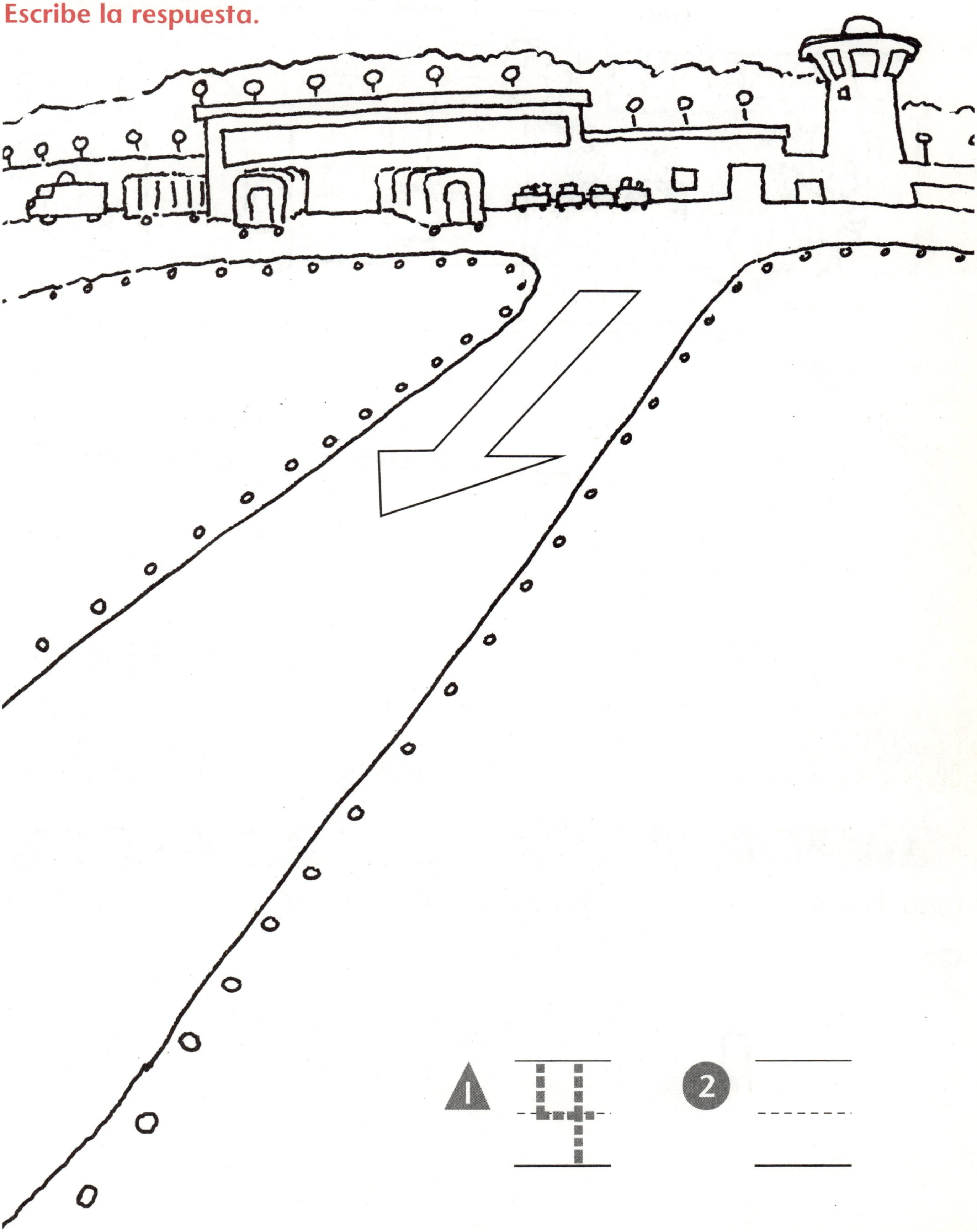

1 4

2 ____

Escucha el cuento.
Usa fichas para llevarlo a la práctica.

1 ______

2 ______

Resolver problemas
Razonamiento

¿En qué se parecen los cuentos de números?

★ Preparación para pruebas

Escucha. Marca el espacio bajo el número que dice cuántos hay.

3

0	1	2
○	○	○

Nombre ____________________

¿Cuántos quedan?

1

2

2

3

¿Cuántos quedan?

1

2

★ Preparación para pruebas

Marca el espacio bajo el número que dice cuántos quedan.

3

4 ○ 5 ○ 6 ○

2 quitas 1 es 1.

2 menos 1 es igual a 1.

$2 - 1 = 1$

¿Cuántos quedan?

1

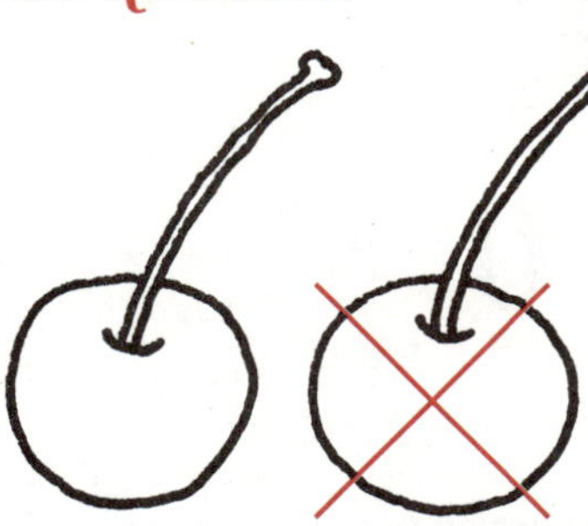

$2 - 1 = 1$

2

$2 - 2 =$ ____

3

$3 - 1 =$ ____

4

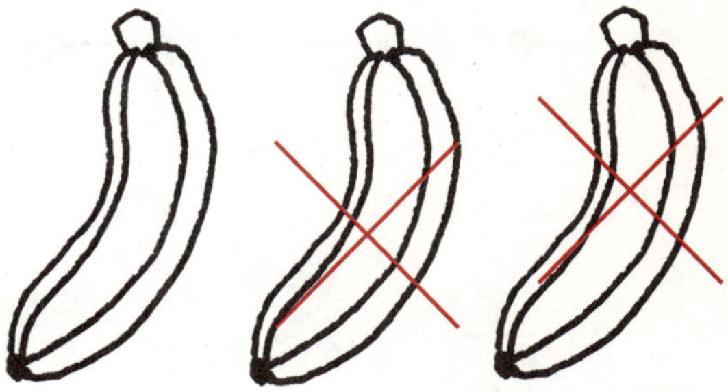

$3 - 2 =$ ____

¿Cuántos quedan?
Pon X como ayuda.

1

1 − 1 = 0

2

3 − 1 = ____

3

4 − 3 = ____

4

2 − 0 = ____

Verificación rápida

¿Cuántos quedan?

5

____

6

4 − 2 = ____

¿Cuántos quedan?
Pon X como ayuda.

1

$5 - 4 = 1$

2

$7 - 3 =$ ____

3

$6 - 2 =$ ____

4

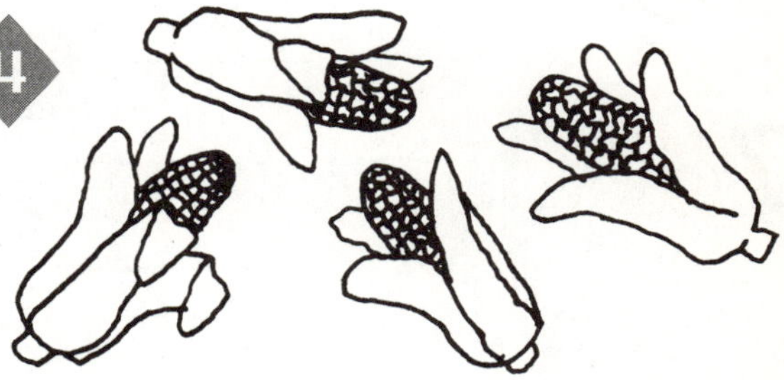

$4 - 1 =$ ____

5

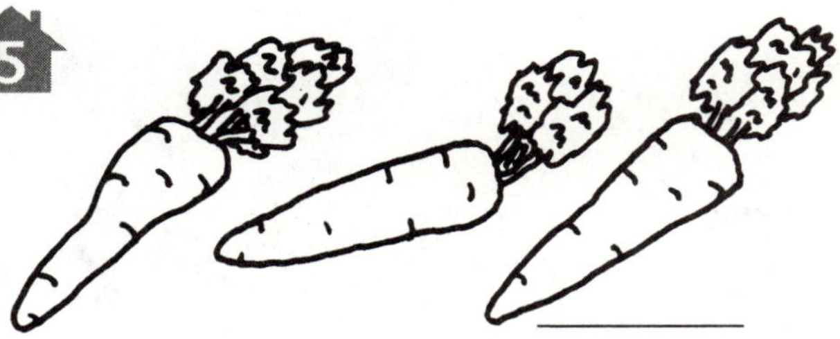

$3 - 2 =$ ____

6

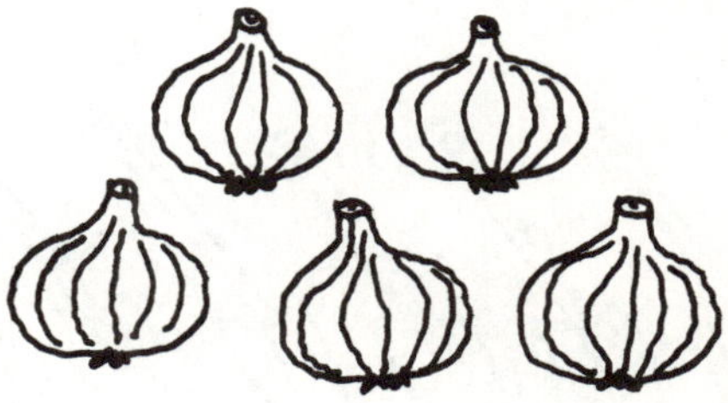

$5 - 3 =$ ____

¿Cuántos quedan?
Pon X como ayuda.

1

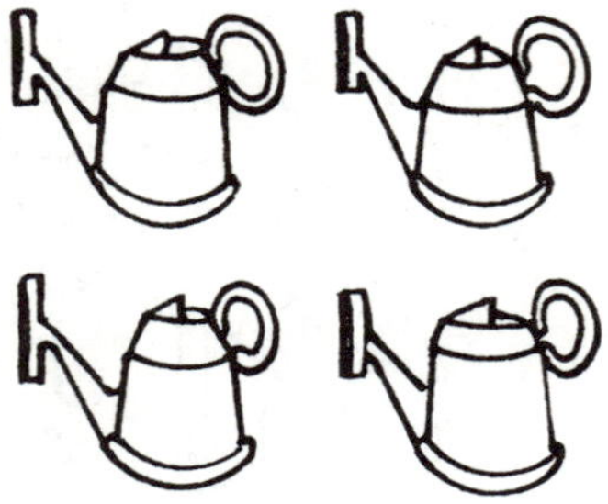

$4 - 3 = $ ___

2

$6 - 3 = $ ___

3

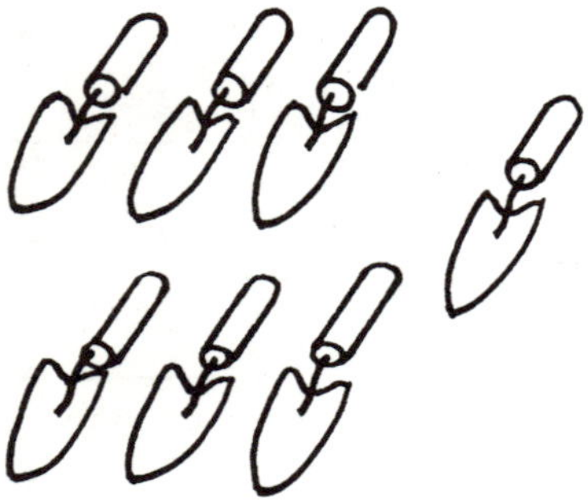

$7 - 1 = $ ___

4

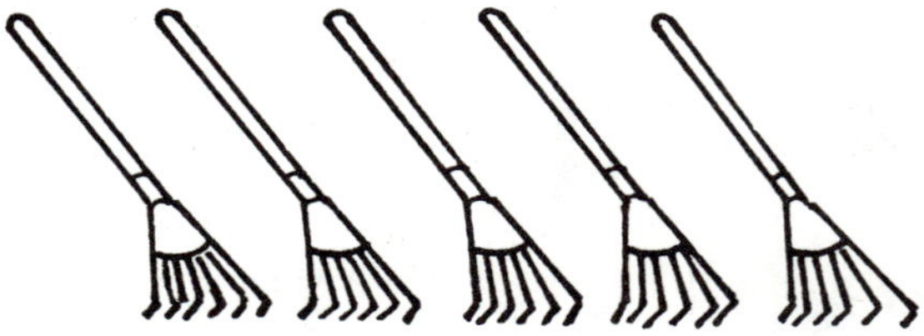

$5 - 2 = $ ___

★ Preparación para pruebas

Marca el espacio bajo el número que dice cuántas quedan.

5

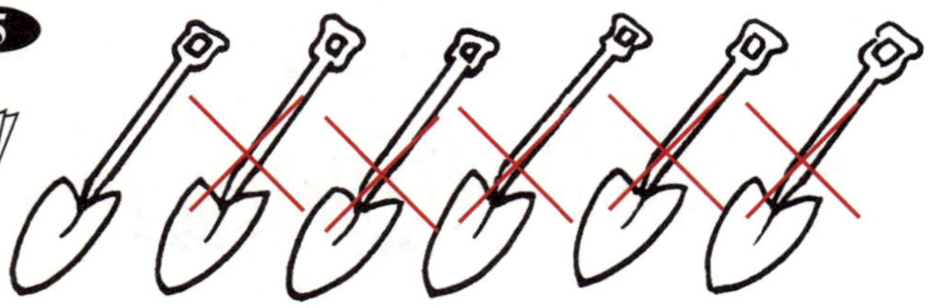

$6 - 5 = \square$

0 ○   1 ○   2 ○

Nombre ______________________________ **Restar de 10 o menos**

¿Cuántas quedan?

1

$7 - 4 = 3$

2

$5 - 4 =$ ____

3

$10 - 5 =$ ____

4

$8 - 5 =$ ____

5

$9 - 5 =$ ____

6

$6 - 1 =$ ____

¿Cuántos quedan?

1

$9 - 7 =$ ____

2

$8 - 7 =$ ____

3

$7 - 7 =$ ____

4

$10 - 3 =$ ____

★ Preparación para pruebas

Marca el espacio bajo el número que dice cuántas quedan.

5

$8 - 4 =$ ☐

2 ○ 3 ○ 4 ○

Nombre ______________________________

Estrategia para la resolución de problemas: Llévalo a la práctica

Escucha el cuento.
Usa los recortables para llevarlo a la práctica.

1. **Compréndelo**
2. **Planéalo**
3. **Resuélvelo**

   ______ niños

4. **Verifícalo**

Usa los recortables. Escucha el cuento. Usa la estrategia Llévalo a la práctica, para resolver el problema.

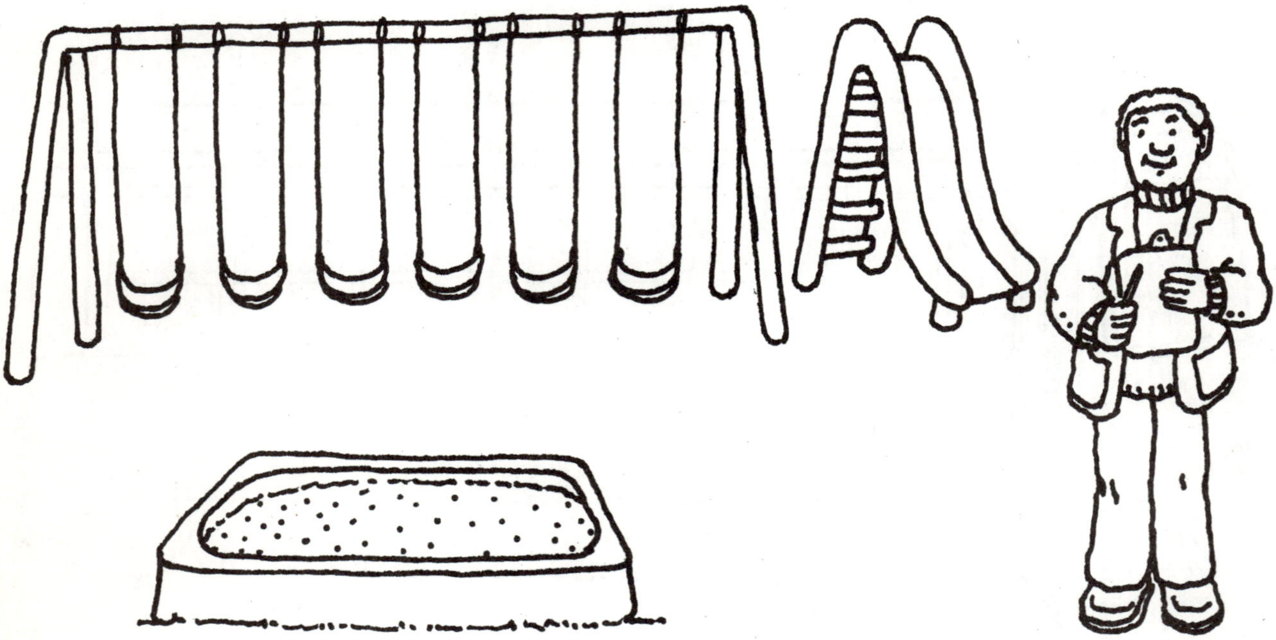

1

______

\- - - - - - -

______ niños

2

______

\- - - - - - -

______ niños

3

______

\- - - - - - -

______ niños

Nombre ____________________

Plan para resolver problemas			
1. Compréndelo	2. Planéalo	3. Resuélvelo	4. Verifícalo

Fíjate en el dibujo.
Resuelve.

Piénsalo ¿Cuántos hay? Escribe los números.

1

2  en el .

1  en el .

____  en total.

2

____  comen .

____  comen .

____  en total.

Fíjate en el dibujo. Escribe los números.

Piénsalo ¿Cuántos hay?

1

_______  en total.

_______  salen volando.

_______  quedan.

Ampliación

Fíjate en el dibujo.
Rodea el enunciado de números que va con el dibujo.

2 $4 + 2 = 6$ $6 - 2 = 4$

Nombre ____________________

Repaso de la Unidad 6

Escucha el cuento. Llévalo a la práctica con fichas. Escribe la respuesta.

1

____

Escribe los números.

2

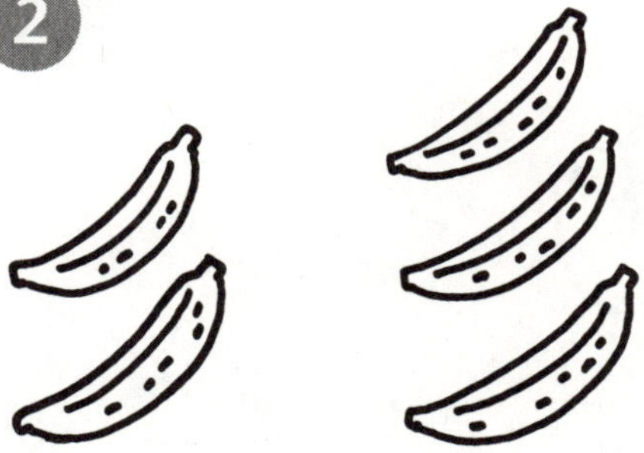

2 + 3 = ____

3

5 + 3 = ____

4

____ + ____ = ____

Escribe los números.

5

$3 - 1 =$ ____

6

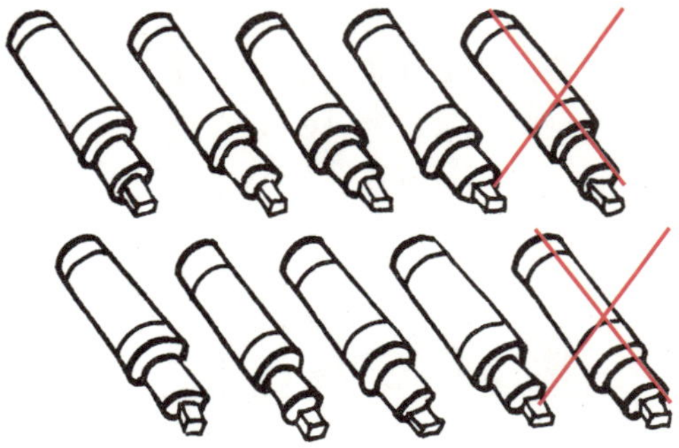

$10 - 2 =$ ____

7

$4 - 1 =$ ____

Resolver problemas
Razonamiento

Escucha el cuento. Llévalo a la práctica con fichas.
Escribe la respuesta.

8

____ abejas

Nombre ______________________________

Repaso acumulativo

★ Preparación para pruebas

1

2

3

4

7	8	

4　　5　　9

5

○ ○ ○

6

6

○ ○ ○

7

3 4 □ 6

3 5 7

○ ○ ○

8

6 + 4 = □

8 9 10

○ ○ ○

9

3 − 2 = □

1 2 3

○ ○ ○

UNIDAD 7 • CONTENIDO

Tiempo, dinero, medición y fracciones

Lección		Página
1	Mañana, tarde y noche	209
2	Ordenar sucesos	211
3	Aplicación de la resolución de problemas: Usa un dibujo	213
4	La hora en punto	215
5	Relojes digitales	217
6	Relacionar sucesos con la hora	219
7	Días de la semana	220
8	Moneda de un centavo	221
9	Moneda de cinco centavos	223
10	Moneda de diez centavos	225
11	Medir la longitud	227
12	Estrategia para la resolución de problemas: Calcula y comprueba	229
13	Medir la longitud y la altura	231
14	Más liviano, más pesado	233
15	Contiene más, contiene menos	235
16	Partes iguales	237
17	Un medio	239
•	Repaso de la Unidad 7	241
•	Repaso acumulativo ★ Preparación para pruebas	243

Emplearemos el siguiente vocabulario:

en punto a la hora exacta
moneda de un centavo 1 centavo
moneda de cinco centavos 5 centavos
moneda de diez centavos 10 centavos
más pesado y **más liviano** para comparar el peso de los objetos
contiene más y **contiene menos** para comparar la capacidad de los recipientes
medio una de las dos partes iguales de un entero

Estimada familia:

Durante las semanas siguientes, en la clase de matemáticas, estudiaremos el tiempo, el dinero, la medición y las fracciones.

En casa verán tareas que sirven para reconocer la hora en punto; identificar monedas de uno, de cinco y de diez centavos; comparar la longitud y altura de objetos; comparar el peso y la capacidad de recipientes; e identificar un tipo de fracción: un medio.

Tengan en cuenta a manera de guía el siguiente ejemplo.

Tiempo

Dinero

moneda de un centavo

moneda de cinco centavos

moneda de diez centavos

Será muy beneficioso para los niños si practican en casa cómo decir la hora en punto y cómo identificar monedas de uno, de cinco y de diez centavos.

Atentamente,

Nombre ______________________________

Haz un dibujo.
Muestra lo que haces a esa hora del día.

1

Mañana

2

Tarde

Haz un dibujo.
Muestra lo que haces a esa hora del día.

1

Noche

★ Preparación para pruebas

Escucha. Marca bajo la palabra que responde a la pregunta.

2

mañana	tarde	noche
○	○	○

3

mañana	tarde	noche
○	○	○

Nombre ____________________

Escribe 1, 2 ó 3.

1

3 2 1

2

3

Escribe 1, 2 ó 3.

1

2

Resolver problemas
Razonamiento

Fíjate en el ejercicio 2. Di lo que podría ocurrir a continuación.

★ Preparación para pruebas

Marca el espacio bajo el dibujo que muestra lo que ocurrirá al final.

3

○ ○ ○

Nombre ____

Plan para resolver problemas			
1. Compréndelo	2. Planéalo	3. Resuélvelo	4. Verifícalo

Rodea lo que toma más tiempo.

Piénsalo ¿Qué toma más tiempo?

1

2

3

¿Qué toma menos tiempo?
Rodéalo.

1

2

Ampliación

Dibuja alguna cosa que toma más tiempo que cepillarte los dientes.

Nombre ______________________________

¿Qué hora es?

9 en punto

1

3 en punto

2

____ en punto

3

____ en punto

4

____ en punto

5

____ en punto

6

____ en punto

¿Qué hora es?

1  2:00

2  ___:00

3  ___:00

4  ___:00

Verificación rápida

Rodea el dibujo que muestra la mañana.

5  

Escribe 1, 2 ó 3.

6  ___  ___  ___

¿Qué hora es?

7  ___ en punto

Nombre ____________________

Rodea el reloj que muestra la misma hora.

1

2

3

4

5

6

Rodea el reloj que muestra la misma hora.

1

2

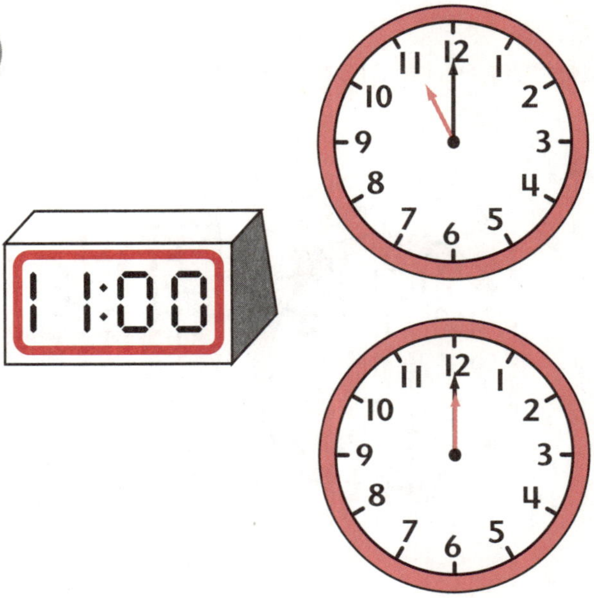

3

4

Resolver problemas
Razonamiento

Di qué hora es una hora más tarde que las 3:00.

★ Preparación para pruebas

Marca el espacio bajo el reloj que muestra la misma hora.

5

○ ○ ○

Nombre________________________________

Escribe la hora.

1

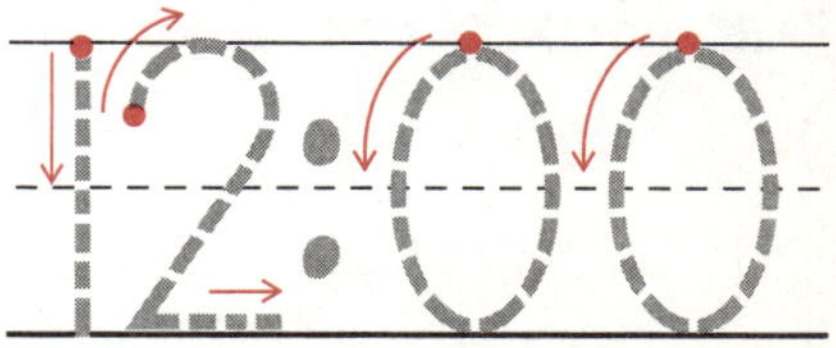

2

:

★ Preparación para pruebas

Marca el espacio del reloj que muestra la hora.

3

○

○

○

Nombre ____________________

Marca el calendario.

Días de la semana

Domingo	Lunes	Martes	Miércoles	Jueves	Viernes	Sábado

1 Marca con una X el día de hoy.

2 Marca con un ✔ el día de ayer.

3 Dibuja un ☐ bajo el día de mañana.

4 Escribe cuántos días tiene una semana. ______

Resolver problemas
Razonamiento

Di los nombres de los días de la semana en orden. Comienza con el domingo.

Verificación rápida

5 Rodea el reloj que muestra la misma hora.

6 Escribe la hora.

______ : ______

7 Di los nombres de los días de la semana.

Moneda de un centavo

Nombre ____________________

moneda de un centavo

1 centavo

1¢

¢ ¢ ¢ ¢

¿Cuánto dinero hay?

1

4¢ 5¢ 6¢

2

1¢ 2¢ 3¢

3

8¢ 9¢ 10¢

Rodea el número de monedas de un centavo.

1

2

★ Preparación para pruebas

Marca bajo el número que dice cuánto hay.

3

8¢ ○ 9¢ ○ 10¢ ○

Nombre ____________________

moneda de cinco centavos

5 centavos

5¢

5¢ 5¢ ¢ ¢

¿Cuánto dinero hay?

1

2¢

2

____¢

3

____¢

4

____¢

5

____¢

6

____¢

Rodea el dinero que se necesita.

1

2

3

Resolver problemas
Razonamiento

¿Qué cantidad de dinero es más grande, tres monedas de un centavo o tres monedas de cinco centavos? Explica.

★ Preparación para pruebas

Marca el espacio bajo el número que dice cuánto dinero hay.

4

7¢	8¢	9¢
○	○	○

Nombre ______________________________

moneda de diez centavos

10 centavos

10¢

Traza y escribe.

10¢ 10¢ 10¢ ¢

¿Cuánto dinero hay?

1

10¢

2

¢

3

¢

Rodea el dinero que se necesita.

1

2

Verificación rápida

¿Cuánto dinero hay?

3

_____ ¢

4

_____ ¢

5

_____ ¢

6

_____ ¢

Nombre ______________________

Más o menos, ¿cuántos 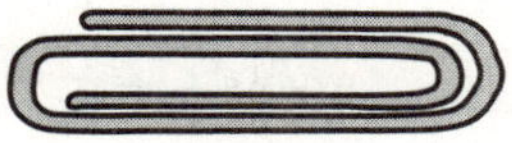 mide?

1

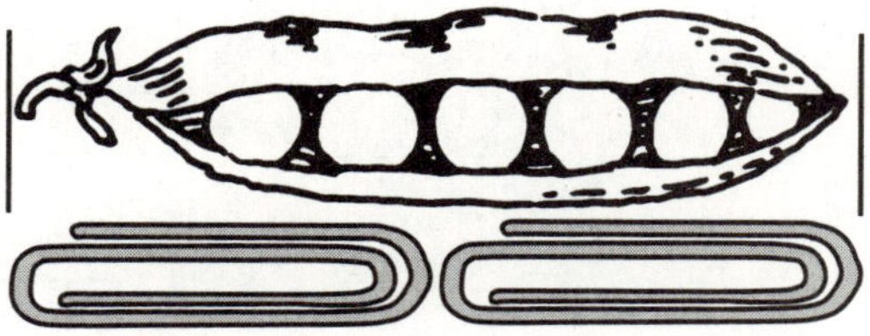

2

2

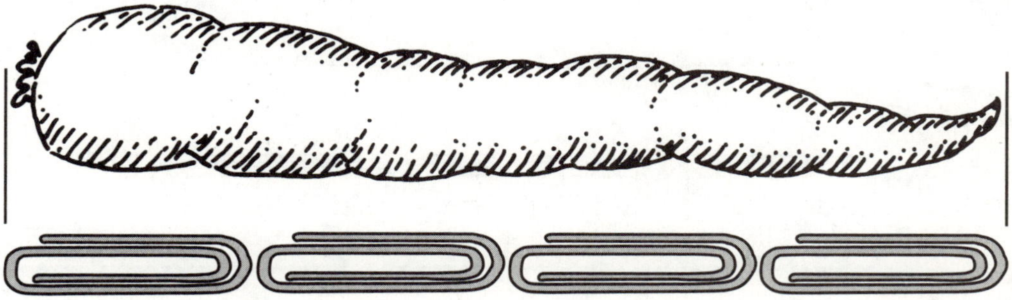

3

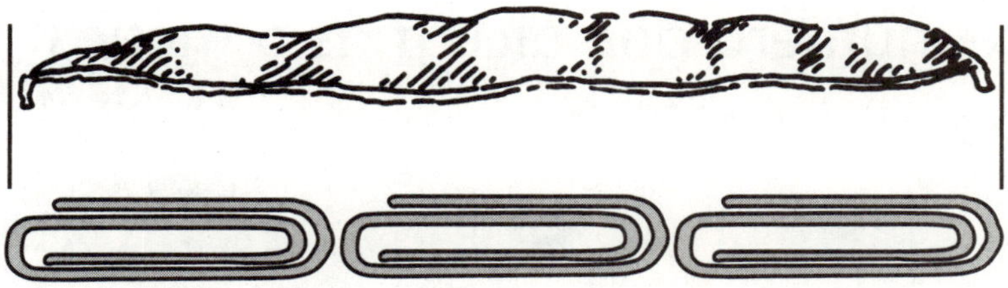

4

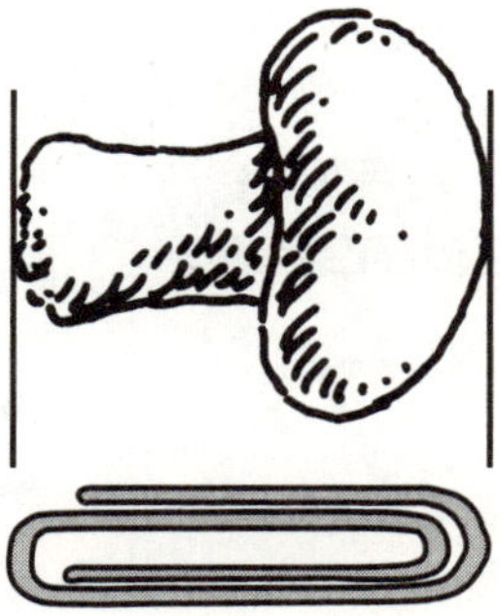

Más o menos, ¿cuántos mide?

1

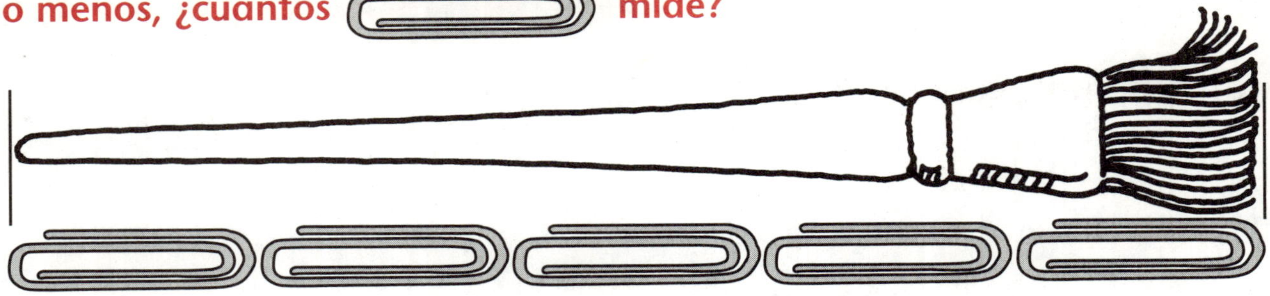

2

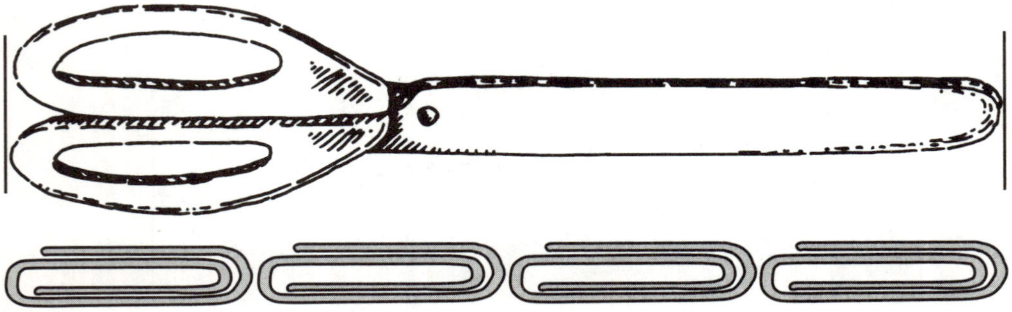

Resolver problemas
Razonamiento

¿Cuál es más largo, el pincel o las tijeras? ¿Cómo lo sabes?

★ Preparación para pruebas

Marca el espacio bajo el número que dice más o menos cuántos mide.

3

5 ○ 3 ○ 2 ○

4

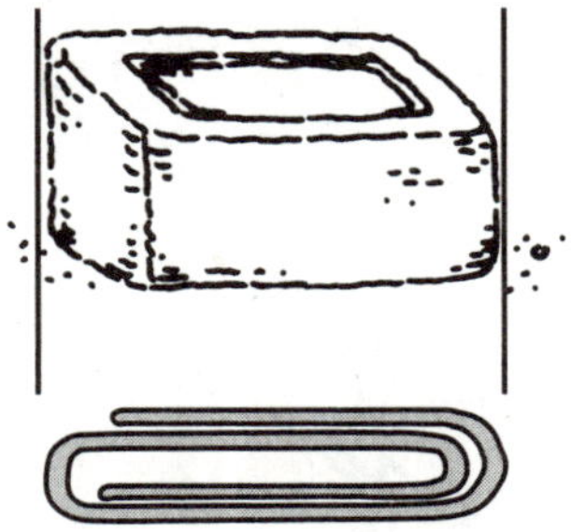

1 ○ 7 ○ 5 ○

Nombre ____________________

Estrategia para la resolución de problemas: Calcula y comprueba

Usa 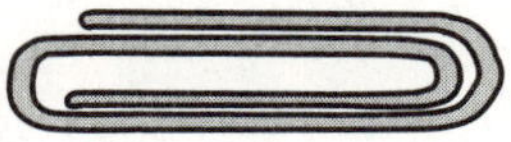 .

Más o menos, ¿cuántos 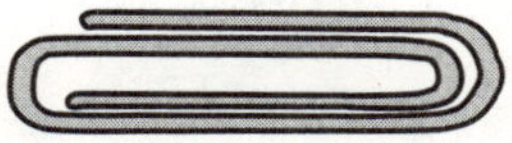 mide?

1 Compréndelo

2 Planéalo

3 Resuélvelo Escribe tus respuestas.

Estima	Verifica
______	4

4 Verifícalo

Más o menos, ¿cuántos 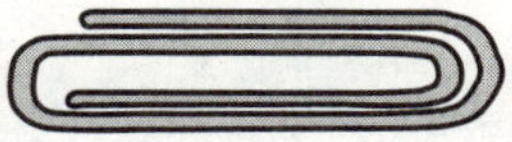 mide?

	Estima	Verifica
1 	______	______

Más o menos, ¿cuántos 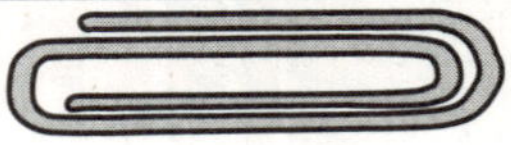 mide?

Escribe tus respuestas.

1

Estima

Verifica

2

Estima

Verifica

3

Estima

Verifica

Di por qué es útil estimar y verificar.

Nombre ____________________

Más o menos, ¿cuántos bloques mide?

1

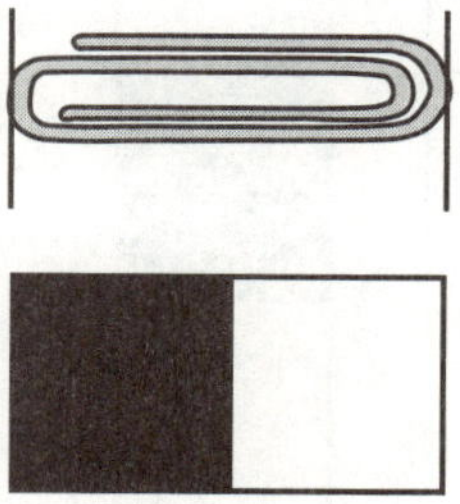

2

2

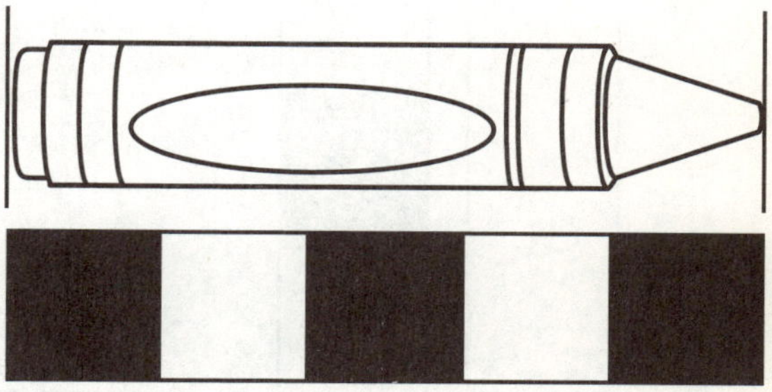

3

4

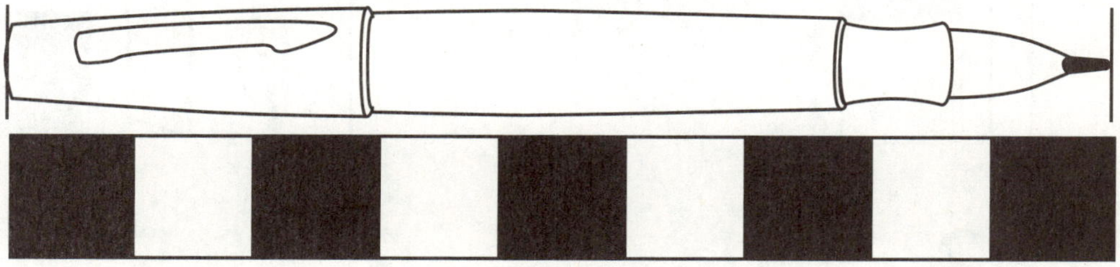

¿Cuántos bloques mide de altura?

1

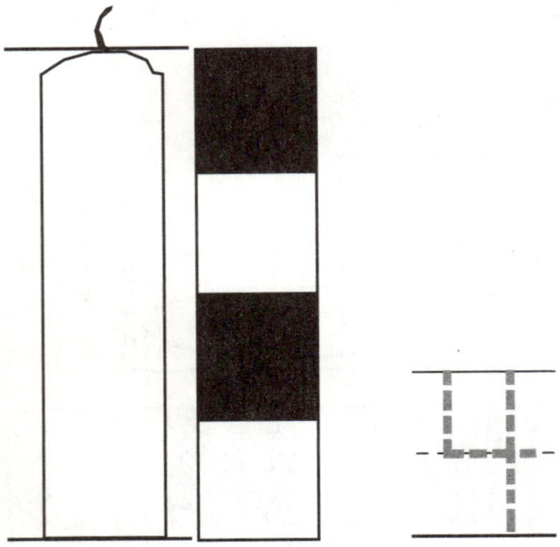

2

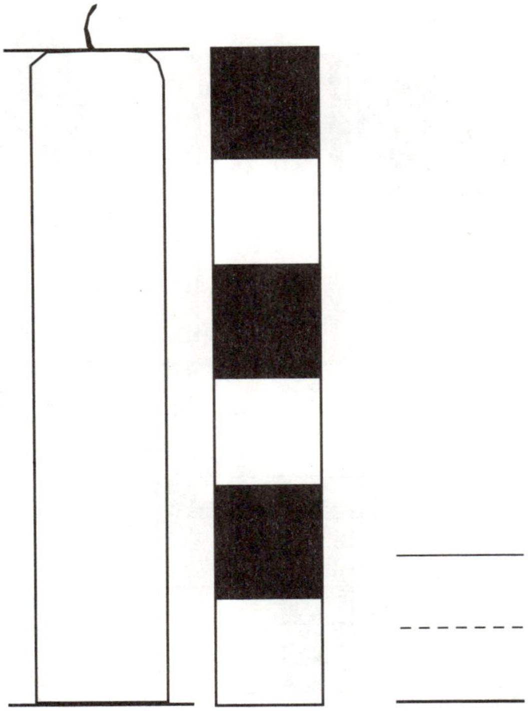

★ Preparación para pruebas

Marca el espacio que dice cuántos bloques mide de altura.

3

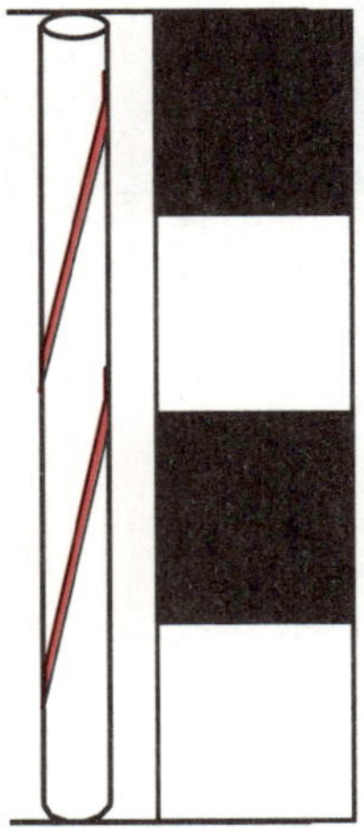

1 ○ 3 ○ 4 ○

4

3 ○ 5 ○ 6 ○

Más liviano, más pesado

Nombre ____________________

Rodea el que es más liviano.

1

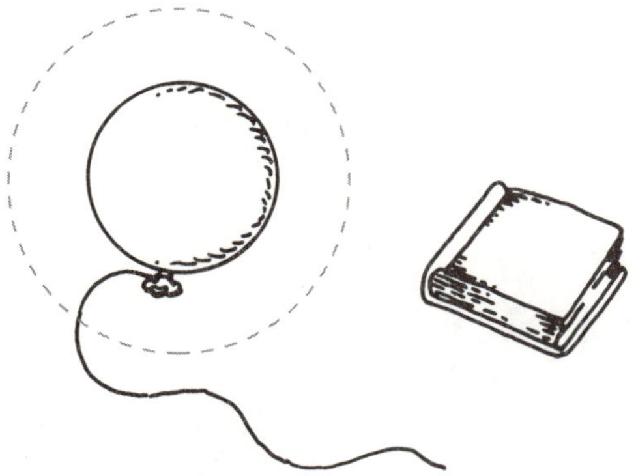

2

3

4

5

6

Rodea el que es más pesado.

1

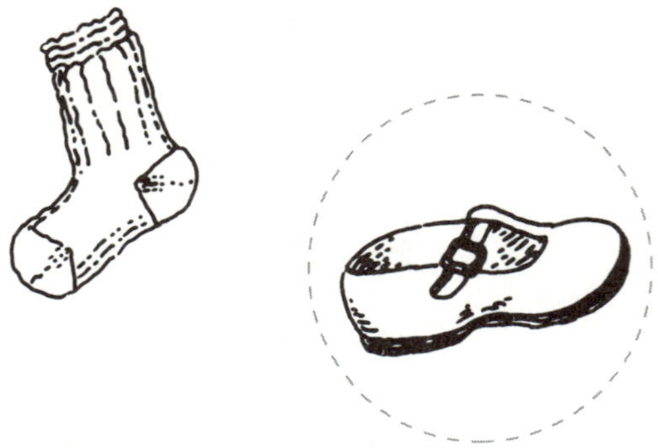

2

3

4

Resolver problemas
Razonamiento

¿Una bolsa de plumas es más pesada o más liviana que una bolsa de papas de igual tamaño? ¿Por qué?

Verificación rápida

Más o menos, ¿cuántos 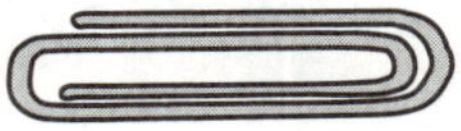 mide?

5

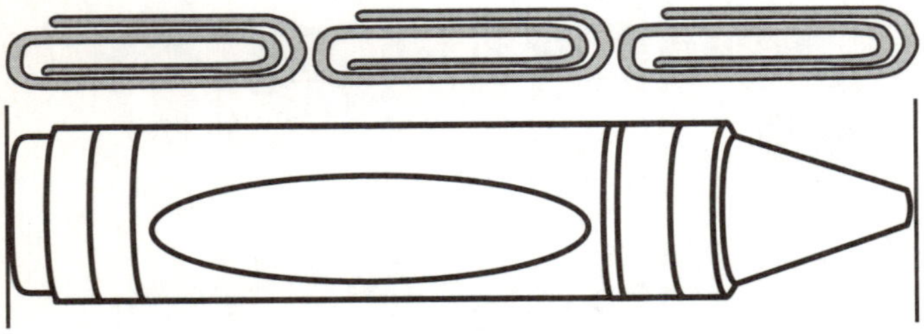

¿Cuántos bloques mide?

6

Rodea el más liviano.

7

Nombre ____

Contiene más, contiene menos

Rodea el que contiene más.

1

2

3

4

5

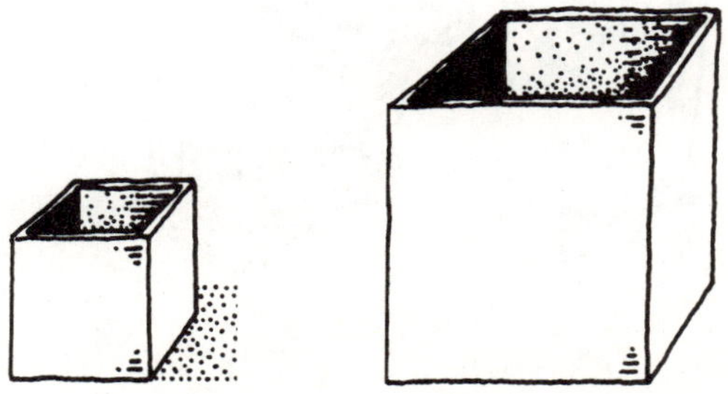

6

Rodea el que contiene menos.

1

2

3

4

Resolver problemas
Razonamiento

Si quisieras recoger muchas caracolas en la playa, ¿preferirías llevar un vaso de papel o un balde? Explica.

★ Preparación para pruebas

Marca el espacio bajo el que contiene más.

5

○ ○

6

○ ○

Nombre______________________________

Marca con una X el dibujo que tiene dos partes iguales.

1

2

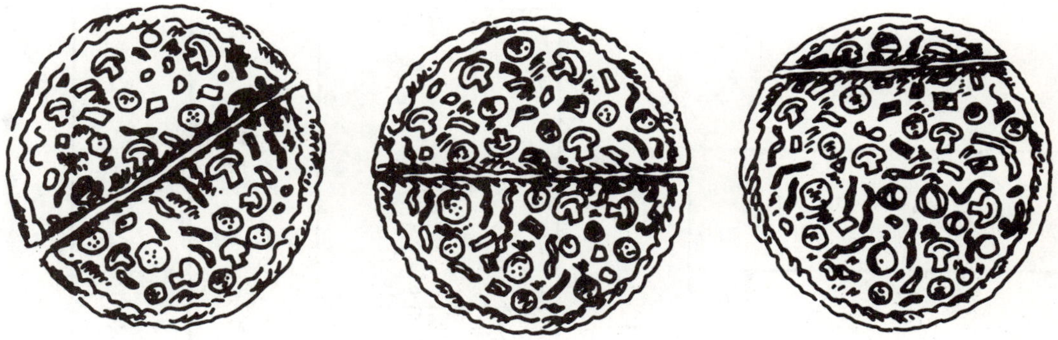

3

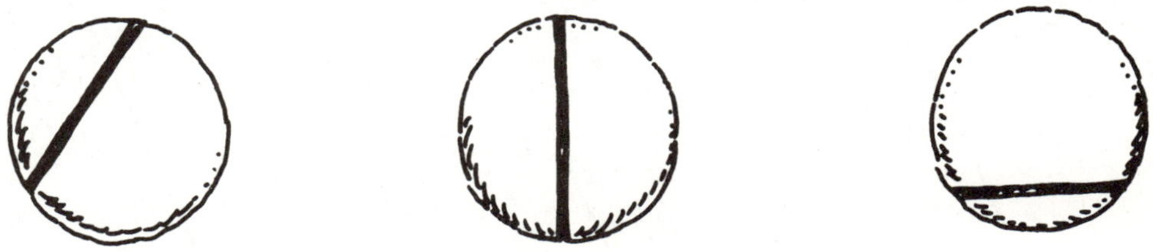

Marca con una X el dibujo que tiene dos partes iguales.

1

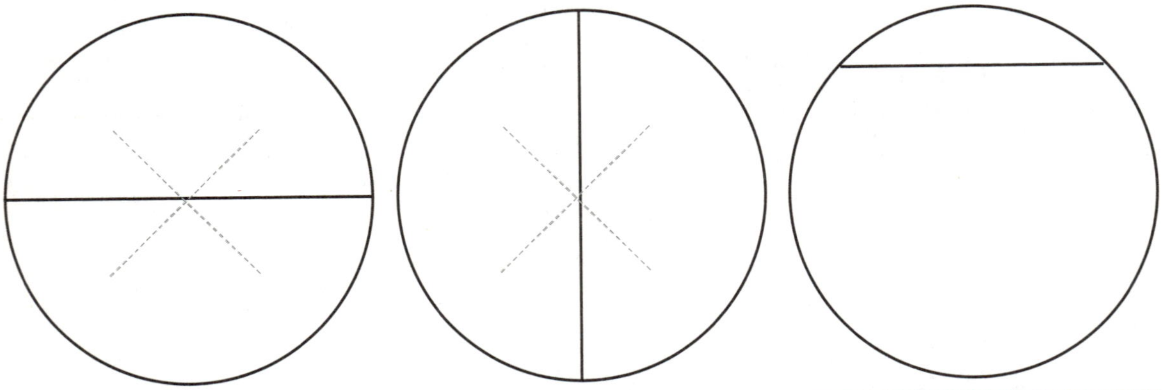

2

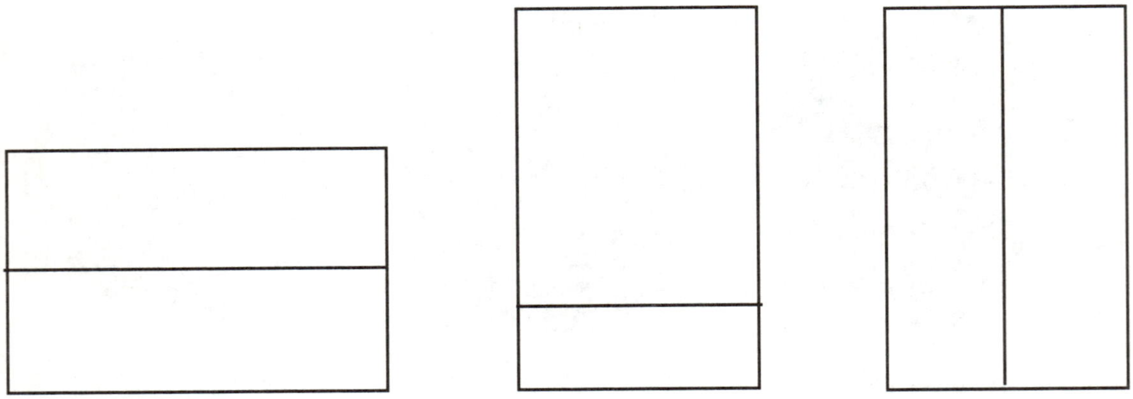

★ Preparación para pruebas

Marca el espacio bajo el dibujo que tiene dos partes iguales.

3

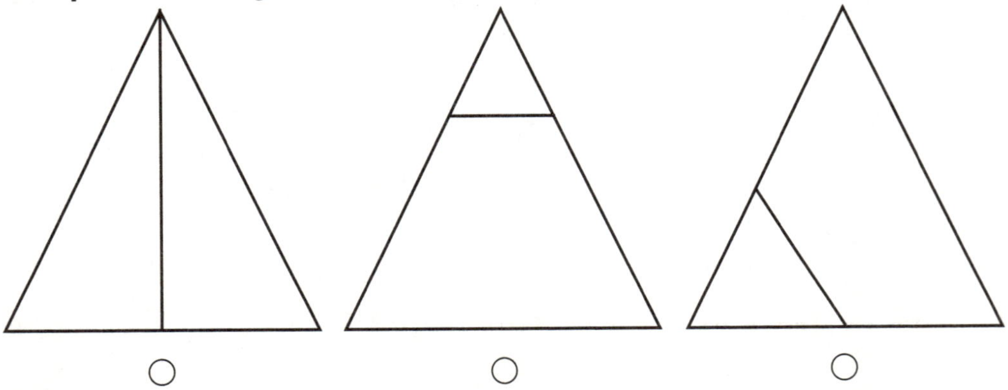

Nombre____ **Un medio**

Marca con una X el dibujo que muestra dos partes iguales o medios.

1

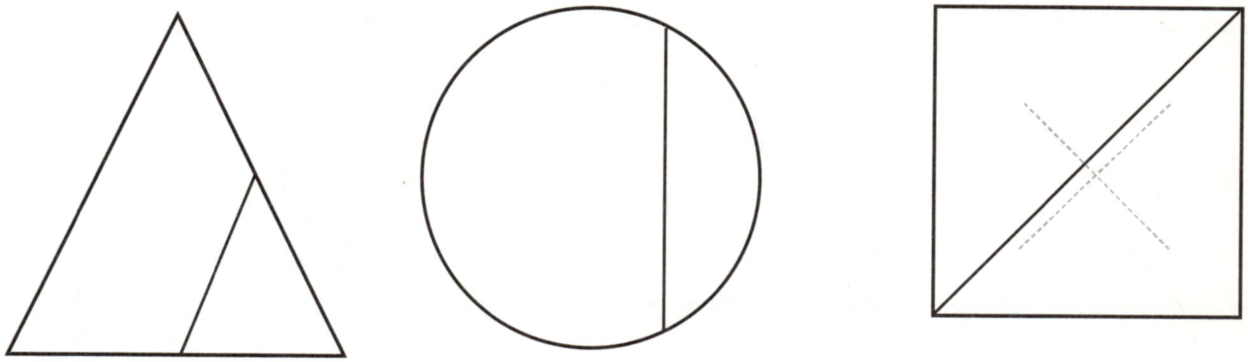

2

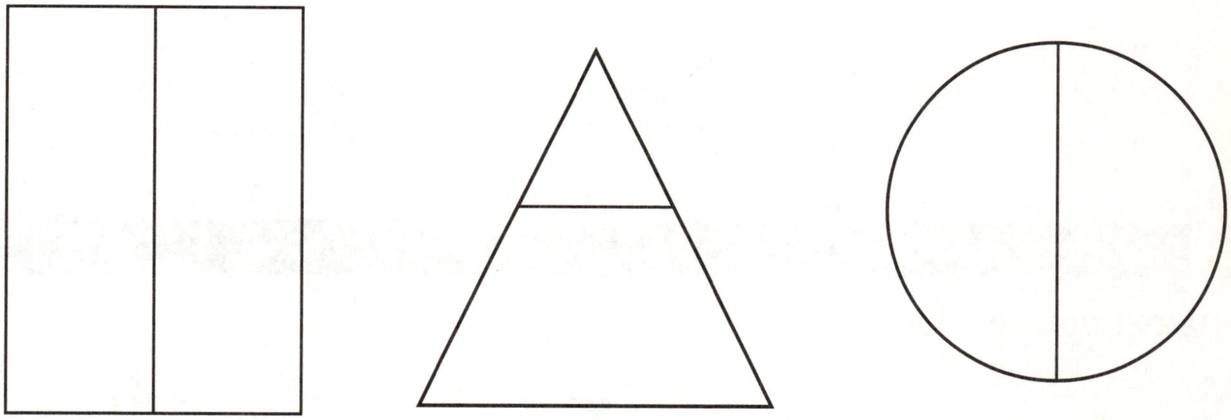

3

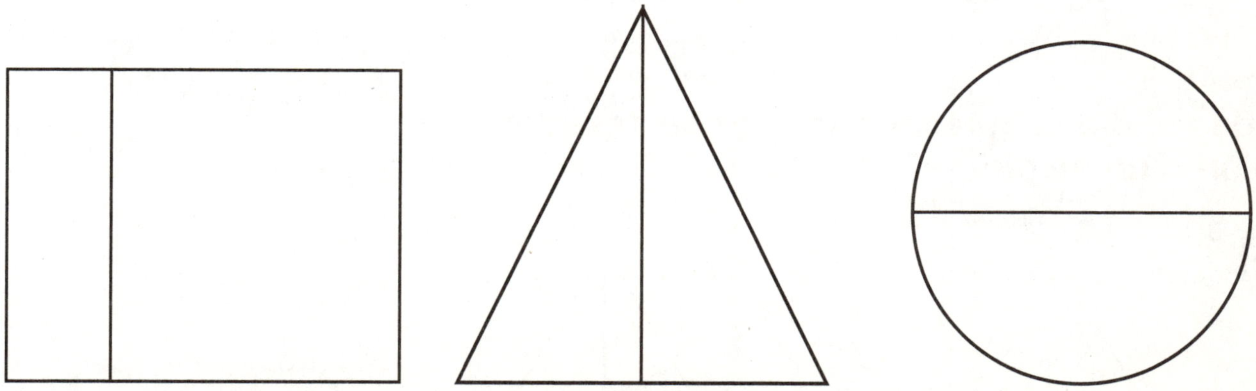

Colorea un medio de cada dibujo.

1

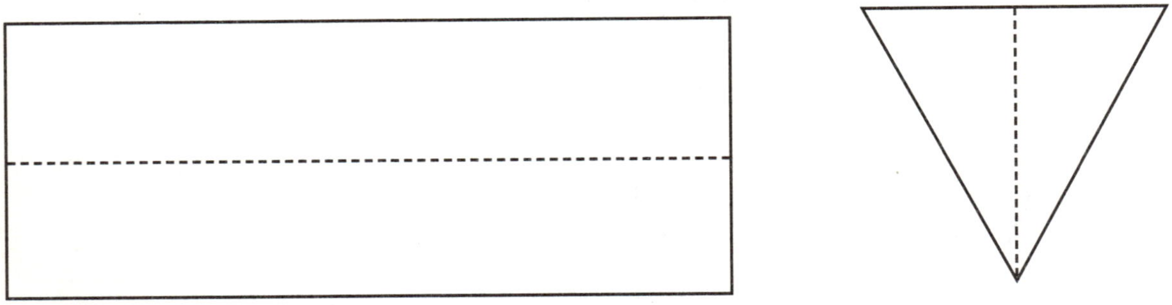

2

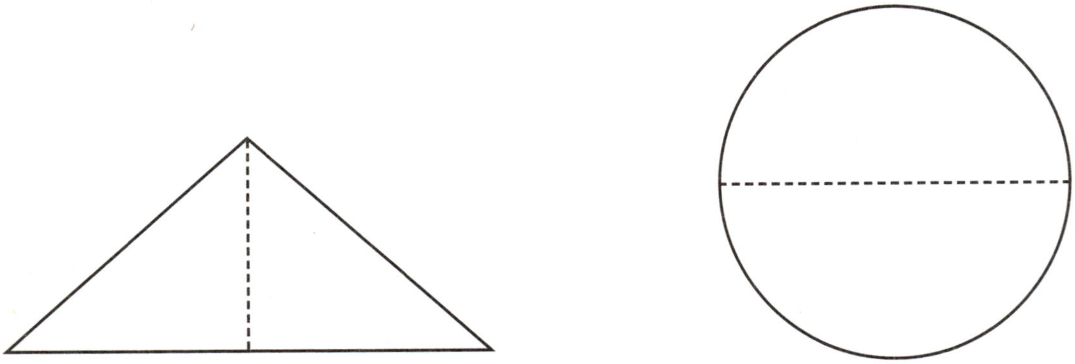

Verificación rápida

Rodea el que contiene más.

3

Rodea el dibujo que muestra dos partes iguales.
Colorea un medio.

4

Nombre ______________________

¿Qué hora es?

1

________ en punto

________ :00

Rodea el número de monedas de un centavo.

2

¿Cuánto dinero hay?

3

________ ¢

4

________ ¢

Más o menos, ¿cuántos bloques mide?

5

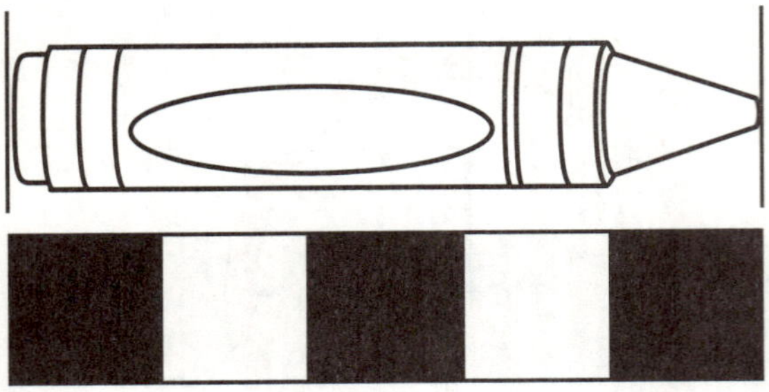

Más o menos, ¿cuántos bloques mide de alto?

6

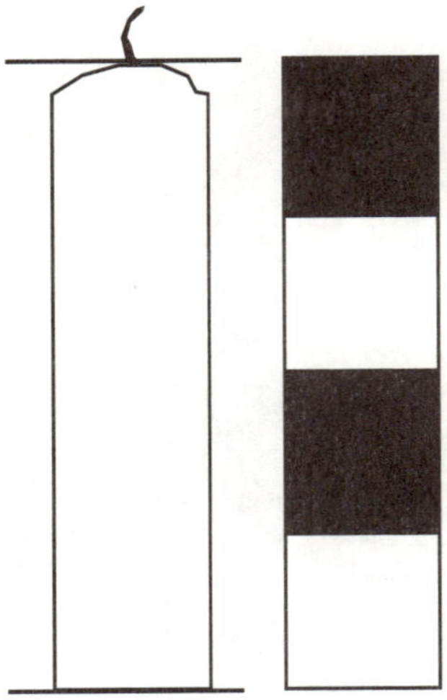

Marca con una X el dibujo que tiene dos partes iguales.

7

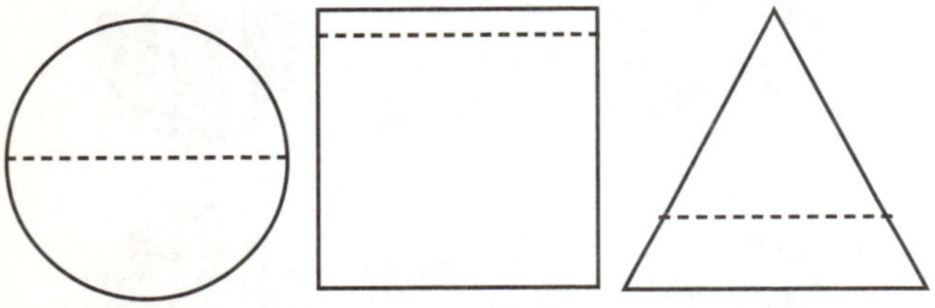

Colorea un medio del triángulo.

8

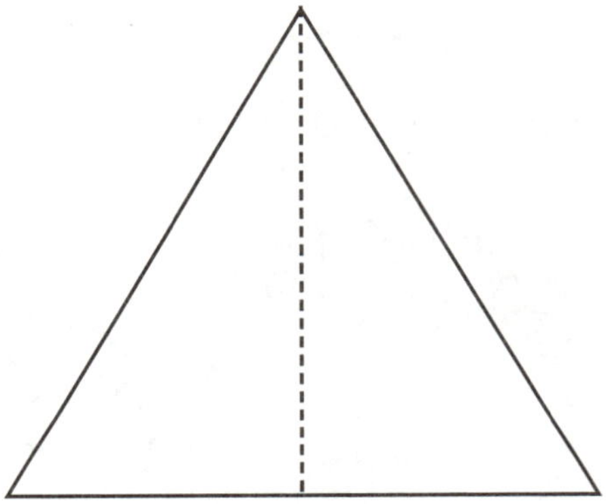

Rodea el que contiene más.

9

Rodea el que es más liviano.

10

Resolver problemas
Razonamiento

¿Qué toma más tiempo? Rodéalo.

11

Nombre ____________________

★ Preparación para pruebas

1

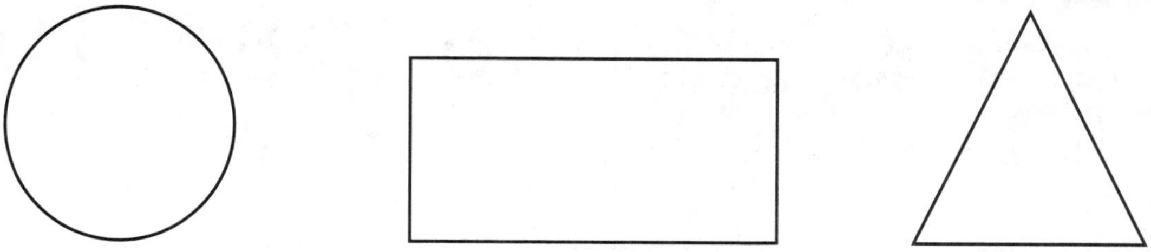

2

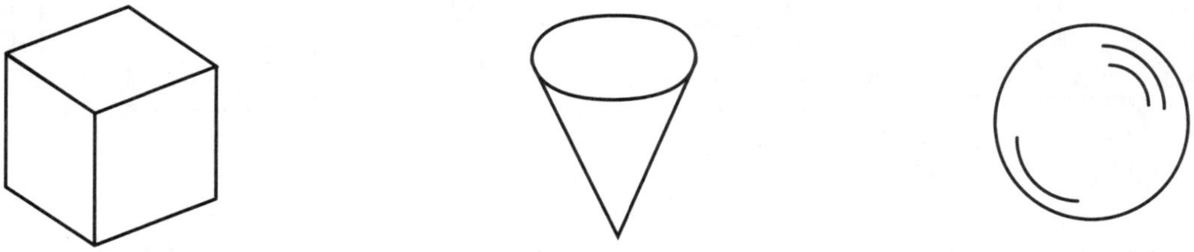

3

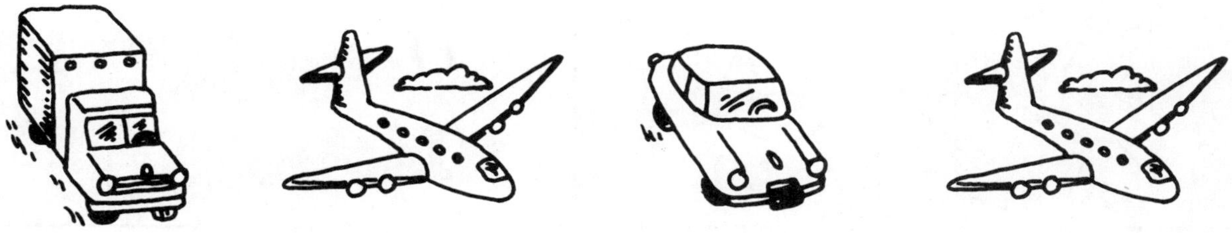

4

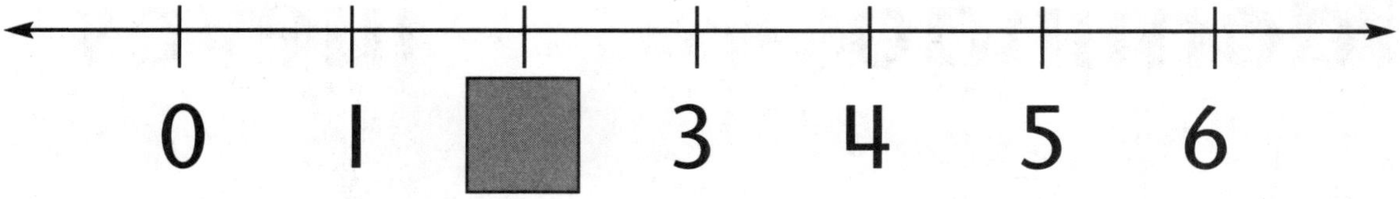

2	3	4	5

5

6

6 ○ 8 ○ 10 ○

7

7 ○ 8 ○ 9 ○

8

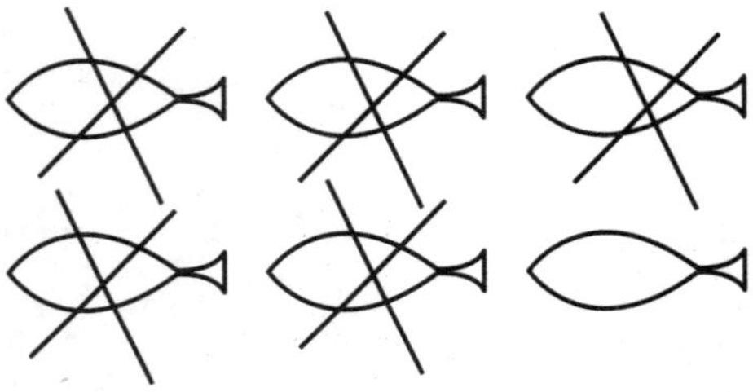

0 ○ 1 ○ 2 ○

9

○ **domingo**

○ **lunes**

○ **martes**

○ **miércoles**

○ **jueves**

○ **viernes**

○ **sábado**

UNIDAD 8 • CONTENIDO

Números más grandes

Lección		Página
1	Contar y escribir hasta 12	247
2	Contar y escribir hasta 16	249
3	Contar y escribir hasta 20	251
4	Contar y escribir hasta 30	253
5	Aplicación de la resolución de problemas: Usa una gráfica de barras	255
6	Álgebra • Ordenar los números hasta 30	257
7	Escribir los números del 11 al 30	259
8	Estaciones del año	263
9	Usar el calendario	265
10	Estrategia para la resolución de problemas: Calcula y comprueba	267
•	Repaso de la Unidad 8	269
•	Repaso acumulativo ★ Preparación para pruebas	271

Emplearemos el siguiente vocabulario:

estaciones: verano, otoño, invierno, primavera
ayer, hoy y **mañana**

Estimada familia:

Durante las semanas siguientes, en la clase de matemáticas, practicaremos cómo contar, identificar grupos y escribir los números del 11 al 30.

Conversaremos de las estaciones del año y practicaremos el uso del calendario.

En casa verán tareas que sirven para practicar cómo contar y escribir números.

Tengan en cuenta a manera de guía el siguiente ejemplo.

Contar y escribir números más grandes

¿Cuántos hay? Escriban el número.

1 diez y 7 más

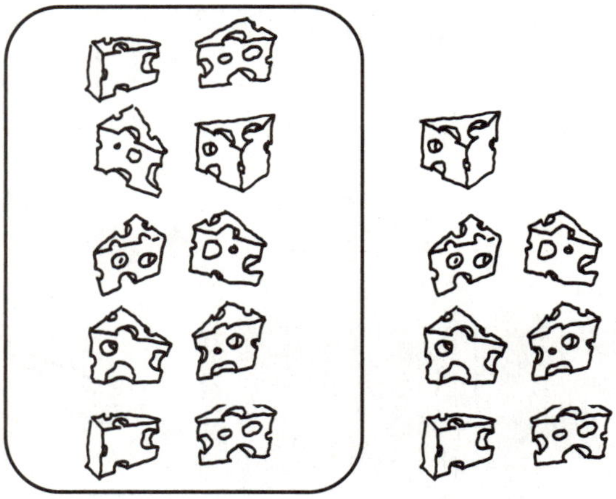

10 + 7

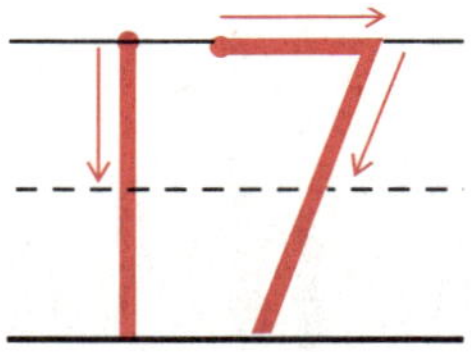

Se necesita tiempo y práctica para contar, identificar y escribir números más grandes de manera correcta.

Atentamente,

Nombre ______________________

¿Cuántos hay?
Escribe el número.

1

I diez y I más

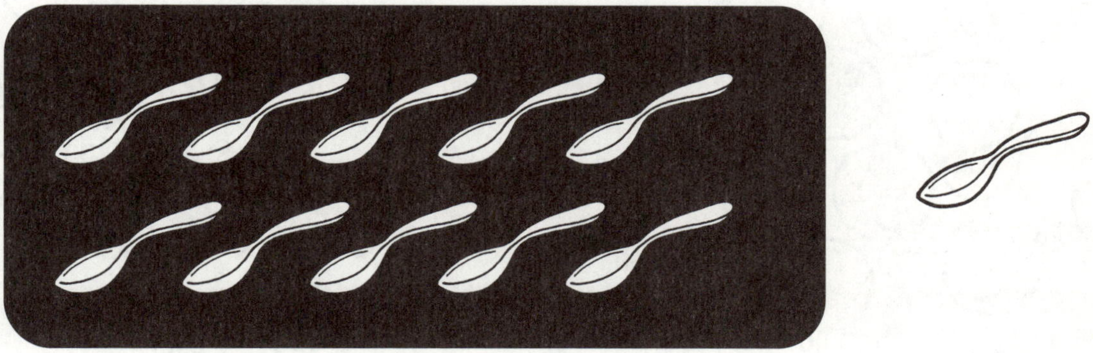

10 + 1

11 11 ____

2

I diez y 2 más

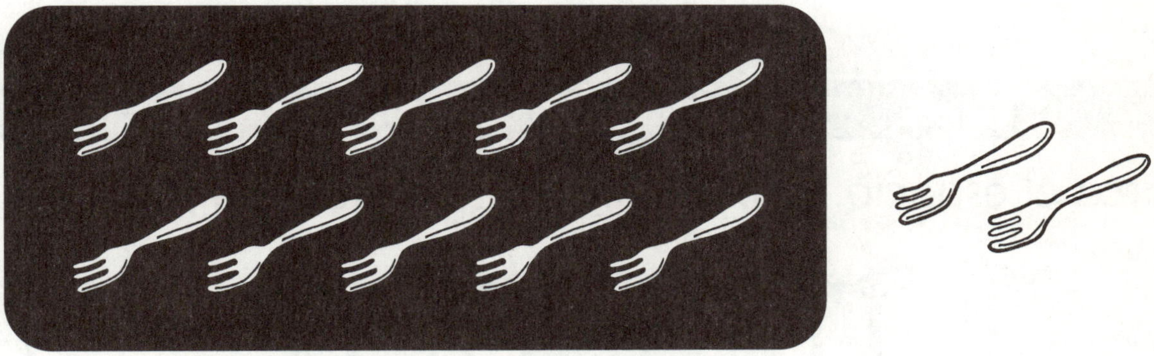

10 + 2

12 12 ____

¿Cuántos hay?
Rodea el número.

1

(10) 11 12

2

10 11 12

Resolver problemas
Razonamiento

Fíjate en el número.
Dibuja un grupo de globos con ese número.

3 12

★ Preparación para pruebas

Marca el espacio bajo el número que dice cuántos hay.

4

10 ○ 11 ○ 12 ○

Nombre ______________________________

¿Cuántos hay?
Escribe el número.

1 I diez y 3 más

10 + 3

13 13

2 I diez y 4 más

10 + 4

14 14

3 I diez y 5 más

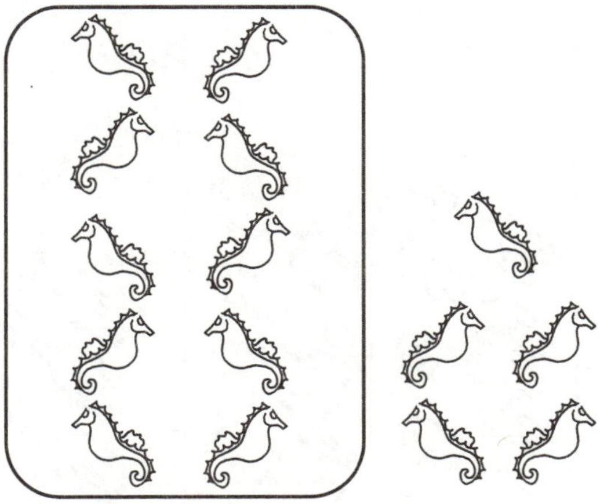

10 + 5

15 15

4 I diez y 6 más

10 + 6

16 16

¿Cuántos hay?
Rodea el número.

1

13 14 15

2

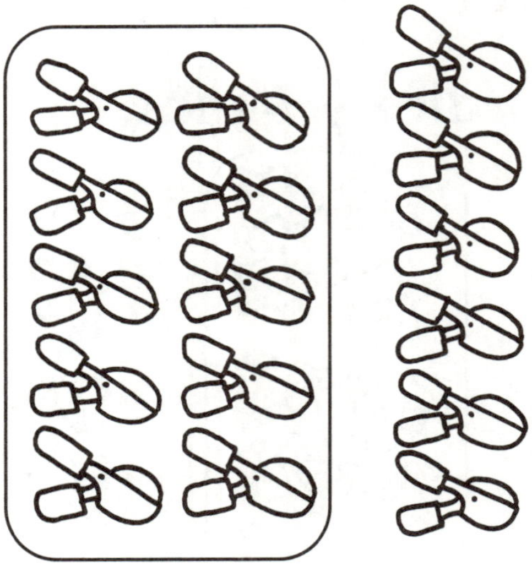

14 15 16

Resolver problemas
Razonamiento

Fíjate en el ejercicio 2.
Di por qué escogiste esa respuesta.

★ Preparación para pruebas

Marca el espacio bajo el número que dice cuántos hay.

3

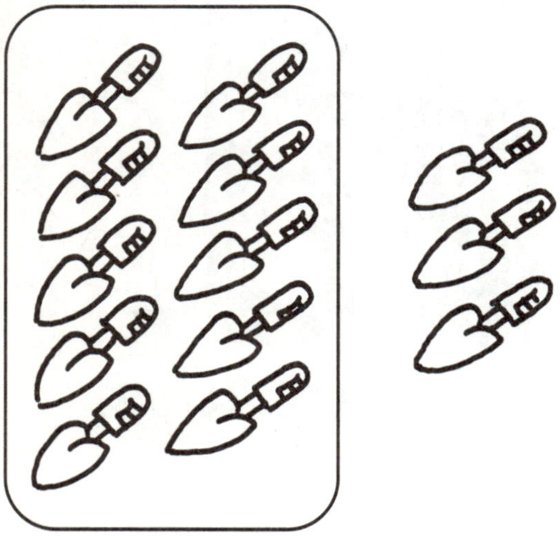

13	14	15
○	○	○

4

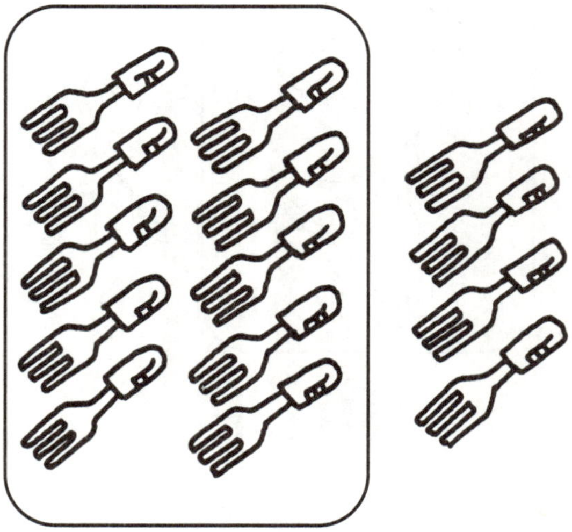

13	14	15
○	○	○

Nombre ______________________________

¿Cuántos hay?
Escribe el número.

1 I diez y 7 más

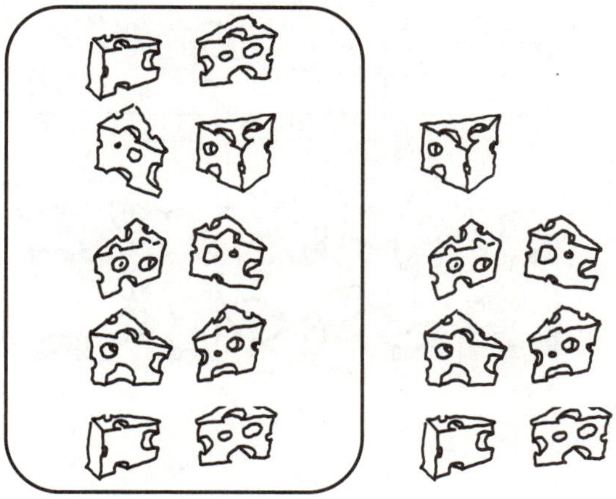

10 + 7

17 17

2 I diez y 8 más

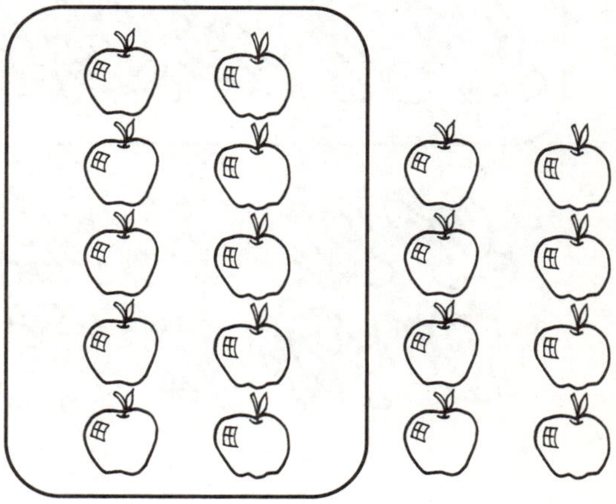

10 + 8

18 18

3 I diez y 9 más

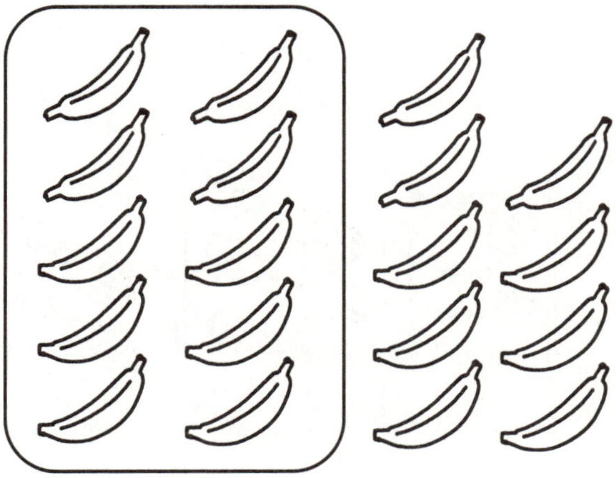

10 + 9

19 19

4 2 diez

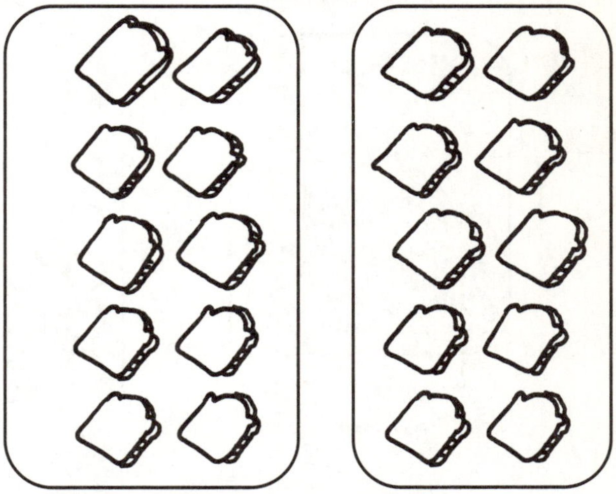

10 + 10

20 20

¿Cuántos hay?
Rodea el número.

1

17 18 19

2

18 19 20

Verificación rápida

Rodea el número.
Escribe el número.

3

10 11 12

Escribe el número.

4

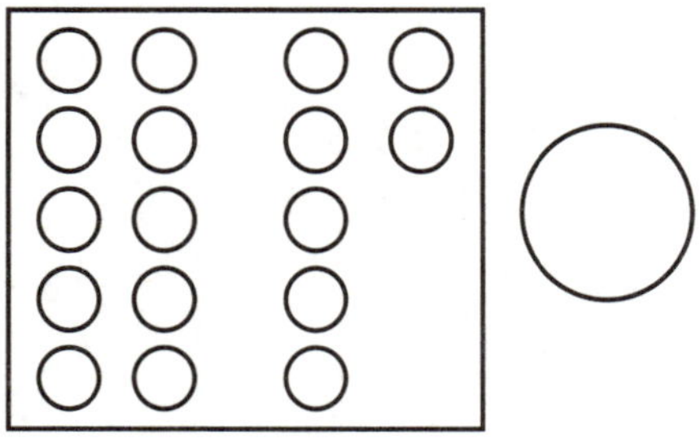

5

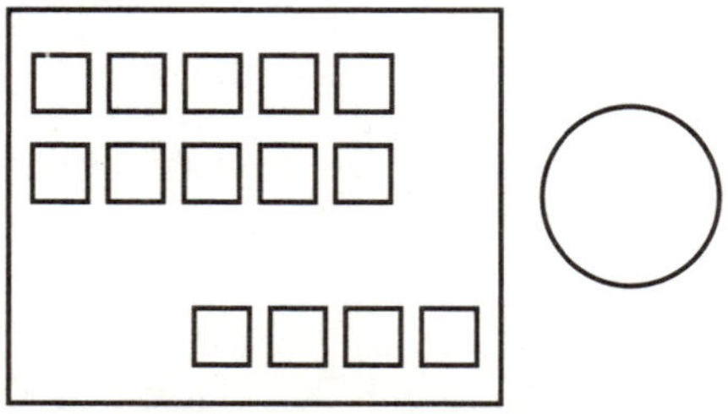

Nombre ______________________

Contar y escribir hasta 30

¿Cuántos hay?
Escribe el número.

1

2 diez y 1 más

20 + 1

21 21 ____

2

2 diez y 5 más

20 + 5

25 25 ____

¿Cuántos hay?
Escribe el número.

1

3 diez

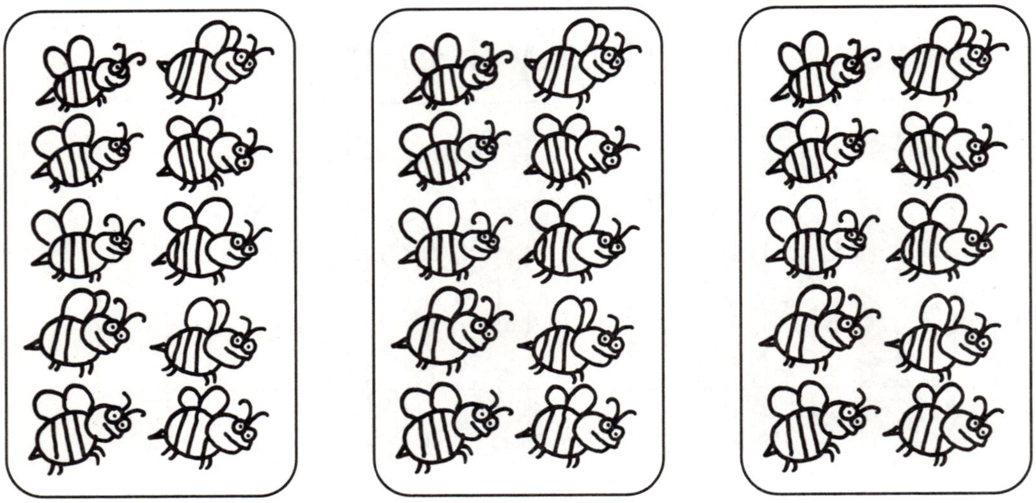

30 + 0

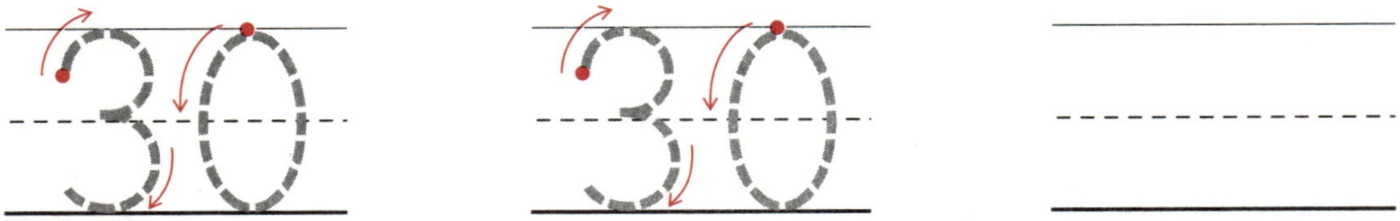

★ Preparación para pruebas

Marca el espacio bajo el número que dice cuántos hay.

2

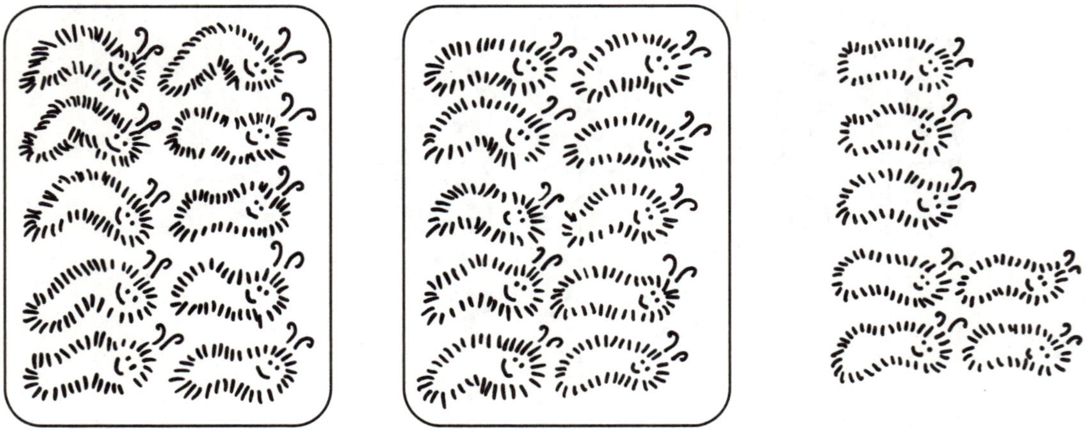

17 ○ 27 ○ 30 ○

Nombre ____________________

Aplicación de la resolución de problemas: Usa una gráfica de barras

Plan para resolver problemas
1. Compréndelo 2. Planéalo 3. Resuélvelo 4. Verifícalo

Fíjate en la gráfica.
Escribe cuántas hay.

En la tienda de deportes

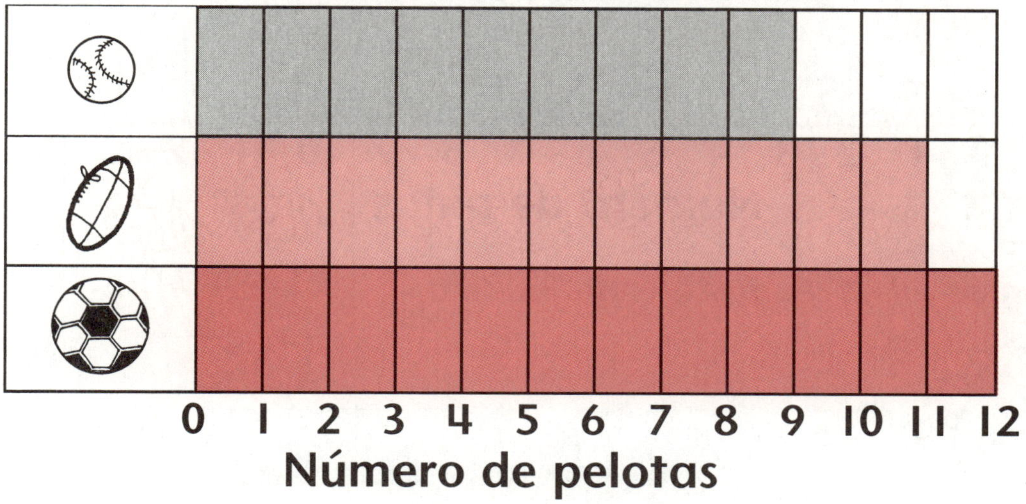

Piénsalo ¿En qué número termina la barra?

1 ¿Cuántas  ? 9

2 ¿Cuántas  ? ______

3 ¿Cuántas  ? ______

Juguete preferido

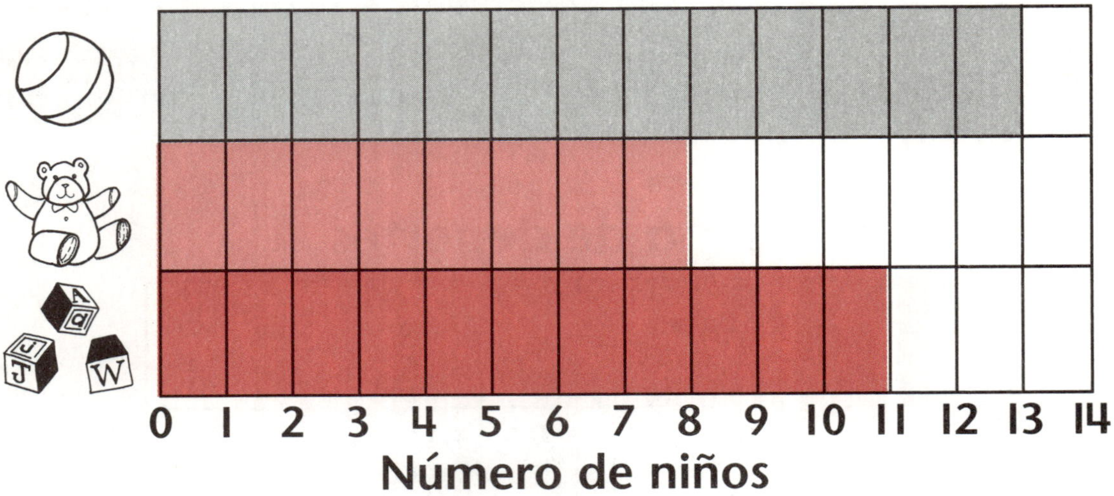

Escribe a cuántos niños les gusta cada juguete.

1 

2 

3 

Ampliación

Rodea la respuesta.

4 ¿A más niños les gusta  o  ?

Nombre ______________________________

Ordenar los números hasta 30

0 1 2 3 4 5 6 7 8 9 10 11 12 13 14 15 16 17 18 19 20

Dibuja líneas para mostrar qué números van en las casillas.

1

10 11 12 ☐ 14

9 13 15

2

14 ☐ 16 17 18

13 19 15

3

☐ 17 ☐ 19 20

16 15 18

4

16 17 18 19 ☐

20 15 11

5

26 27 28 ☐ 30

27 29 28

6

☐ 23 ☐ 25 26

22 24 27

Sigue los • en orden.

★ Preparación para pruebas

Marca el espacio bajo el número que va en la casilla.

1

11 12 13 ☐ 15

10	14	16
○	○	○

2

26 27 ☐ 29 30

28	22	21
○	○	○

Nombre ____________________

Rodea cada grupo de 10.
¿Cuántas flores hay?

1
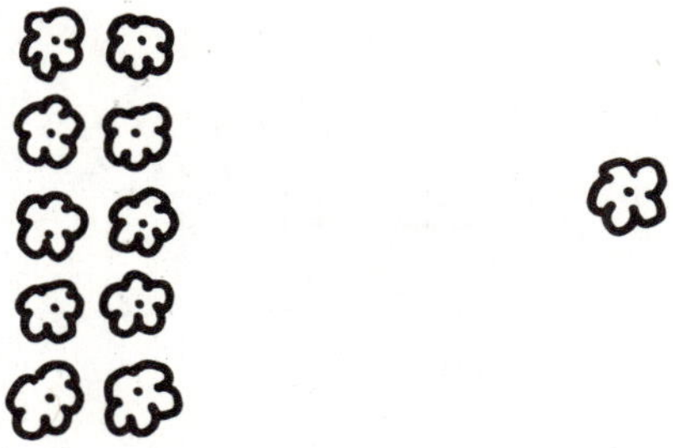
11 ______

2
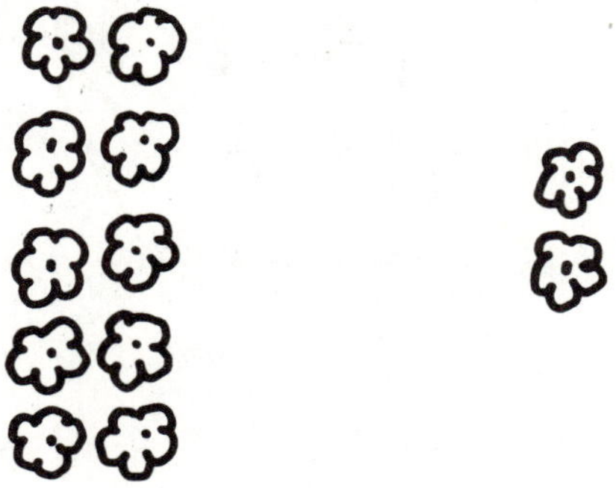
12 ______

3
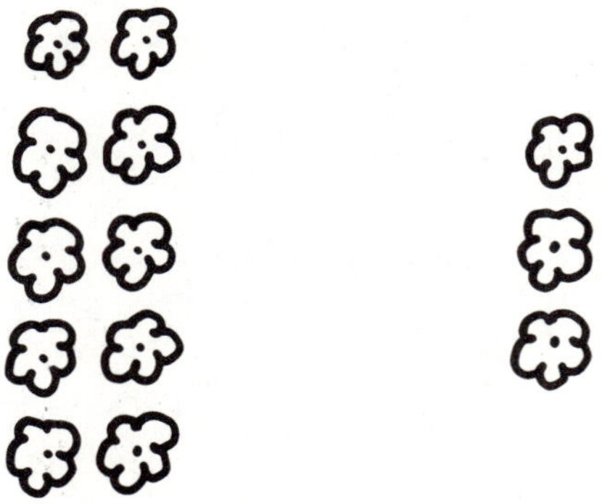
13 ______

4
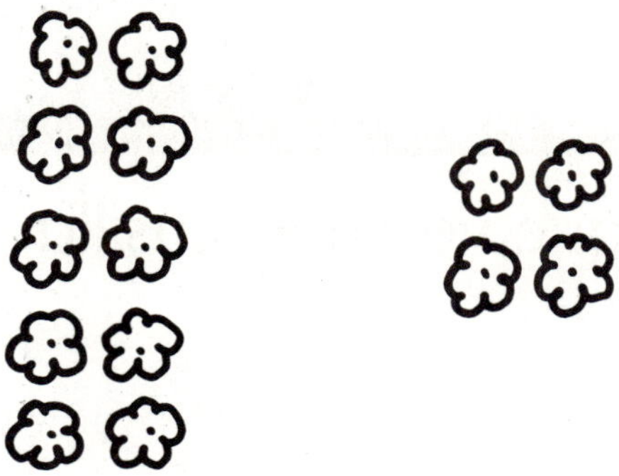
14 ______

5
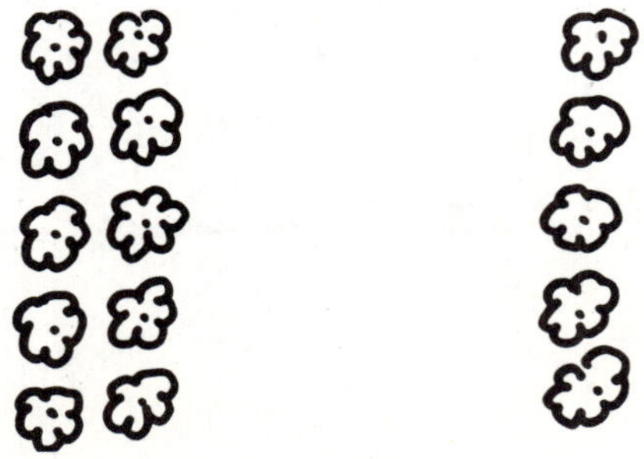
15 ______

Rodea cada grupo de 10.
¿Cuántas flores hay?

1
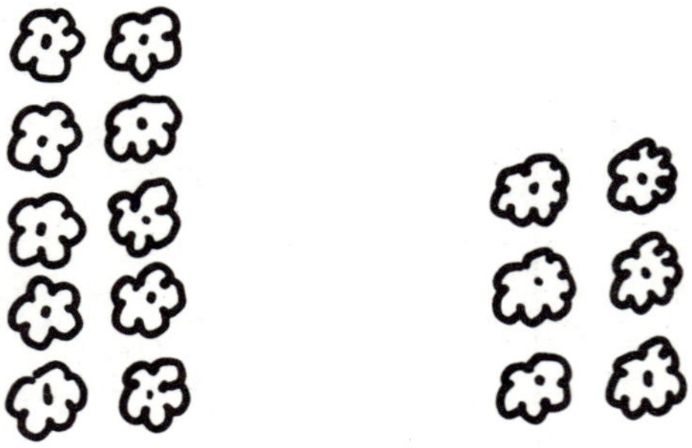

16 ______

2
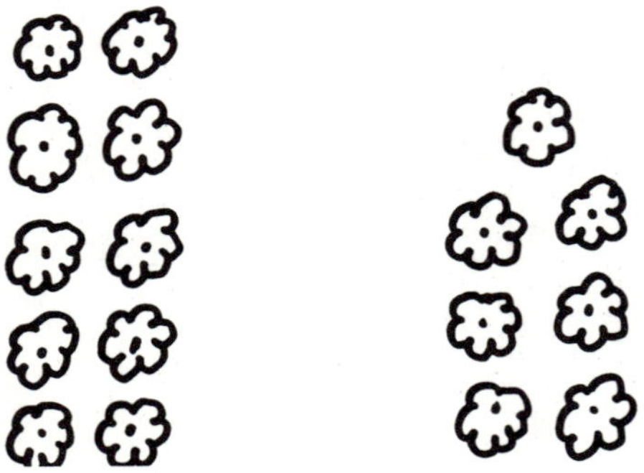

17 ______

3
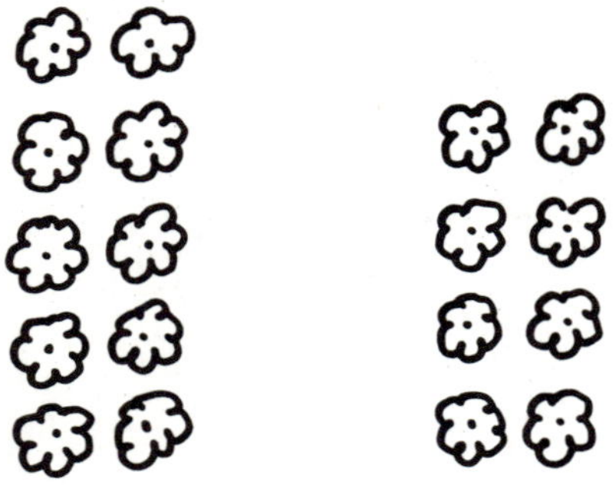

18 ______

4
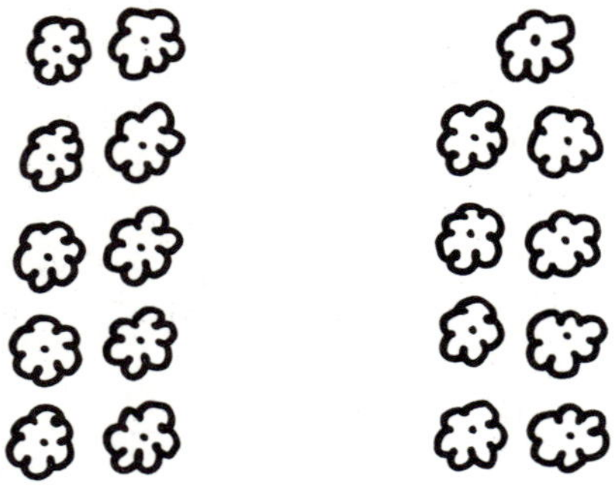

19 ______

5
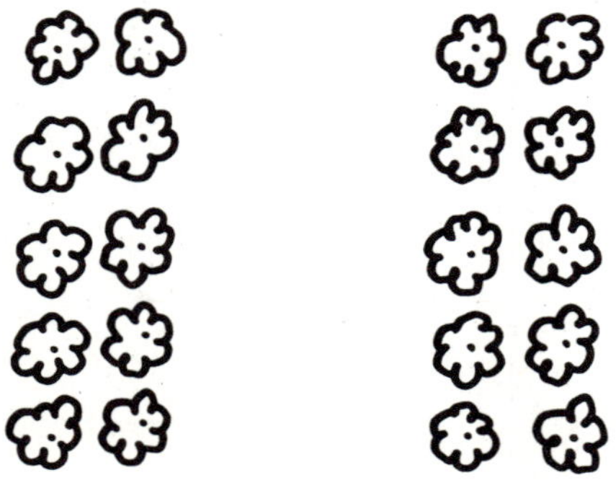

20 ______

Nombre ______________________________

Rodea cada grupo de 10.
¿Cuántas flores hay?

1 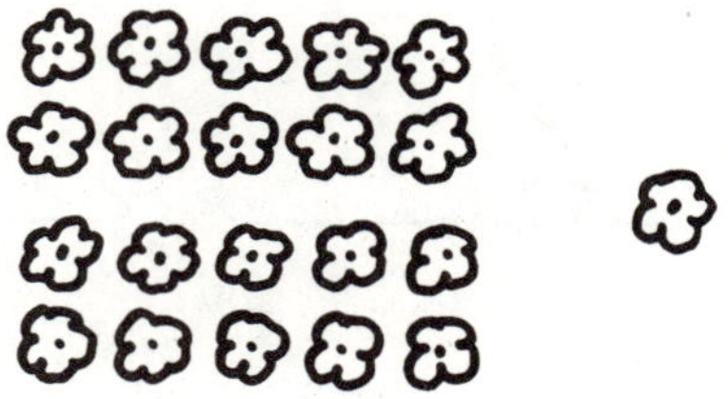

21 ______

2 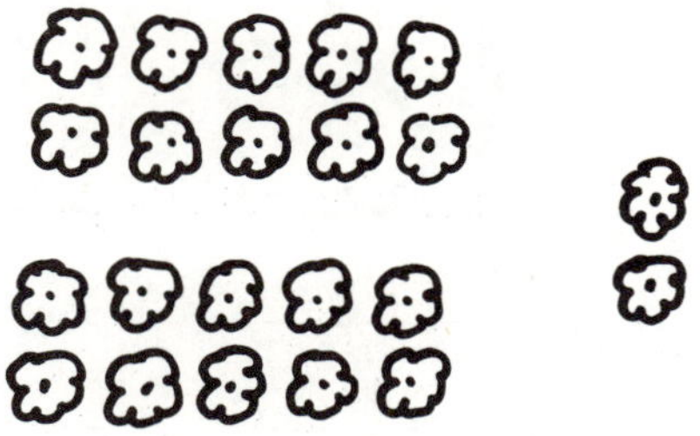

22 ______

3 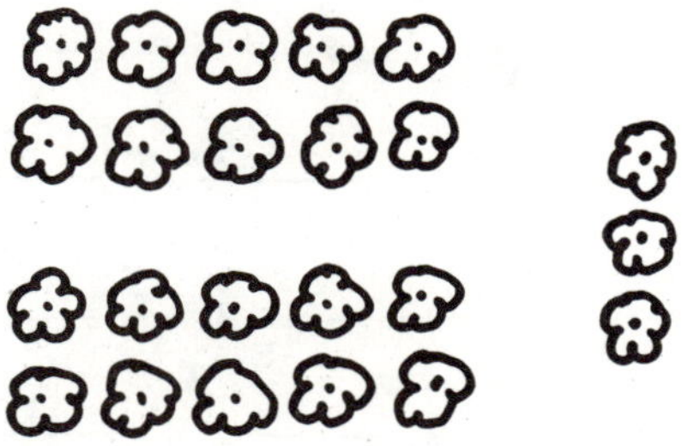

23 ______

4 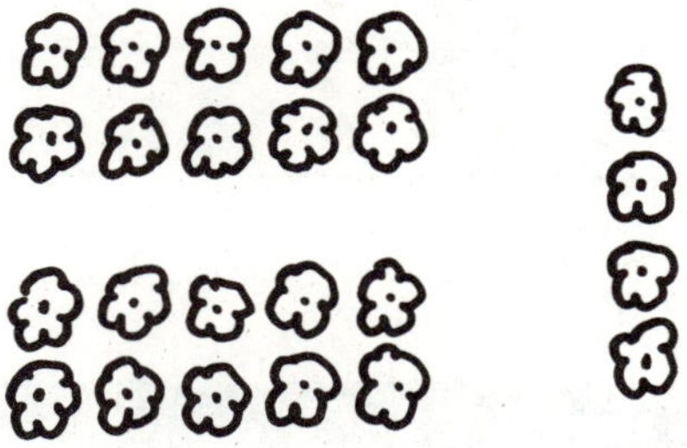

24 ______

5 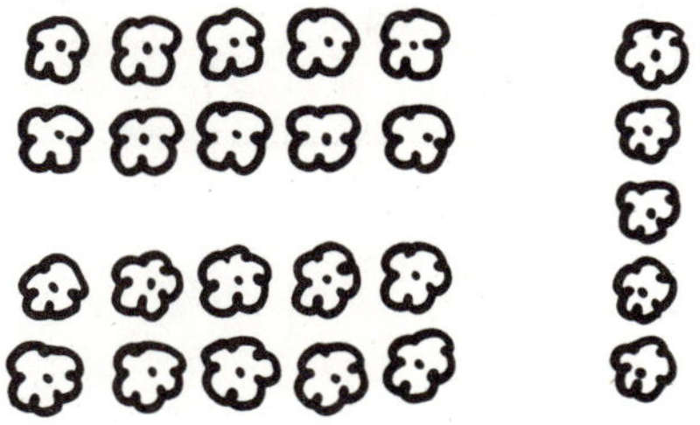

25 ______

6 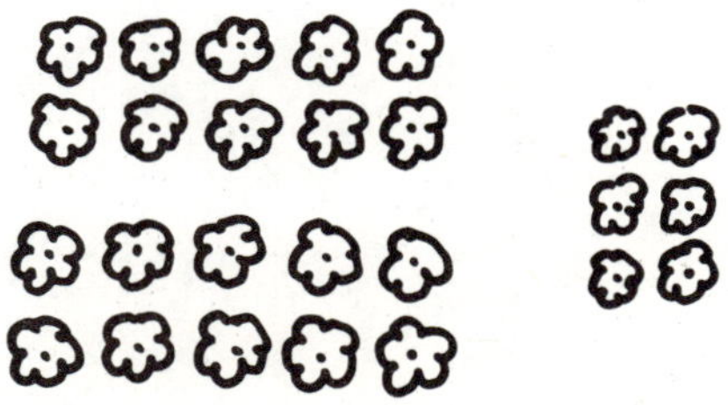

26 ______

Rodea cada grupo de 10.
¿Cuántas flores hay?

1
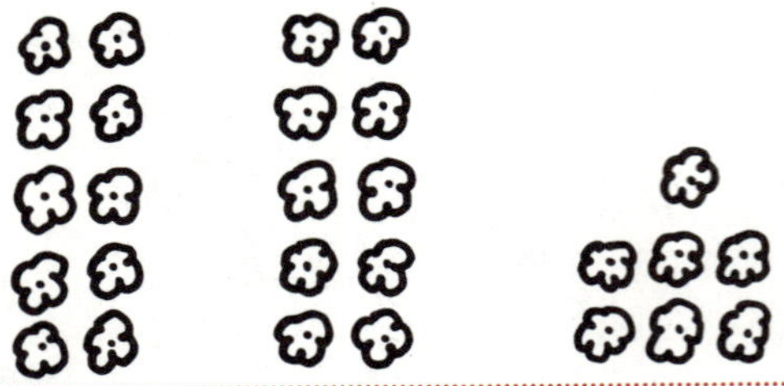
27 ______

2
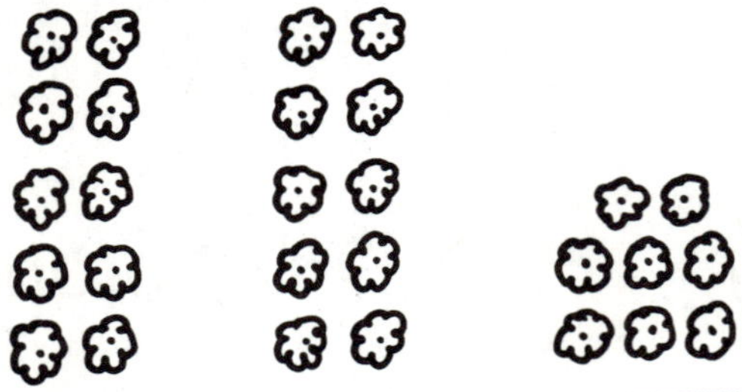
28 ______

3
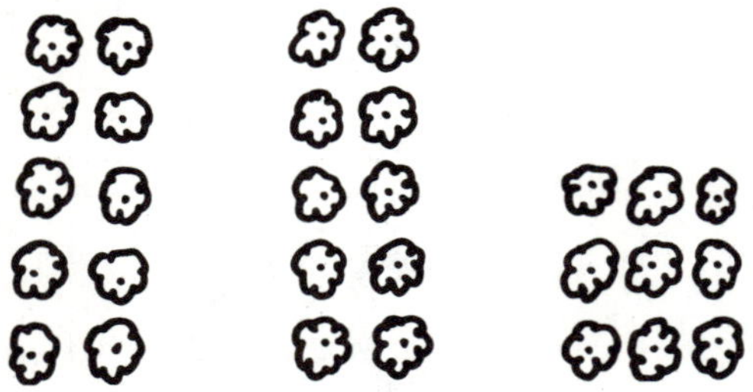
29 ______

4
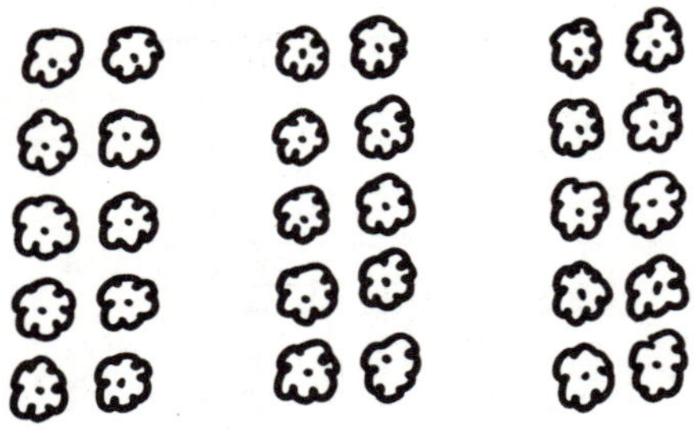
30 ______

Verificación rápida

¿Cuántos hay? Escribe el número.

5
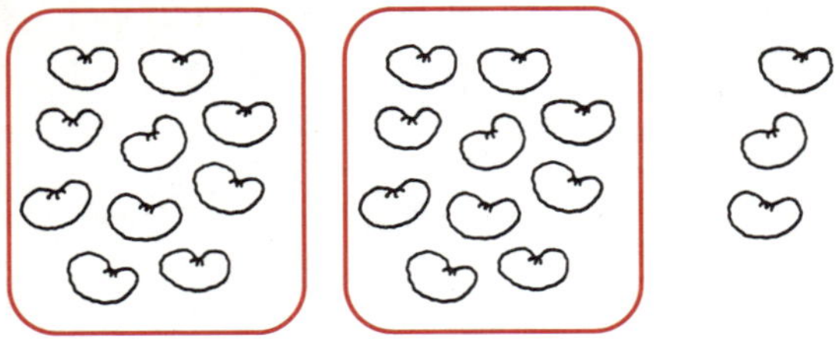
______

Escribe el número que falta.

6
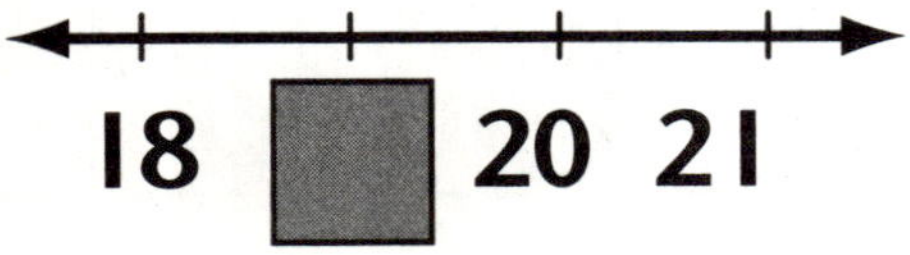

______

Nombre ____

Rodea la estación del año.

1

verano

otoño

invierno

primavera

2

verano

otoño

invierno

primavera

Rodea la estación del año.

1

verano

otoño

invierno

primavera

2

verano

otoño

invierno

primavera

★ Preparación para pruebas

Marca el espacio bajo la palabra que dice la estación.

3

verano	otoño	invierno	primavera
○	○	○	○

Nombre ______________________________

Escribe los números en el calendario.

Enero						
Domingo	Lunes	Martes	Miércoles	Jueves	Viernes	Sábado
						1
2	3	4	5	6	7	8
9	10	11	12	13	14	15
16	17	18	19	20	21	22
23	24	25	26	27	28	29
30	31					

Resolver problemas
Razonamiento

Si la fecha de hoy es 6 de enero, ¿cuál es la fecha de mañana?

Completa el calendario para mostrar el mes actual.

1

Nombre del mes ______________________

Domingo	Lunes	Martes	Miércoles	Jueves	Viernes	Sábado

★ Preparación para pruebas

Marca el día de la semana que viene después del lunes.

2

miércoles ○ jueves ○ viernes ○ martes ○

Nombre ____________________

Estrategia para la resolución de problemas: Calcula y comprueba

Fíjate en las estrellas. ¿Cuántas hay? Estima y luego verifica. Escribe tus respuestas.

Plan para resolver problemas			
1. Compréndelo	2. Planéalo	3. Resuélvelo	4. Verifícalo

1. **Compréndelo**
2. **Planéalo**
3. **Resuélvelo**

Estima ________ Verifica 20

4. **Verifícalo**

¿Cuántos hay? Estima y luego verifica. Escribe tus respuestas.

1

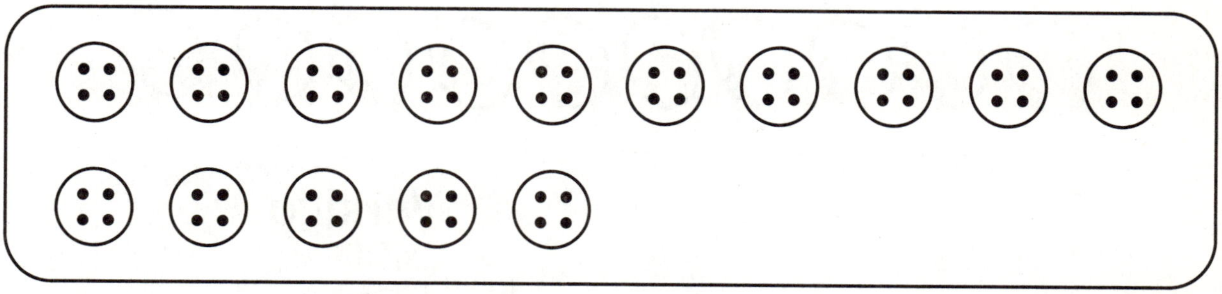

Estima ________ Verifica ________

¿Cuántos hay? Estima y luego verifica. Escribe tus respuestas.

1

Estima ____________ Verifica ____________

2

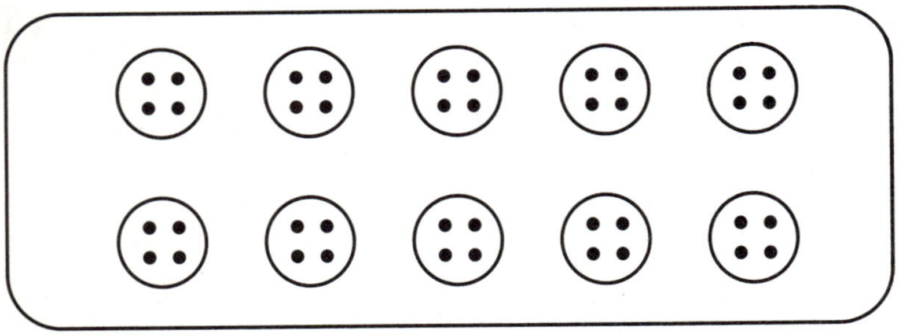

Estima ____________ Verifica ____________

3

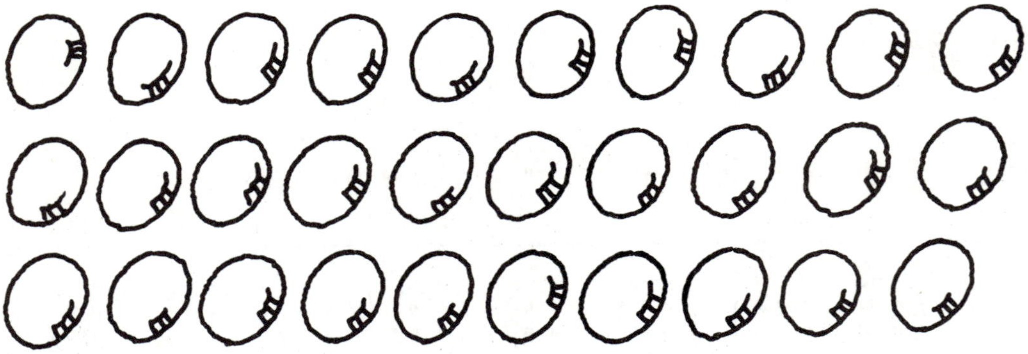

Estima ____________ Verifica ____________

Di cuál fue tu mejor estimación y por qué.

Nombre ______________________________

¿Cuántos hay?
Escribe el número.

1

1 diez y 5 más

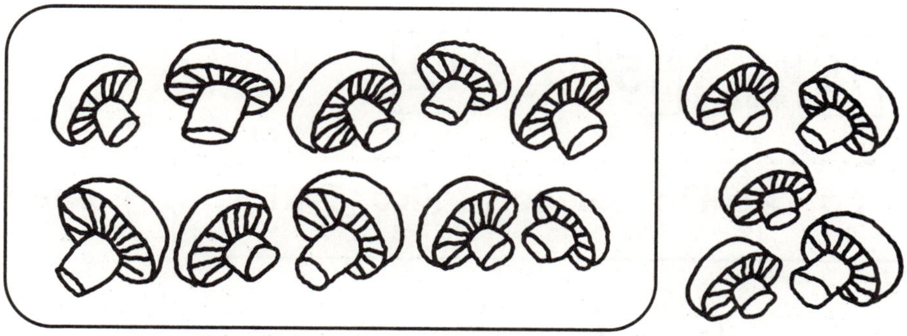

10 + 5

______

2

2 diez y 8 más

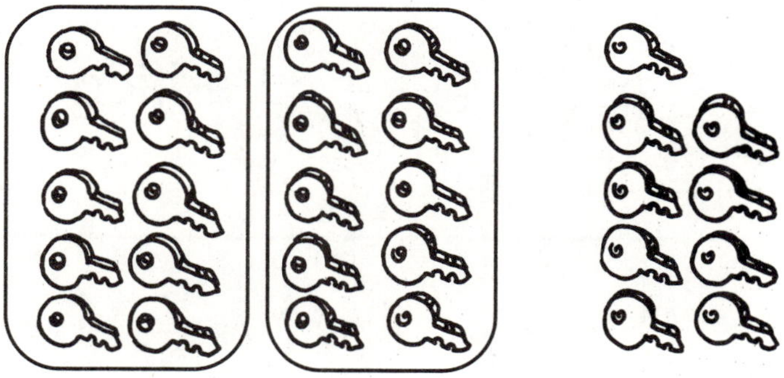

20 + 8

______

3

3 diez

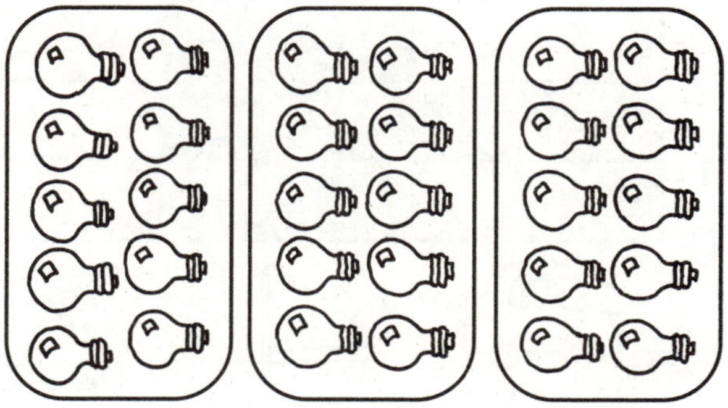

30 + 0

______

Dibuja líneas para mostrar qué números van en las casillas.

4

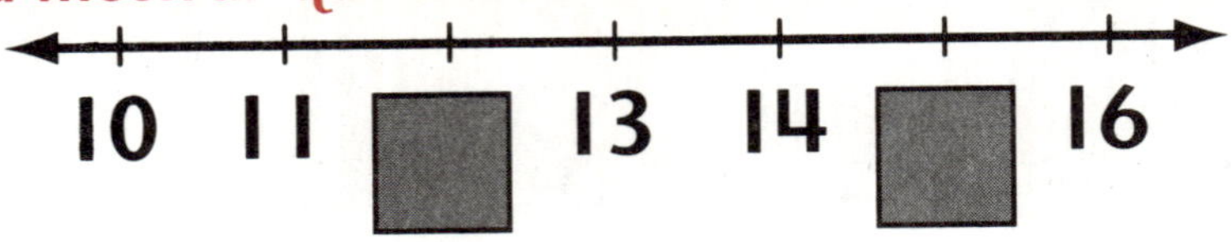

19 15 12

Resolver problemas
Razonamiento

¿Cuántas hay? Estima y luego verifica. Escribe tus respuestas.

5

Estima ____________ Verifica ____________

Fíjate en la gráfica.
Escribe cuántos hay.

6

____

____

____

____

Mis juguetes

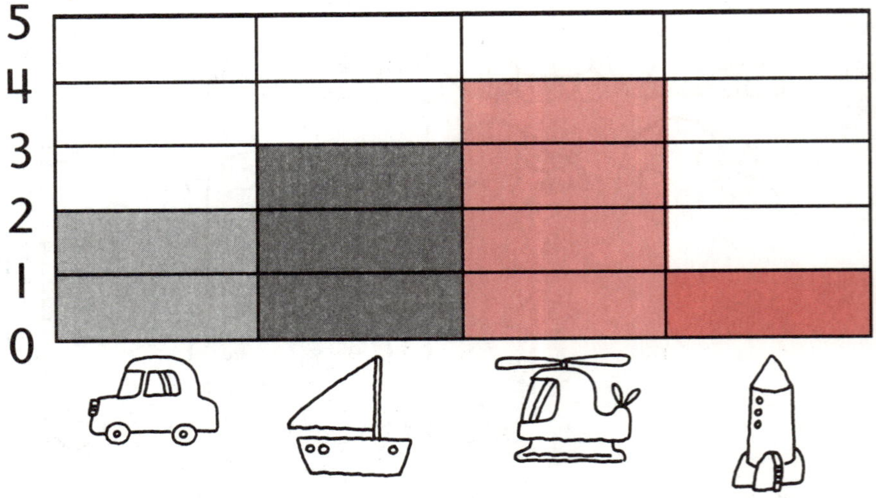

Nombre ____________________

Repaso acumulativo

★ Preparación para pruebas

1

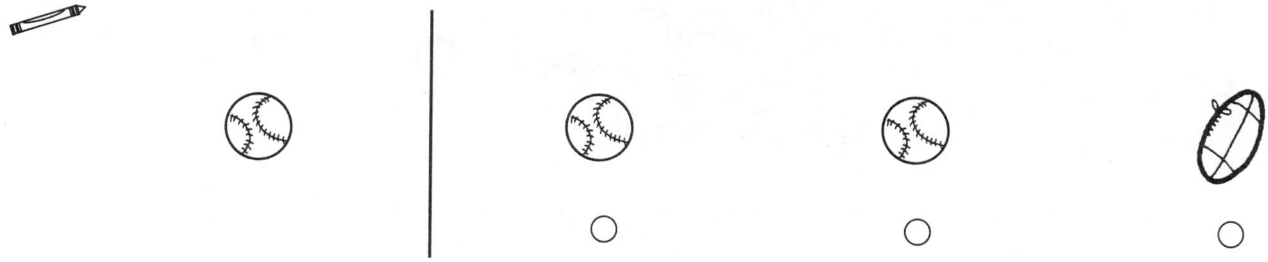

2

3

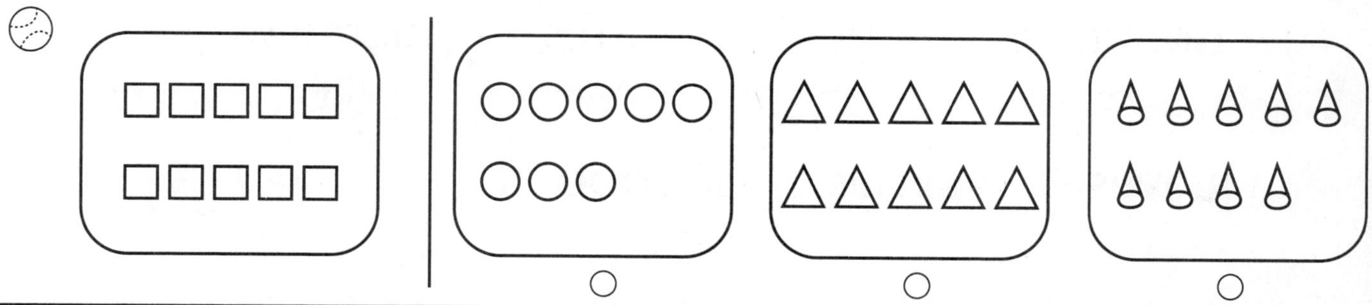

4

5 ○ 8 ○ 9 ○

5

6 ○ 10 ○ 4 ○

6

9 7 8

○ ○ ○

7

4 8 7

○ ○ ○

8

domingo lunes martes miércoles

○ ○ ○ ○

jueves viernes sábado

○ ○ ○

9

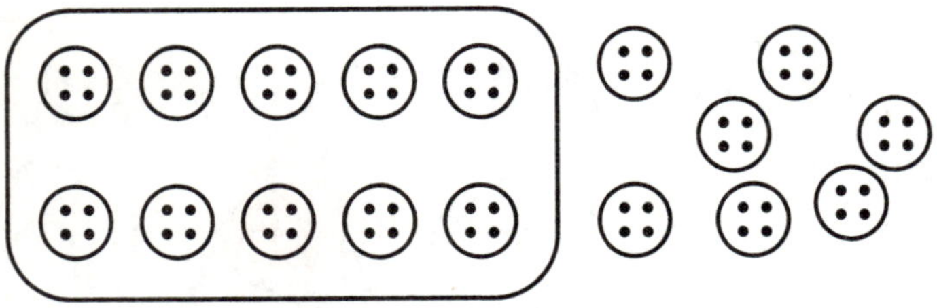

17 23 28

○ ○ ○

10

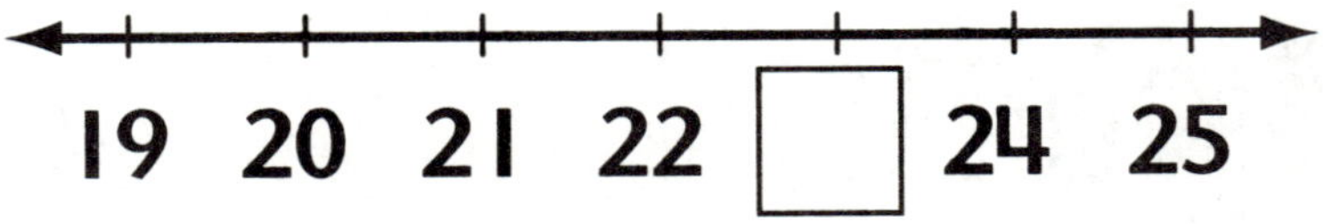

16 19 23

○ ○ ○

abajo

Los patos están en el estante de abajo.

alguno

Algunas manzanas son rojas.

antes

El carro está antes del camión.

arriba

Los gatos están en el estante de arriba.

calendario

Noviembre						
D	L	M	M	J	V	S
		1	2	3	4	5
6	7	8	9	10	11	12
13	14	15	16	17	18	19
20	21	22	23	24	25	26
27	28	29	30			

cero

0

cinco

5

círculo

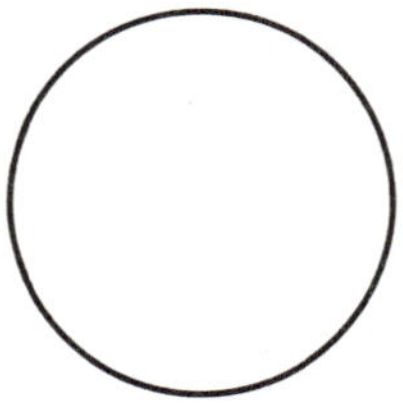

cono

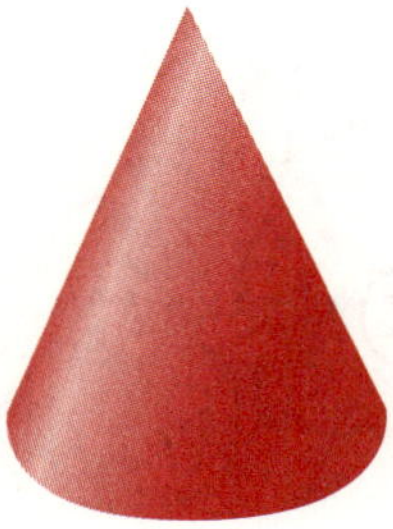

cuadrado

cuatro

4

diez

10

cubo

diferente

Los perros son diferentes.

debajo

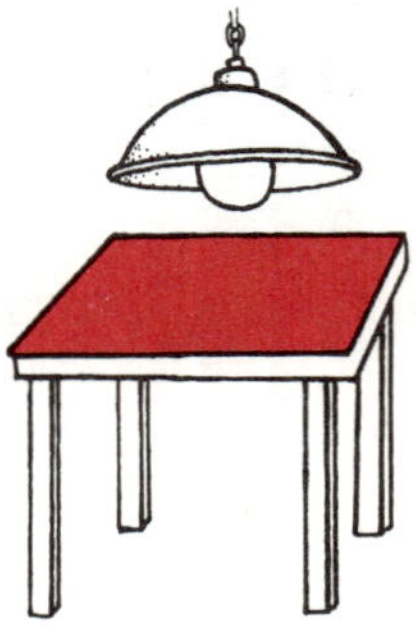

La mesa está debajo de la luz.

dos

2

derecha

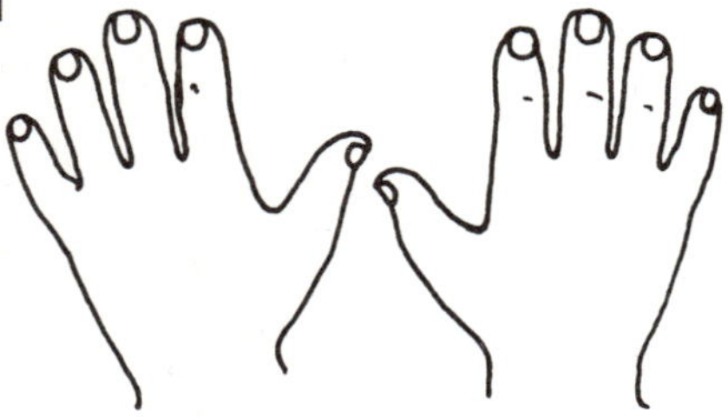

derecha

el más alto

la más alta

después

El autobús está después del camión.

el más corto

la más corta

el más grande

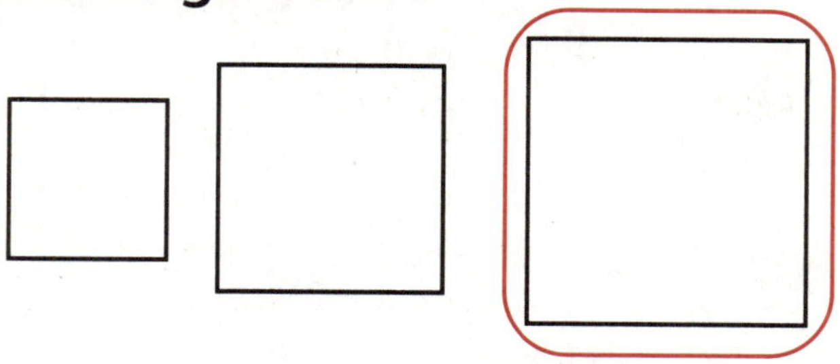

el más grande

emparejar

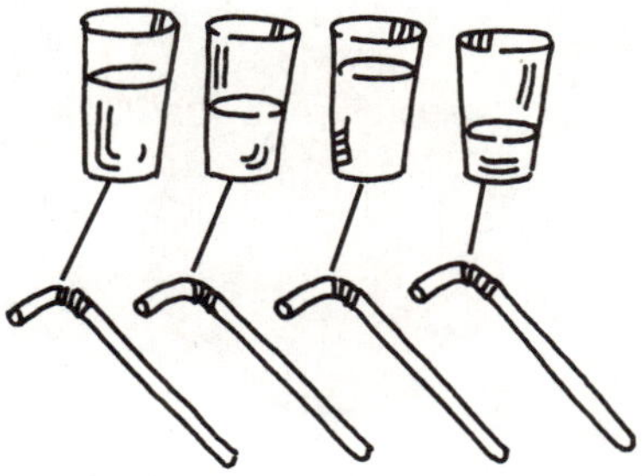

el más largo

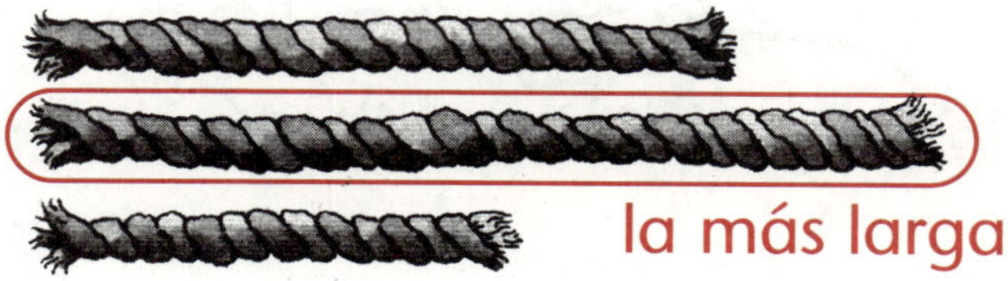

la más larga

en medio

en medio

el más pequeño

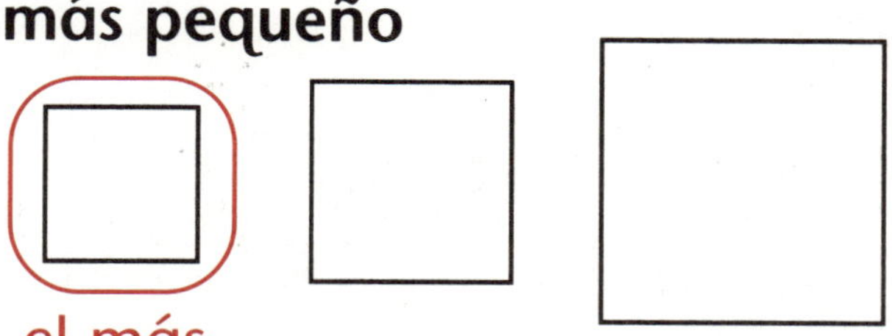

el más pequeño

en punto

las **4** en punto **4:00**

el que tiene más

el que tiene más

encima

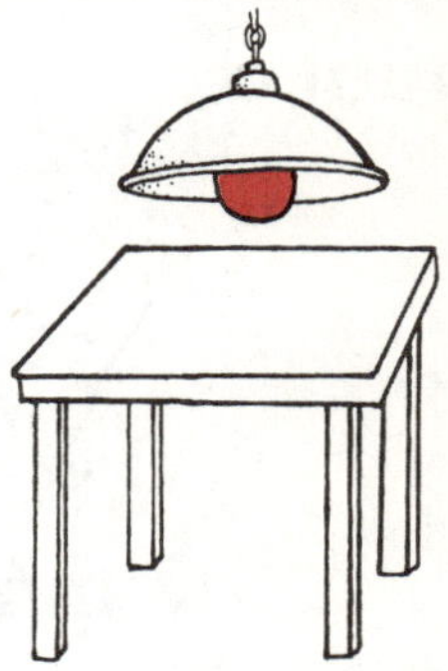

La luz está encima de la mesa.

el que tiene menos

el que tiene menos

entre

El camión está entre el carro y el autobús.

esfera

gráfica de barras

Mascotas preferidas

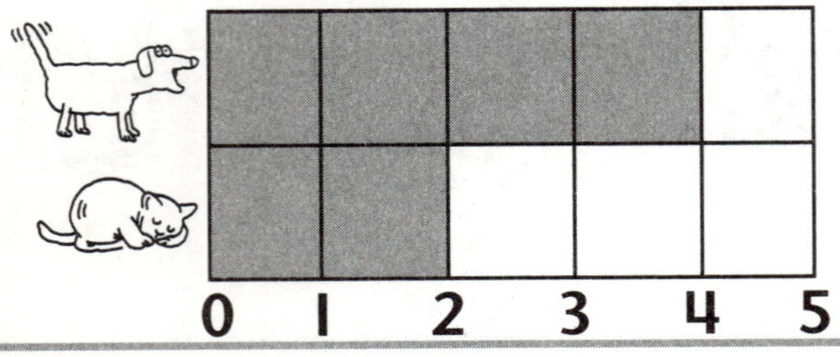

igual

Los perros son iguales.

igual a

$2 + 6 = 8$

2 más 6 igual a 8.

izquierda

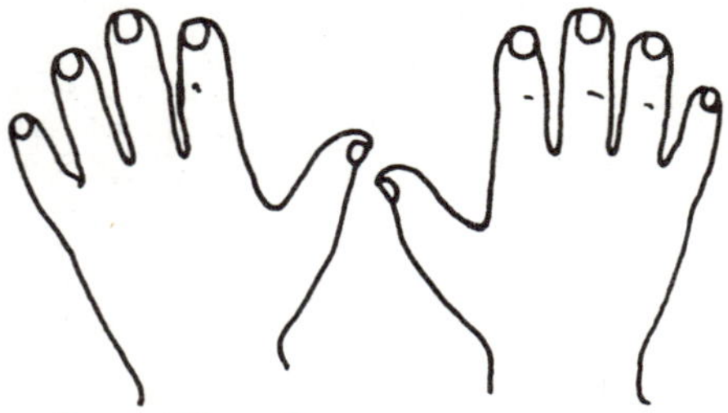

izquierda

mañana

Me visto en la mañana.

más

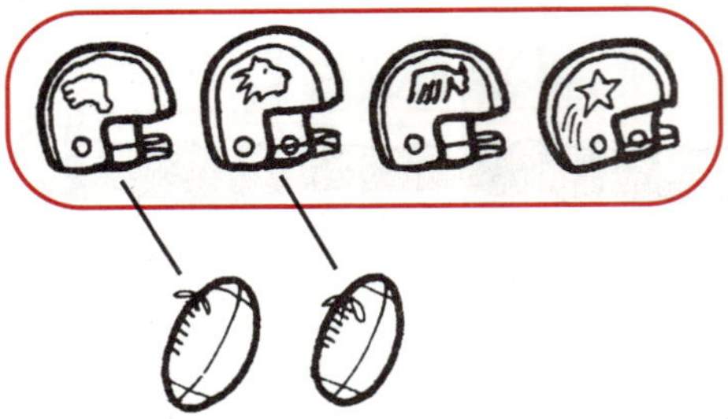

más

más

$4 + 1 = 5$

4 más 1 es igual a 5.

más alto

más alta

más corto

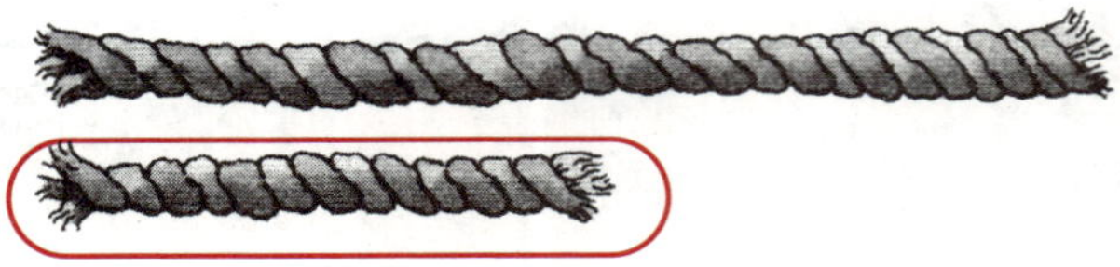

más corta

más grande

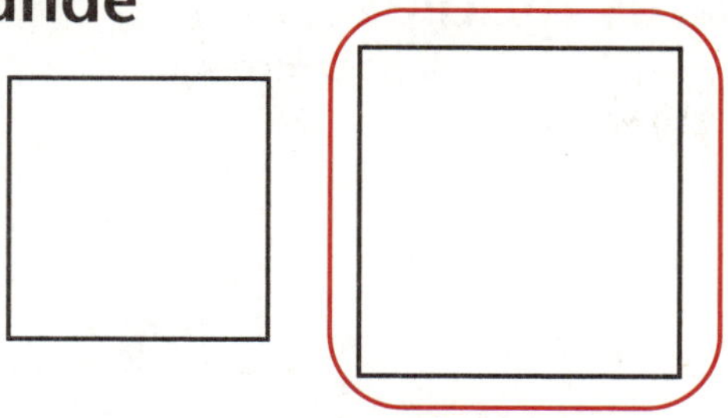

medios

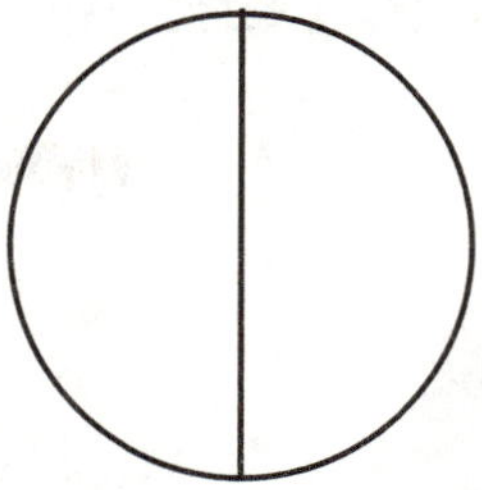

Dos medios forman un entero.

más largo

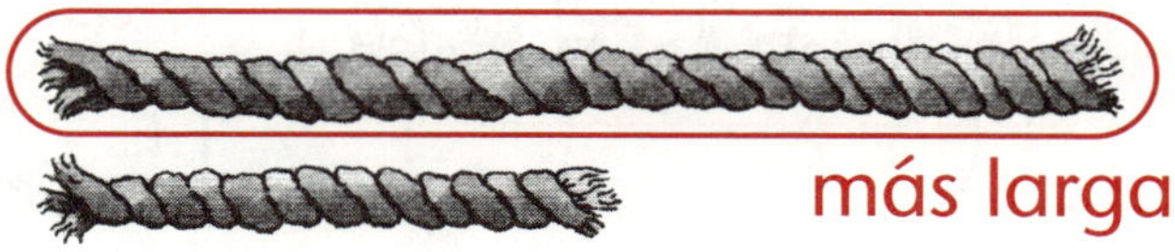

menos

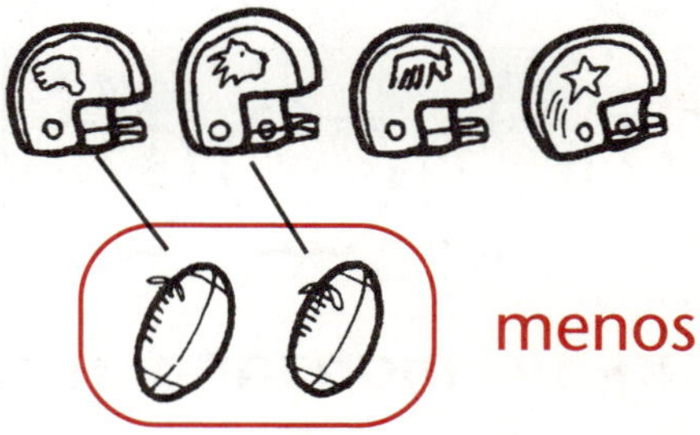

más liviano

menos

5 − 1 = 4

5 menos 1 es igual a **4**.

más pequeño

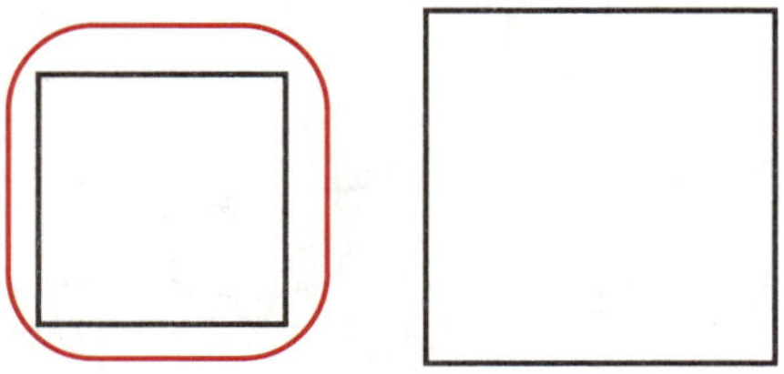

moneda de cinco centavos

5¢ **5 centavos**

más pesado

moneda de diez centavos

10¢ **10 centavos**

moneda de un centavo

1¢ 1 centavo

partes iguales

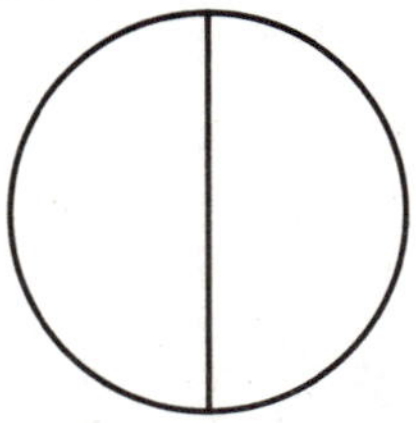

2 partes iguales

ninguno

Ninguna manzana es roja.

patrón

noche

Cenamos en la noche.

pictograma

¿Cara o cruz?

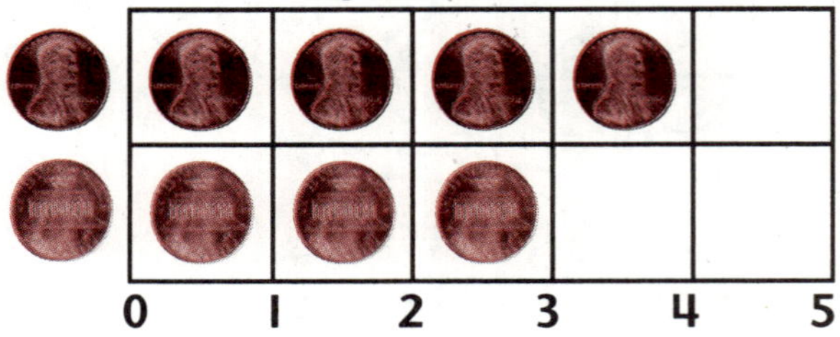

nueve

9

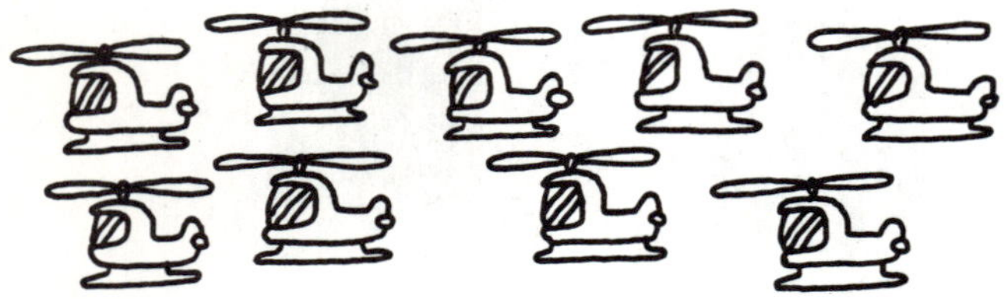

primero

ocho

8

rectángulo

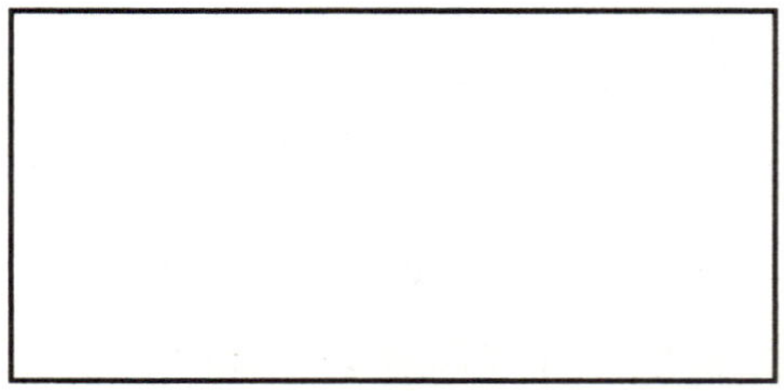

reloj

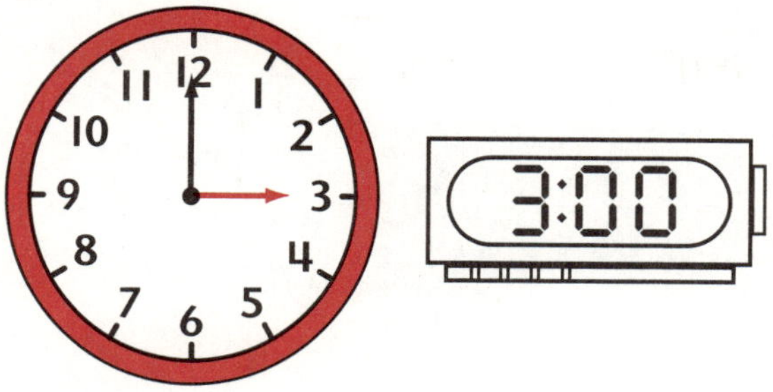

tres

3

seis

6

triángulo

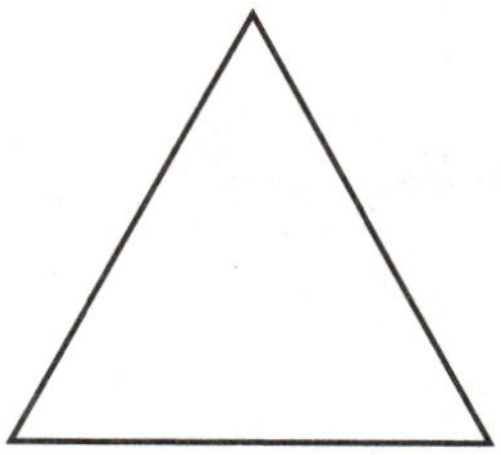

siete

7

último

tarde

Vuelvo a casa por la tarde.

un medio

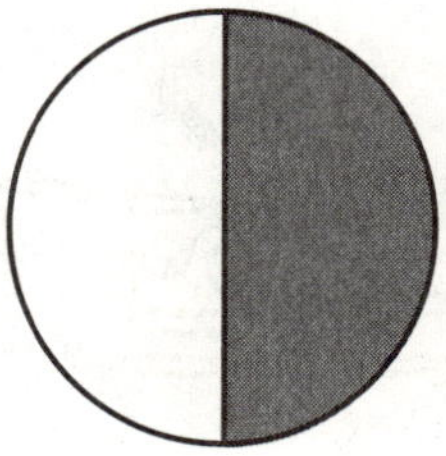

todos

Todas las manzanas son rojas.

uno

1